普通高等教育"十三五"规划教材（互联网金融专业）

互联网金融模式

主　编　刘宇熹
副主编　吴敏珍　陆寄远　黄承慧

中国水利水电出版社
www.waterpub.com.cn
·北京·

内 容 提 要

互联网金融是传统金融机构与互联网企业利用互联网技术和信息通信技术实现资金融通、支付、投资和信息中介服务的新型金融业务模式。本书根据 2015 年 7 月央行等部委颁发的《关于促进互联网金融健康发展的指导意见》的要求进行总体架构安排，全书包括互联网金融概述、互联网金融的基本原理、第三方支付、P2P 模式、众筹融资、供应链金融、互联网银行、智能商业、互联网征信、创业哲学、硅谷创业模式和创客崛起共 11 章内容。

本书理论联系实践，基于多年来对国内外互联网金融现象的长期跟踪调查与深入分析，在主要模式中既注重互联网金融理论体系的树立，更注重各个主要模式的实务案例的分析，并就风险管理和监管措施展开实践探索，特别安排了创业哲学和创业模式的经典案例分析。

本教材既适合高等财经院校的互联网金融、电子商务、国际经济与贸易、金融工程与金融学、经济与财务管理、保险学、会计学等专业本科生使用，也适合为各类互联网企业、大数据公司、金融机构从业人员及对互联网金融感兴趣的读者参考，还可供互联网金融从业者参考使用。

图书在版编目（CIP）数据

互联网金融模式 / 刘宇熹主编. -- 北京：中国水利水电出版社，2018.7
普通高等教育"十三五"规划教材. 互联网金融专业
ISBN 978-7-5170-6668-2

Ⅰ. ①互… Ⅱ. ①刘… Ⅲ. ①互联网络－应用－金融－高等学校－教材 Ⅳ. ①F830.49

中国版本图书馆 CIP 数据核字(2018)第 171346 号

策划编辑：石永峰　责任编辑：张玉玲　加工编辑：王一鸣　封面设计：梁　燕

书　　名	普通高等教育"十三五"规划教材（互联网金融专业） 互联网金融模式　HULIANWANG JINRONG MOSHI
作　　者	主　编　刘宇熹 副主编　吴敏珍　陆寄远　黄承慧
出版发行	中国水利水电出版社 （北京市海淀区玉渊潭南路 1 号 D 座　100038） 网址：www.waterpub.com.cn E-mail: mchannel@263.net（万水） 　　　　sales@waterpub.com.cn 电话：（010）68367658（营销中心）、82562819（万水）
经　　售	全国各地新华书店和相关出版物销售网点
排　　版	北京万水电子信息有限公司
印　　刷	三河市祥宏印务有限公司
规　　格	184mm×240mm　16 开本　14 印张　270 千字
版　　次	2018 年 7 月第 1 版　2018 年 7 月第 1 次印刷
印　　数	0001—3000 册
定　　价	36.00 元

凡购买我社图书，如有缺页、倒页、脱页的，本社营销中心负责调换
版权所有·侵权必究

前　言

　　1999年，中国大陆第一个第三方支付平台——首信易支付在北京诞生；2007年，第一个网络借贷平台——拍拍贷成立；2013年，互联网基金理财产品——余额宝上线，这标志着民生金融、普惠金融、互联网金融时代来临。所以，2013年又称为互联网金融元年。

　　互联网金融的发展是从金融的底层支付结算开始渗透，逐步到网络借贷、理财，再到金融价值链的高端资本市场，最后进入金融的内核——货币。互联网在逐步而坚定地自下而上、自外而内地改变金融，甚至重新定义金融。

　　互联网金融是传统金融机构与互联网企业利用互联网技术和信息通信技术实现资金融通、支付、投资和信息中介服务的新型金融业务模式。金融与互联网深度融合降低了金融机构的服务成本、提升了金融机构的创新效率，也带来了互联网金融行业快速发展。互联网与金融深度融合是大势所趋，将对金融产品、业务、组织、服务、管理等方面产生深刻的影响。

　　互联网技术与金融模式的发展，将会使金融更有效地服务用户、贡献社会。目前互联网金融的主要形态有互联网支付（第三方支付）、P2P网络借贷、股权众筹融资、互联网基金销售、互联网保险、互联网信托和互联网消费金融等。互联网金融的创新服务，不仅在城市、城镇，甚至在农村等更多地方，正慢慢改变着人们的工作、生活、学习、娱乐的习惯和生活质量。

　　互联网公司与金融机构的关系从互利到深度融合、从合作到开放共享并且聚焦创新红利，是新经济、新业态服务。同时，新金融的发展带来了监管方式的升级。互联网不会颠覆金融，与传统金融机构并不是对立的关系，而是互为补充、相互竞争与融合。服务大局，助力经济转型，普惠民生，这也是互联网金融发展的正道。

　　互联网金融作为传统金融领域的补充，其特点在于金融模式的创新以及新技术的应用。第三方移动支付、网上银行、小微贷款、保险、股权众筹等，都属于互联网金融的范畴。运用互联网技术创新的空间非常大，而监管将为我们走向新金融时代建立最好的风险底线。

　　随着科技时代的不断发展和完善，互联网技术得到了非常迅速的进步。就目前的形式来看，借助互联网技术的金融模式是非常常见的，网上支付以及P2P等模式的出现都在一定程度上对金融业提出了一定的挑战。互联网+金融模式发展已经成为了时代的主流，随着科技水平的不断发展，相信互联网金融模式会成为这个时代的发展趋势。互联网+金融为很多企业带来了巨大的可创新空间，能够将金融和数据信息融合在一起。

本书由刘宇熹担任主编，吴敏珍、陆寄远、黄承慧担任副主编，各章作者如下：第一章由刘宇熹、吴敏珍编写；第二章、第五章及第七章到第十一章由刘宇熹编写；第三章由刘宇熹、陆寄远、黄承慧编写；第四章由刘宇熹、吴敏珍编写；第六章由刘宇熹、吴敏珍、陆寄远编写。另外，吴敏珍参与了本书的修改工作。

广东金融学院刘宇熹提出本书总体思路和写作框架并执笔编写，在编写过程中得到中国水利水电出版社的大力支持、鼓励和帮助，在此表示衷心的感谢。由于互联网金融发展迅速，加上编者能力有限，不足之处在所难免，恳请广大读者批评指正。

编　者
2018 年 4 月

目 录

前言

第1章 互联网金融概述 ... 1
1.1 互联网金融的基本概念 ... 1
1.1.1 互联网金融产生的原因 ... 1
1.1.2 互联网金融的定义 ... 2
1.1.3 互联网金融的特点 ... 3
1.1.4 互联网金融的功能 ... 4
1.1.5 互联网金融的发展历程 ... 5
1.2 金融业务互联网化 ... 6
1.2.1 金融业务互联网化的发展 ... 6
1.2.2 金融业务互联网化的类型 ... 7
1.3 互联网业务金融化 ... 9
1.3.1 互联网业务金融化的发展（2014—2016年） ... 9
1.3.2 互联网业务金融化的类型 ... 11
本章小结 ... 13
复习思考题 ... 13

第2章 互联网金融的基本原理 ... 15
2.1 引言 ... 15
2.2 支付方式 ... 16
2.3 信息处理 ... 17
2.4 资源配置 ... 18
2.4.1 关于资源配置的观点 ... 18
2.4.2 关于交易可能性集合的概念 ... 19
本章小结 ... 20
复习思考题 ... 20

第3章 第三方支付 ... 21
3.1 第三方支付概述 ... 21
3.2 第三方支付功能和作用 ... 22
3.2.1 提供资金清算服务 ... 22
3.2.2 提供信息服务 ... 22

- 3.2.3 提供信用担保服务 ... 23
- 3.2.4 促进普惠金融的发展 ... 23
- 3.3 第三方支付行业的发展 ... 24
- 3.4 第三方支付场景 ... 25
- 3.5 第三方支付典型案例 ... 26
  - 3.5.1 支付宝简介 ... 26
  - 3.5.2 支付宝发展历程 ... 27
  - 3.5.3 支付宝模式 ... 27
  - 3.5.4 支付宝风险防控措施 ... 29
- 3.6 微信与支付宝移动支付市场的对比分析 ... 31
  - 3.6.1 微信与支付宝移动支付简介 ... 32
  - 3.6.2 微信与支付宝的对比分析 ... 32
  - 3.6.3 总结 ... 34
- 本章小结 ... 34
- 复习思考题 ... 35

第4章 P2P 模式 ... 36

- 4.1 P2P 网贷行业概述 ... 36
  - 4.1.1 P2P 网贷的概念 ... 36
  - 4.1.2 中国式 P2P 诞生原因 ... 36
  - 4.1.3 P2P 网贷的特点 ... 37
  - 4.1.4 P2P 网贷的分类 ... 38
- 4.2 盈利模式相关概念 ... 40
- 4.3 我国 P2P 网贷的发展现状 ... 41
  - 4.3.1 P2P 网贷的诞生 ... 41
  - 4.3.2 我国 P2P 网贷的发展历程 ... 41
  - 4.3.3 P2P 网贷平台的发展 ... 42
  - 4.3.4 P2P 产业链发展的基础 ... 43
- 4.4 P2P 网贷盈利模式分析 ... 43
  - 4.4.1 中介型 P2P 网贷平台的盈利模式分析 ... 44
  - 4.4.2 复合型 P2P 网贷平台盈利模式分析 ... 49
- 4.5 中国主流的 P2P 发展模式 ... 55
- 4.6 P2P 网贷平台的风险控制 ... 55
  - 4.6.1 网络诈骗和非法集资 ... 56
  - 4.6.2 资金挪用风险 ... 56
  - 4.6.3 担保风险 ... 56

  4.6.4 期限错配风险 ... 56
  4.6.5 网络安全风险 ... 56
  4.6.6 借款人的信用风险 ... 57
  4.6.7 平台与第三方支付平台之间的漏洞 ... 57
 4.7 核心成功因素 ... 57
 4.8 P2P 行业未来趋势 ... 57
 本章小结 ... 59
 复习思考题 ... 59

第 5 章 众筹融资 ... 61

 5.1 众筹概述 ... 61
  5.1.1 众筹的定义 ... 61
  5.1.2 互联网众筹的诞生 ... 61
  5.1.3 众筹的三大构成 ... 63
  5.1.4 众筹的规则 ... 63
  5.1.5 众筹的投资优势 ... 64
 5.2 众筹融资模式的分类 ... 65
  5.2.1 奖励类众筹 ... 65
  5.2.2 股权类众筹 ... 66
  5.2.3 其他众筹模式 ... 67
 5.3 众筹融资模式的特征 ... 68
 5.4 众筹融资模式的运行机制 ... 69
 5.5 雷神科技众筹融资分析 ... 70
  5.5.1 雷神科技发展历程 ... 70
  5.5.2 雷神科技众筹融资过程 ... 71
  5.5.3 雷神科技众筹融资效果 ... 74
  5.5.4 雷神科技众筹融资的成功因素 ... 77
 5.6 众筹案例 ... 79
  5.6.1 科技众筹案例 ... 79
  5.6.2 电影众筹案例 ... 80
  5.6.3 房地产众筹案例 ... 81
  5.6.4 农行众筹案例 ... 82
  5.6.5 餐饮众筹案例 ... 83
  5.6.6 保险众筹案例 ... 85
 本章小结 ... 86
 复习思考题 ... 86

第6章 供应链金融 ... 87

6.1 供应链金融定义及现状 ... 87
6.2 供应链金融案例 ... 88
6.2.1 京东供应链模式分析 ... 88
6.2.2 海尔供应链金融模式分析 ... 89
6.2.3 蚂蚁金服供应链金融模式分析 ... 91
6.3 供应链金融决定因素 ... 92
6.4 供应链金融发展过程中出现的问题 ... 92
6.5 基于大数据分析的互联网供应链金融 ... 94
6.5.1 互联网供应链金融中为什么需要数据 ... 95
6.5.2 互联网供应链金融中需要搜集分析谁的数据 ... 96
6.5.3 互联网供应链金融中需要搜集分析什么样的数据 ... 96
6.5.4 互联网供应链金融中需要从哪些地方获得数据 ... 98
6.5.5 互联网供应链金融中通过何种方法获得数据 ... 100
本章小结 ... 101
复习思考题 ... 101

第7章 互联网银行 ... 103

7.1 互联网银行的界定 ... 103
7.2 互联网银行的特点 ... 105
7.3 国内外互联网银行的发展 ... 106
7.3.1 国外互联网银行发展 ... 106
7.3.2 国内互联网银行发展 ... 107
7.4 互联网银行的差异化分析 ... 109
7.5 互联网银行的核心竞争力 ... 110
7.6 互联网银行经营过程风险分析 ... 111
7.6.1 互联网银行风险界定 ... 111
7.6.2 互联网银行风险特征分析 ... 111
7.6.3 互联网银行风险产生的原因 ... 112
7.7 互联网银行存在的风险点 ... 113
7.7.1 传统银行的已有风险 ... 113
7.7.2 互联网银行的特有风险 ... 118
7.8 互联网银行风险管控案例分析 ... 119
7.8.1 美国安全第一网络银行 ... 119
7.8.2 工商银行网上银行 ... 120
7.9 互联网银行的发展趋势 ... 122

7.9.1 创造客户价值为核心竞争力 122
  7.9.2 多业态经营拓展盈利空间 123
  7.9.3 加强风控管理实现可持续增长 123
  7.9.4 全方位实现普惠金融 124
 本章小结 125
 复习思考题 125

第 8 章 智能商业 127
 8.1 互联网的本质 127
  8.1.1 联结 127
  8.1.2 互动 128
  8.1.3 结网 128
 8.2 数据智能 129
  8.2.1 未来商业会全面智能化 129
  8.2.2 数据化、算法化和产品化 130
 8.3 智能商业双螺旋 131
  8.3.1 双轮驱动的大公司 131
  8.3.2 单轮突破的公司 132
  8.3.3 Uber 案例分析 133
 8.4 S2B 模式 135
 8.5 智能生态：淘宝的演化 136
 本章小结 138
 复习思考题 139

第 9 章 互联网征信 140
 9.1 互联网征信业务的相关概念 140
 9.2 中国互联网征信业发展现状 141
 9.3 互联网平台的征信模式 142
 9.4 互联网平台征信的特点 144
 9.5 互联网征信与传统征信的比较 145
 9.6 互联网平台的征信案例分析：以芝麻信用为例 145
  9.6.1 芝麻信用 146
  9.6.2 互联网平台征信评价 149
  9.6.3 政策建议 151
 本章小结 153
 复习思考题 153

第 10 章 创业哲学 154

- 10.1 创业行动 154
- 10.2 创业机会的发现 155
- 10.3 如何面对和创造机会 157
- 10.4 面对危机如何行动 162
- 10.5 行动的积累 163
- 10.6 创客机制 164
- 10.7 微创新 165
- 10.8 行动哲学与知行合一 166
- 10.9 行动哲学与百年老店 167
- 10.10 行动哲学与坚持 168
- 10.11 行动哲学与顺应潮流 169
- 10.12 有智慧的行动 170
- 10.13 共赢行动 171
- 10.14 创业成功需要持久努力 173
- 10.15 挫折的价值 174
- 10.16 成功的含义 176
- 10.17 有意义的冒险 177
- 10.18 创造是成就事业的基本方法 178
- 10.19 未来的商业发展 179
- 本章小结 201
- 复习思考题 202

第 11 章 硅谷创业模式和创客崛起 203
- 11.1 硅谷创业模式 203
  - 11.1.1 科技革命发源地：硅谷 203
  - 11.1.2 硅谷创业模式 204
- 11.2 "创客"改变世界 205
  - 11.2.1 创客的定义 205
  - 11.2.2 创客运动 205
  - 11.2.3 创客举例 206
  - 11.2.4 传统创业者和创客的区别 209
- 本章小结 209
- 复习思考题 209

参考文献 210

第 1 章　互联网金融概述

【学习目标】

通过本章的学习，熟悉并掌握互联网金融的定义、特点、功能以及互联网金融产生的原因和发展历程，充分了解金融业务互联网化和互联网业务金融化的发展和类型。

1.1　互联网金融的基本概念

1.1.1　互联网金融产生的原因

1. 我国的金融抑制与监管套利为互联网金融提供了发展空间

我国金融业市场化程度不高，在政府管制下，我国经济具有明显的金融抑制特征，民间资本规模庞大与企业融资困境现象并存，这为互联网金融的发展创造了空间。在现行的监管体制下，传统金融业普遍受到严格的监管，而在互联网金融业领域，监管则相对薄弱，这为互联网金融带来了监管套利的机会。此外，由于近年来我国互联网产业竞争日趋激烈，为寻找新的利润发展空间，互联网巨头将目光投向了具有较高利润率与较大发展空间的金融业，创造性地利用互联网技术方面的优势来对金融产品进行包装与升级，满足了消费者的金融需求，互联网金融应运而生。

2. 互联网业与金融业本质上相匹配是互联网金融发展的根源

互联网行业与金融行业本身具有千丝万缕的联系，彼此的匹配性是互联网金融得以出现并蓬勃生长的内在动因。现代经济学理论认为，金融中介产生的原因是由于不确定性与交易成本的存在。在网络经济时代，互联网具有开放性、交互性的特征，可以实现信息流的共享整合，有助于减少信息不对称，从而减少不确定性和降低交易成本。互联网金融丰富了金融的功能，实现了资金流与物流、信息流的高效整合与匹配。比如 P2P 信贷与众筹突破了传统金融中介的固有模式，使资金供需双方得以直接交易，提高了金融资源配置效率。同时移动支付工具促成了资金跨时空交易，提高了金融服务的便利性。而大数据技术则通过对海量数据信息的挖掘与分析，降低了信息不对称程度，使得风险识别与控制更及时、更有效。

3. 平台的经济性造就了互联网金融发展的优势

互联网金融具有双边市场特征，互联网金融企业充分发挥平台的集群效应，利用网络技术撮合金融产品供需双方进行交易，促使资源实现更有效的配置。相对于传统金融，互联网金融的盈利模式更具有优势。因为传统金融企业的盈利主要来源于存贷利差，随着利率市场化进程的加快，利差逐步缩小，传统金融企业将面临转型，而互联网金融的盈利模式来源于佣金而非差价。互联网金融模式下，平台经济服务金融市场的能力更强，通过大数据技术可以深入分析用户个体与群体的消费偏好，实现精准化营销，为客户提供个性化服务。

1.1.2 互联网金融的定义

2012年8月，谢平在《互联网金融模式研究》中指出，互联网金融在经济学上还没有一个严格的定义，它更接近于一个谱系概念。谢平将其定义为：一种受互联网技术、互联网精神的影响，从传统银行、证券、保险、交易所等金融中介到无中介瓦尔拉斯一般均衡之间的所有金融交易和组织形式。互联网金融的形式既不同于商业银行间接融资，也不同于资本市场直接融资。这一定义体现了互联网金融去中介化的特点。

2013年6月，阿里巴巴集团董事长马云在相关媒体发表文章，称未来的金融有两大机会：一个是金融互联网，金融行业走向互联网；另一个是互联网金融，是纯粹的外行领导，其实很多行业的创新都是外行进来才引发的。金融行业需要搅局者，更需要那些外行的人进来进行变革。

2014年4月，《中国金融稳定报告（2014）》提出：互联网金融是互联网与金融的结合，是借助互联网和移动通信技术实现资金融通、支付和信息中介功能的新兴金融模式。广义的互联网金融既包括作为非金融机构的互联网企业从事的金融业务，也包括金融机构通过互联网开展的业务；狭义的互联网金融仅指互联网企业开展的、基于互联网技术的金融业务。

2015年7月18日，《关于促进互联网金融健康发展的指导意见》指出：互联网金融是传统金融机构与互联网企业利用互联网技术和信息通信技术实现资金融通、支付、投资和信息中介服务的新型金融业务模式。互联网金融的主要业态包括互联网支付、网络借贷、股权众筹融资、互联网基金销售、互联网保险、互联网信托和互联网消费金融等。

从以上定义看，有些强调互联网金融呈现出去中介化和新型金融业态的特征；有些认为互联网只是一种工具，更多的是为金融的发展提供支持；有些则关注互联网精神在金融中的应用。实际上，准确定义"互联网金融"是一件比较困难的事情。第一，不同的机构以及个人会从不同的角度来理解和解读互联网金融。与此同时，不同领域以及不同模式的互联网金融存在一些共同点，同时也存在不少差异，因此难以完全概括。第二，

"互联网金融"及"金融互联网"其实是动态的、阶段性的概念,需要历史地去看待和评价。比如,今天再来评价十多年前互联网证券交易在中国的发展,似乎就属于"金融互联网"的范畴,可就当时的大环境而言,这已经是非常超前的了,或许应该归于"互联网金融"。第三,严格意义上的互联网金融与金融互联网其实是一个链条的两端,现实世界的业态主要分布在中间状态,有些可能距离理想化的互联网金融更近一些,有些可能更靠近金融互联网这一端,因此在区分时只能做一个大致的判断。

综上所述,本书认为互联网金融是一种基于互联网、大数据、云计算、移动通信、社交平台及搜索引擎等信息技术,实现资金融通、支付、结算等金融相关服务的金融业态。互联网金融是现有金融体系的进一步完善和普惠金融的重要内容,其表现形式既包括以互联网为主要业务载体的第三方支付、P2P网贷、众筹等新兴新型金融业态,也包括持牌互联网金融机构,以及各类持牌金融机构设立的主要从事互联网金融相关业务的法人机构。互联网金融的内涵不是互联网和金融业的简单结合,而是以互联网时代的技术为基础,为适应新的需求而产生的新模式及新业务,是传统金融行业与互联网精神相结合的新兴领域。互联网金融与传统金融的区别除了金融业务所采用的媒介不同,更重要的是金融参与者深谙互联网开放、平等、协作、分享的精髓,通过互联网、移动互联网等渠道,使得传统金融业务呈现出透明度更强、参与度更高、协作性更好、中间成本更低、操作上更便捷等特征。

1.1.3 互联网金融的特点

1. 信息的多维采集与深度运用

互联网金融采集并使用了更多的信息——大数据。市场主体不是独立存在的,会与其他市场主体发生联系,如供货商、客户、银行等,可通过互联网从多个侧面搜集这一市场主体的信息,并通过信息的拼接对市场主体有一个整体性的认识,进而获得该主体其他方面的信息。如阿里金融通过分析客户在淘宝上的消费等情况,能够判断出客户可能的生活情况以及潜在的消费需求,甚至能够通过客户缴纳水、电、煤气费的地址来判断客户是否有稳定的住所,并对客户的信用情况作出合理的判断。

互联网金融采用了新的信息处理方式——云计算。在传统金融模式下,信息资源分散庞杂,数据难以有效处理和应用。在互联网金融模式下,社交网络生成和传播信息,有些信息是个人和机构没有义务披露的;搜索引擎对信息进行组织、排序和检索,有针对性地满足信息需求;云计算可以提高对海量信息的处理能力,将不对称、金字塔形的信息扁平化,实现数据的标准化和结构化,最终形成时间连续、动态变化的金融市场信息序列,而这些信息恰恰是传统金融机构参与主体迫切需要但难以获得的。

2. 去中介化

在互联网金融模式下，资金的供求信息在互联网上发布，不仅供求双方能够凭借信息技术全面深入地掌握交易对象的交易信息，并据此找到合适的风险管理和分散工具，而且双方或多方交易也可以同时进行，定价完全竞争，最大化地提升资金配置效率，实现社会福利最大化。互联网金融本质上是直接融资，资金供求信息在网络上形成"充分交易可能性集合"，双方资金供求匹配成功后即可直接交易，在没有金融中介参与的情况下，高效解决资金融通问题。

3. 传统金融机构的后台化

以第三方支付为代表的互联网金融对银行等传统金融机构最大的冲击在于切断了银行和客户之间原来的直接联系。客户直接面对的将只是第三方支付机构，传统的银行账户、基金账户全部后台化，客户甚至感觉不到其存在。随着账户同一化趋势的发展，"账户为王"时代已经到来，第三方支付账户将成为人们支付和消费的首要甚至是唯一入口，其他账户全部隐藏在第三方支付账户的背后，成为其附庸。央行于2015年12月25日发布《关于改进个人银行账户服务加强账户管理的通知》(下称《通知》)，宣布将对落实个人银行账户实名制、建立银行账户分类管理机制、规范代理开立个人银行账户、强化银行内部管理和改进银行账户服务五方面进行规范。

《通知》指出未来存款人可通过Ⅰ类银行账户办理存款、购买投资理财产品、转账、消费和缴费支付、支取现金等业务；通过Ⅱ类银行账户办理存款、购买投资理财产品、限定金额的消费和缴费支付等业务；通过Ⅲ类银行账户办理限定金额的消费和缴费支付服务。Ⅱ类银行账户和Ⅲ类银行账户不得存取现金，不得配发实体介质。

1.1.4 互联网金融的功能

从目前发展情况来看，互联网金融的功能主要体现在提供金融活动平台、优化资源配置、支付效率提升、提供价格信息功能等方面。

1. 提供金融平台

通过互联网金融平台，客户可随意选择金融产品，足不出户就能完成支付、理财、贷款等金融服务，互联网金融通过网络为客户提供便捷快速的平台。互联网金融平台充分发挥平台的集群效应，利用网络技术撮合金融产品供需双方进行交易，在克服了时间和空间限制的基础上，加快资金周转速度，最大限度地保证双方资金尤其是资金接收方的利益。

2. 优化资源配置

互联网金融本质上是一种直接融资方式，其核心是资金的供给方通过金融市场将资金的使用权让渡给资金需求方的过程。互联网可以有效识别信用风险，并且还有效降低了市场中信息不对称的问题，因此，基于网络平台的金融明显更有利于金融资源配置功能的实现。

3. 方便支付和清算

传统支付渠道主要通过商业银行。在互联网金融模式下，可以进一步改善现行的以商业银行为主体的支付体系，可以更方便快捷地提供支付清算服务，大幅提升了金融的支付清算功能效率。互联网金融平台降低了交易者的清算成本，便于资金管理、汇总支付清算交易笔数而后进行轧差清算，降低了银行的清算成本，而其平台沉淀资金的变相垫资加快了某些支付清算行为的速度，是对当前支付清算体系的完善和补充。但是在肯定互联网金融支付清算服务的同时，也应当重视其对支付清算体系的冲击以及带来的风险。

4. 提供价格信息

互联网金融使价格信息更加准确、及时、丰富。随着互联网平台的引入，最大限度地提高了资金动员的能力和资金的使用效率，加快资金周转率，促进金融体系，尤其是与传统商业银行的竞争，使得利率资金的价格更加及时、准确地反映资金的供给和需求，进而引导资金的合理流动。在互联网所创造出来的无边界交易平台下，厂商与消费者、厂商与厂商、消费者之间的竞价机制得到了极大的完善。在这里，价格不是由外部力量约束，所有价格都是彼此之间竞价的结果。

5. 分散风险

金融市场应该形成风险共担机制，金融机构的风险防控就是对在交易定价中的风险进行分散和转移。因为市场中存在信息不对称，如果不能对社会风险进行有效的防控，则经济模式将无法正常运行。互联网金融在这方面强于传统金融，相比之下，互联网金融的开放平台更方便实现资源共享，极大地解决了市场上信息不对称的问题，从而降低了交易成本，分散了风险。网络金融利用其特殊的平台，收集并分析各企业用户的日常交易行为，判断他们的业务经营状况、经营信用情况、资金需求状况以及行业发展导向，解决了因无法掌握制度不健全的小企业的真实经验情况而造成的信息不对称问题，一定程度上降低和分散了道德风险和信用风险。

1.1.5 互联网金融的发展历程

互联网金融的发展可以从两个方面来分析，一是金融业务互联网化，二是互联网业务金融化。

金融业务互联网化就是将传统的金融柜台服务扩展到线上来，其中典型的就是网上银行，这扩大了银行的服务范围。另外，电子银行、手机银行等都属于传统金融服务的互联网延伸的范围。后来随着技术进步及国内电子商务的迅速发展，传统金融机构开始涉足电子商务领域，建立网上商城，开展电子商务业务。近年来伴随着互联网技术特别是大数据、云计算等技术的快速发展，银行凭借已有的各种资源优势开展各种互联网金融业务，直销银行正是在这样的背景下发展起来的。而金融机构从事网络货币交易及混业经营将会是传统金融机构未来的发展方向。

互联网业务金融化，发展初期体现为门户网站，而后伴随着国内电子商务的兴起，在激烈的竞争中生存下来的门户网站开始转型并朝着电子商务方向发展。近年来，随着互联网技术包括在大数据、云计算等技术的带动下，各大电子商务公司积极把握发展趋势，利用既有的资源数据开展了互联网金融业务，比如第三方支付、P2P网贷、众筹等。随着电子商务公司业务多元化的发展，大数据公司则成为其主要的发展方向。

两种金融模式的异同：事实上，是否具备互联网精神、能否以客户需求为导向并注重客户体验等要素是互联网业务金融化与金融业务互联网化的本质区别。在互联网业务金融化方面，阿里金融是目前最接近理想化互联网业务金融化模式的一个样本，因此下面将主要结合阿里金融的实践来比较和分析互联网业务金融化与金融业务互联网化的差异（见表1-1）。

表1-1 互联网业务金融化与金融业务互联网化的比较

	比较项	互联网业务金融化	金融业务互联网化
企业的角度	经营理念	开放、共享的互联网理念	传统理念
	组织结构	独立、多变	附属、分支、相对稳定
	交易金额与频率	金额小、频率高	金额大、频率低
	价格策略	免费、低价	相对高价
客户的角度	客户定位	开放、年轻的客户	稳健保守的客户
	客户体验	便捷、快速、互动	繁琐、缓慢、单向
技术与信息的角度	信息	对称、透明	不对称、不透明
	去中介化	去中介化	中介化
	新技术应用	快	慢
安全角度	安全性	相对弱	相对强
	监管机制	相对薄弱、亟待完善	比较成熟

1.2 金融业务互联网化

1.2.1 金融业务互联网化的发展

所谓的互联网化就是将金融业务通过互联网来完成，在其发展历程中主要经历了四个阶段：网上银行、网上商城、直销银行和货币银行。这四个阶段也恰恰映射着互联网发展的三个时代，即：PC 互联网时代、移动互联网时代和物联网时代，表明金融机构与互联网企业的结合越来越紧密，最后在物联网时代可能会融合在一起。

20 世纪 90 年代，互联网金融发展主要体现在金融机构把互联网作为技术支持，将银行业务从营业网点搬到了网上，但此时还没有出现真正的互联网金融形态。1995 年世界上第一家网上银行在美国诞生，随后，世界各大银行也纷纷开展网上银行业务。1996 年，中国银行开通中行网站并构建网上银行系统，这开启了中国网上银行发展的先河。1997 年，招商银行推出了"一网通"业务，全面开展网上银行服务。随后，各家银行争先推出网银服务，至 2002 年年底，国有银行和股份制银行全部建立了网上银行。随着金融业的互联网程度不断加深，我国金融业的互联网时代宣布到来。

2005 年之后，电子商务迅速发展，第三方支付机构逐渐成长以及网络借贷也开始萌芽，金融与互联网的结合开始从技术领域深入到金融领域，国内各大商业银行纷纷试水电商业务，建立网上商城，例如工行的融 e 购、招行的聚便宜、建行的善融商城等。

随着 2013 年 9 月 18 日北京银行与其境外战略合作伙伴荷兰 ING 集团深度合作产生了国内首家直销银行后，直销银行在这两年迅速崛起，2014 年 2 月 28 日，民生银行直销银行也正式上线，随后，兴业银行、平安银行、浦发银行、华夏银行、上海银行、浙商银行、江苏银行等相继推出了直销银行业务，工商银行也于 2015 年 2 月 9 日正式上线了名为"工银融 e 行"的直销银行，目前城市商业银行、股份制商业银行乃至国有商业银行均已涉足此领域。

1.2.2 金融业务互联网化的类型

1. 网上银行

在银行业、通信信息技术、互联网飞速发展以及通信信息技术广泛应用于金融范畴的形势下，网上银行也就相伴而生。网上银行通过互联网提供传统银行业务和因信息技术应用带来的新兴业务，它不受时间、空间限制，使人们感受到了前所未有的多样性金融消费。

20 世纪末期，随着计算机的发展及应用，银行的经营方式出现了网络化趋势。第一家网上银行——美国安全第一网上银行问世，吸引了世人的眼球。与此同时，国内商业银行的发展也在悄然进行，中国银行于 1996 年开始筹建自己的网上银行，用了一年的时间完成了整个架构，创立了独具自己特色的网站。由于商业银行具有极强的同质性，所以我国各大商业银行纷纷效仿，推出自己的网上银行业务及服务。

《2015—2016 年中国网上银行年度监测报告》指出，2015 年我国网上银行交易额已经达到了 1600.85 万亿元，同比增长 28.18%。从以上数据可以清楚地看出，随着电子商务、

互联网金融及网络经济的走强，网上银行交易量及规模出现平稳增长的局面。

而同时，随着用户规模的扩大，用户量级的快速增长以及移动支付的迅猛发展，手机银行有了更多的使用机会。据中国电子商务研究中心监测数据显示，2015年手机银行交易额70.7万亿元，同比大幅增长122.75%。相比于网上银行，手机银行具有一定的优势，这包括：便于携带，可以方便获得用户所处的地理位置，便于分析用户的行为等。

2. 网上商城

2006—2007年，各大商业银行的官方网站上相继出现了"网上商城"板块。然而那时的"网上商城"于银行而言，仅仅是面子工程，既不能在线下单，也不能浏览详情，只是提供了跳转至各大合作商务的外部链接而已。在相当长的一段时间内，银行商城算不上真正意义上的网上商城，而是用来维护企业与客户的关系，为企业商户提供一个免费展示的宣传窗口。流量导出、客户转化率、利润分成等指标在当时都是不被关心的话题，电商在银行领域并没有像今天这般举足轻重。

但随着第三方机构对银行业务的不断渗透，"金融脱媒"现象日益加深，银行中间业务因此而受到一定的影响和冲击。在传统经营模式越来越难以为继的预期背景下，各大商业银行才不得不投身于建设网上商城。2012年，交通银行推出"交博汇"平台、建设银行推出"善融商务"平台、中国银行中山分行推出"云购物"、宁波银行推出首个中小企业专属金融社区平台"宁波银行E家人"。

3. 直销银行

直销银行是互联网时代应运而生的一种新型银行运作模式，在这一经营模式下，银行没有营业网点，不发放实体银行卡，客户主要通过电脑、电子邮件、手机、电话等远程渠道获取银行产品和服务，因没有网点经营费用和管理费用，直销银行可以为客户提供更具有竞争力的存贷款价格及更低的手续费率。降低运营成本、回馈客户是直销银行的核心价值。

2013年7月，民生银行成立了直销银行部。2014年2月28日，国内首家直销银行——民生银行直销银行正式上线。民生银行直销银行突破了传统实体网点经营模式，主要通过互联网渠道拓展客户，具有客户清晰、产品简单、渠道便捷等特点。2014年3月，兴业银行推出直销银行，其特点在于用户可以持工行、建行、农行、招行、中信等多家银行的银行卡，通过电脑、手机等移动设备直接选购热销理财产品、基金以及定期存款、通知存款等，免掉了繁复的注册、登录、跨行资金划转步骤，一键购买，省时省力。可以随时随地随身"一站式"查看、管理、调拨上述各家银行卡上的资金，享受在线理财规划服务。

在我国存款利率市场化放开后，原有的银行服务模式以及盈利模式被打破，传统银行开始寻求转型。2015年11月，中信银行与百度联合开办一家直销银行——百信银行，至此,"直销银行"走近大众视野。从直销银行推出的业务上看,直销银行推出的产品以稳健型为主,智能存、贷及银行理财产品、代销基金占据主流,少数直销银行也推出了保险及信用卡业务,此外,还有贷款业务。而这些服务模式与传统银行相比还处在简单的复制及模仿阶段,产品同质化严重,差异化不足,因此在创新能力方面明显不够。直销银行自2014年下半年开始大规模上线,2015—2016年呈现快速扩大趋势。而在2017年,仅上线了18家,这一数据在2017年也降到了四年最低值。究其原因,尽管这几年上线的数量越来越多,但直销银行经历了快速扩张的同时,从效果来看,并没有起到阻击互金公司分流、挖掘增量市场的作用。因此,各地区在成立直销银行的积极性上也开始大打折扣。

1.3 互联网业务金融化

1.3.1 互联网业务金融化的发展(2014—2016年)

互联网企业正是在不断与金融机构进行竞争、合作的过程中发展壮大的,从初期的相互独立到中期的竞争合作再到现在的融合,可以说没有金融机构,互联网企业是不会发展到如此规模的。从时间轴来看,互联网企业的金融化经历了四个阶段:门户网站、电子商务、互联网金融、大数据时代,完成了互联网企业从IT到DT的转换。

1997年6月,网易公司的成立标志着门户网站在中国的诞生。1998年2月25日,中国首家大型分类查询搜索引擎——搜狐品牌正式诞生。随后,四通利方宣布并购海外最大的华人网站公司"华渊资讯",成立全球最大的华人网站"新浪网"。至此,我国门户网站三足鼎立的局面开始形成。门户网站在发展初期以网络广告为盈利点,通过最大化地吸引用户注意力、提高浏览量来获得风险投资者和网络广告主的青睐。这些互联网企业几乎没有任何产品,与传统金融机构业务发展没有交集,相互独立。但由于收入模式过于单一,很多门户网站的发展受到限制,因此他们开始对自身的发展模式进行思考和调整,走向业务多元化,而不再像传统门户网站那样只以网络广告为主营业务。

中国电子商务的发展虽然最早可以追溯到1993年,但在2003年之前,电子商务发展十分缓慢,处于初步的发展阶段。网民的网络生活还仅仅停留于电子邮件和新闻浏览的阶段。而2003年以后的几年,一方面,当当、卓越、阿里巴巴、慧聪、全球采购、淘宝这几个电商开始出现在人们的视野中;另一方面,"非典"的暴发让人们体验到电商带给我们的便利。这个阶段,大批的网民逐步接受了网络购物的生活方式,而且这个规模还在高速地扩张;众多的中小型企业从B2B电子商务中获得了订单,获得了销售机会,"网商"的概念深入商家之心;电子商务基础环境不断成熟,物流、支付、诚信瓶颈得到基本解决，在 B2B、B2C、C2C 领域里，不少网络商家在迅速地成长，积累了大量的电子商务运营管理经验和资金。

2005 年，计算机和宽带的普及以及电子商务基础设施的完善促进了第三方支付行业快速发展，使我国第三方支付迎来了春天，支付规模达到 196 亿元。

2007 年 6 月，我国第一家 P2P 网络借贷网站——"拍拍贷"成立，开启了我国网络借贷的先河。这也对传统金融机构的统治地位构成了挑战，互联网企业开始涉足金融领域，并与银行展开了竞争。

前面两个阶段的发展为互联网企业进入互联网金融时代打下了基础。互联网金融主要包括互联网企业的金融化与金融企业的互联网化，此处主要讨论前面一部分，这一部分又可以分为三个发展阶段：① 20 世纪 90 年代，互联网企业发展模式单一，产品稀少；②随着计算机和通信技术的广泛应用以及电子商务的发展，第三方支付机构逐渐成长，网络借贷也开始萌芽，互联网与金融的结合开始从技术领域慢慢深入到金融业务领域；③随着 P2P 借贷的成熟以及众筹的出现，互联网企业开始提供更多的投融资服务，金融化进一步加剧。2013 年是互联网金融发展革命性的一年，故这一年也被称为"互联网金融元年"。

2014 年，P2P 网贷发展继续欣欣向荣。根据对 325 家重点网贷平台的监测结果，2014 年网贷平台综合成交量超过 2500 亿元，是 2013 年的 3.29 倍；并且基本保持逐月递增趋势，3 月份涨幅达到峰值 106.9%。但由于网贷发展还处于初级阶段，缺乏相关部门的监管，法律政策等也相对匮乏，平台跑路事件频频发生。

随着"大众创业、万众创新"政策的推进，国务院先后数次推动股权众筹事业的发展。2015 年，全国众筹行业共成功筹资 114.24 亿元，历史上全年首次突破百亿元大关，比 2014 年全国众筹行业筹资金额增长了 429.38%。

2017 年，全国众筹行业实际融资额约为 260.00 亿元，比 2016 年增加了 42.57 亿元，同比增长 19.58%；在细分领域中，2017 年汽车众筹市场的全部项目数和成功项目数都最多，成功项目融资额也最高。除汽车众筹外，实体场所及科技众筹的整体市场规模较大。

大数据的发展从以 Google、Amazon、Yahoo 为代表的互联网大公司拓展到越来越多的创业公司以及金融、电力、电信等各种传统行业，这些公司和行业在不同的维度进行数据挖掘和分析，创造出更多的商业模式和经济增长点。同时，包括美国在内的诸多国家，都将大数据管理上升到国家战略层面，从国家层面通盘考虑其发展战略。"大数据"中的数据主要包括"在线"大数据和"离线"大数据，虽然从事大数据研究和开发的公司及研究单位对于这些数据有不同的业务逻辑，但是大的处理技术基本类似，包括数据采集、导入和预处理、统计和分析、挖掘。今后大数据会成为互联网金融的核心。人工智能和区块链这两个技术，在未来会使数字货币在金融市场当中的使用权重大大增强。同时可以彻底改造人和金融机构之间的关系。所以在大数据意义上，未来的金融机构的核心能力不是存量的改造，而完全是增量的变化。

1.3.2 互联网业务金融化的类型

如果说被称为"互联网金融元年"的 2013 年伴随着各种"宝宝类"网销货币基金横空出世的话，在随后的 2014 年，互联网支付、网络借贷、众筹、互联网理财、保险等各类互联网金融消费产品进入大众视线，则代表了"互联网金融创新发展年"。通过"互联网+"的技术创新和金融服务融合互动式突破，互联网金融已成为日趋成熟的消费行业。

从 21 世纪初互联网支付的出现，到互联网借贷（网络小贷 P2P）、互联网股权投融资（众筹）的落地；从近年来互联网保险的高歌猛进，到近期一站式互联网理财的兴起；从单品类的互联网理财到综合性的互联网金融消费，高端化、精英化的传统金融服务行业逐渐延伸出门槛更低、频次更高、服务更加综合快捷的互联网金融，其消费市场的崛起势不可挡。

包括 P2P、众筹、互联网信托、网销货币基金等形态都是互联网理财产品的表现形式，虽然每一种互联网理财产品的形态、运作和原理都不尽相同，但都是消费者对财产和债务进行管理，以实现财产的保值、增值为目的的投资理财途径。

1. 第三方支付

1999 年出台的美国《金融服务现代化法案》将第三方支付机构定性为非银行金融机构，将第三方支付业务定性为货币转移业务。中国人民银行 2010 年出台的《非金融机构支付服务管理办法》将第三方支付业务定义为：在收款人和付款人之间作为中介机构提供货币资金转移服务，包括网络支付、预付卡、银行卡收单等业务。在资金流转过程中，第三方支付平台只起到中转作用，但不拥有资金所有权，它主要解决不同开户行银行卡的网上对接以及异常交易带来的信用缺失等问题，通过提供资金流通渠道完成消费者、商户以及金融机构间的货币支付、资金清算、查询统计等过程。尽管第三方支付业务脱胎于银行业务，但是第三方支付业务模式并非一成不变，在众多第三方支付机构中，每个公司的运营模式不尽相同。典型的第三方支付业务模式有两类：一类是以"快钱"为代表的独立第三方支付模式；另一类是依托于自有 B2C、C2C 电子商务网站提供担保功能的第三方支付模式，如"支付宝""财付通"。

第三方支付自 2004 年出现以来一直呈快速增长态势。第三方支付的出现将互联网与银行连接起来，加速了传统金融的互联网化，同时沉淀的大量用户数据构建了数字普惠金融最重要的风控体系。从 2011 年 4 月央行首发支付牌照至今，一共发放 271 张，因公司违规、业务合并注销了 19 家，目前减少到 243 张。2017 年第三方支付牌照价格依旧水涨船高，因准入门槛带来的行业并购事件也屡见不鲜。同时，第三方支付发展也面临着速度与质量仍未契合的难题。在消费升级的带领下，2017年互联网支付规模同比增长了30%，移动支付规模同比增长了226%；同时，监管也开出了百余张罚单。2015—2017 近3年高速发展，移动支付市场规模年均复合增长率超过100%。但市场的繁荣催生了许多违规现象：挪用用户备付金、监管不力、交易监测不力等事件时有发生，违规代收付行为也屡禁不止，虚假广告宣传、价格战等市场行为更是常态。

2. P2P 网络借贷

ICT技术的发展使基于互联网的P2P的网络借贷模式应运而生。P2P网络借贷模式是指借款人向P2P平台提交借款金额、期限和利率等信息，并根据平台要求提供相应的证明文件，网络平台根据既定的信用评级模型等手段对投资人进行相应的认证，出借人通过比较借贷平台的标的，根据自己的风险偏好出借资金的过程。在这一模式下，借款人与出借人的对接在网络平台上完成，比如"人人贷""宜信""陆金所"等。

随着网络借贷行业整改的推进，行业呈现出运营资质、获客渠道、发展战略和运营模式这四方面的同质化趋势。一方面，行业同质化标志着市场扭曲的消除和市场纪律的强化，行业竞争加剧，预示着市场精神的回归；另一方面，高度相似的行业环境成为许多中小平台的发展壁垒，风控能力和口碑成为平台能否获得更多流量、破局马太效应的关键。

截至2017年12月底，网贷行业运营平台下降至1931家，环比减少23家，行业的活跃投资人数、借款人数分别为441.05万人、476.24万人，借款人数与投资人数差距开始收窄，但借款人数比投资人仍多近35万。

自2016年起出台了众多网络借贷监管细则，让网贷行业处于前所未有的管理从紧力度。庞大的网贷需求及监管政策的明朗推动P2P行业回归理性增长。2016年中国P2P交易规模达14955.1亿元，P2P投资用户规模为1271.0万人，借款用户规模为876.0万人，人均借款金额15万，人均投资金额5.1万，综合收益率下降至10.5%。

随着国内监管时代的到来，经过多轮互联网理财市场教育，投资群体日益壮大，面对资金端投资用户的争夺以及P2P平台不得混业经营的规定，不少平台选择了走集团化的道路，例如你我贷、有利网、PPmoney、和信贷、微贷网等。

3. 众筹融资模式

众筹融资模式是指项目的发起者通过互联网融资平台宣传自己的项目，合格的投资者对感兴趣的项目进行少量投资，使发起者筹集项目运行资金，并由发起者给投资者一定报酬的融资模式。我国目前的众筹融资模式以奖励类众筹为主。股权类众筹是指项目筹资人通过互联网平台进行融资，并回报给投资者一定的公司股份，而投资者最终能否获得实际的收益取决于公司实际经营状况的一种众筹模式，因此，可以把股权众筹理解为"在互联网上完成的私募股权投资"。

同上面两种互联网金融模式第三方支付和 P2P 网络借贷模式相比，国内众筹融资模式发展相对缓慢，但这并不意味着众筹融资模式的市场需求很小。根据国外经验，奖励类众筹和股权类众筹在中国都有着广阔的市场前景和巨大的融资需求。从过去三年国内众筹融资平台运行情况看，股权类众筹因为股东人数限制及公开募资的规定，目前有"天使汇""大家投"等少数股权类众筹平台，作为创新产品的预售及市场宣传平台的"京东众筹""淘宝众筹""众筹网"等，人文、影视、音乐和出版等创造性项目的梦想实现平台"淘梦网""追梦网"等，以及一些微公益募资平台。值得关注的是，众筹融资平台募集成功率为 25% ~ 42%。

2017 年全年众筹融资平台成功项目的实际融资额约为 260.00 亿元，比 2016 年成功项目融资额增加了 42.57 亿元，同比增长 19.58%；在细分领域中，2017 年汽车众筹市场的全部项目数和成功项目数都最多，成功项目融资额也最高。除汽车众筹外，实体场所及科技众筹的整体市场规模较大。

资料来源：Wind、中国人民银行网站、2017 年中国网络借贷行业年报

本章小结

1. 互联网金融产生的原因包括：我国的金融抑制与监管套利为互联网金融提供了发展空间、我国的金融抑制与监管套利为互联网金融提供了发展空间、平台的经济性造就了互联网金融发展的优势。

2. 互联网金融是一种基于互联网、大数据、云计算、移动通信、社交平台及搜索引擎等信息技术，实现资金融通、支付、结算等金融相关服务的金融业态。

3. 互联网金融的特点：信息的多维采集与深度运用、去中介化、传统金融机构的后台化、移动化、低成本与效率高。

4. 互联网金融的功能：提供金融活动平台、优化资源配置、方便支付和清算、提供价格信息、分散风险。

5. 金融业务互联网化的类型：网上银行、网上商城、直销银行。互联网业务金融化的类型：第三方支付、P2P 网络借贷、众筹融资模式。

复习思考题

1. 互联网金融的概念是什么？
2. 我国互联网金融的发展历程是怎样的？

3. 互联网金融产生的原因是什么？
4. 互联网金融有哪些特点？
5. 互联网金融有哪些功能？
6. 金融业务互联网化的发展历程是怎样的？有哪些类型？
7. 互联网业务金融化的发展历程是怎样的？有哪些类型？

第 2 章 互联网金融的基本原理

【学习目标】

通过本章的学习，熟悉并掌握互联网金融基本原理中的支付方式、信息处理及资源配置。

2.1 引言

金融服务实体经济的最基本功能是融通资金，是将资金从储蓄者转移到融资者手中。但在一般均衡定理的经典表述中，金融中介是不存在的。Mishkin（1995）指出，金融中介存在主要有两个原因。第一，金融中介有规模经济和专门技术，能降低资金融通的交易成本。第二，金融中介有专业的信息处理能力，能缓解储蓄者和融资者之间的信息不对称以及由此引发的逆向选择和道德风险问题。

目前，有两类金融中介在资金供需双方之间进行融资金额、期限和风险收益的匹配。一类是商业银行，对应着间接融资模式；另一类是资本市场股票和债券市场，对应着直接融资模式。这两类融资模式对资源配置和经济增长有重要作用，但也需要巨大交易成本，主要包括金融机构的利润、税收和薪酬。据估算，2016 年中国全部银行和证券公司的利润就达到约 2.1 万亿。

以互联网为代表的现代信息科技，特别是移动支付、社交网络、搜索引擎和云计算等，将对人类金融模式产生颠覆性影响。可能出现既不同于商业银行间接融资、也不同于资本市场直接融资的第三种金融融资模式，称为"互联网直接融资市场"或"互联网金融模式"。过去几年间，类似的颠覆性影响已经发生在图书、音乐、商品零售等多个领域。

在互联网金融模式下，支付便捷，超级集中支付系统和个体移动支付统一；信息处理和风险评估通过网络化方式进行，市场信息不对称程度非常低；资金供需双方在资金期限匹配、风险分担等的成本非常低，可以直接交易；银行、券商和交易所等金融中介都不起作用，贷款、股票、债券等的发行和交易以及券款支付直接在网上进行。市场充分有效，接近一般均衡定理描述的无金融中介状态，可以达到与现在资本市场直接融资和银行间接融资一样的资源配置效率，在促进经济增长的同时，还能大幅减少交易成本。

更为重要的是，在互联网金融模式下，现在金融业的分工和专业化被大大淡化了，被互联网及其相关软件技术替代了；企业家、普通百姓都可以通过互联网进行各种金融交易。风险定价、期限匹配等复杂交易都会大大简化、易于操作；市场参与者更为大众化，互联网金融市场交易所引致的巨大效益更加普惠于普通老百姓。这也是一种更为民主化，而不是少数专业精英控制的金融模式。

互联网金融模式已经初现端倪，目前主要体现为手机银行和P2P融资。这种新金融模式意味着巨大的机遇和挑战。对政府而言，互联网金融模式可被用来解决中小企业融资问题和促进民间金融的阳光化、规范化，更可被用来提高金融普惠性，促进经济发展，但同时也带来了一系列监管和挑战。对业界而言，互联网金融模式会产生巨大的商业机会，但也会促成竞争格局的大变化。对学术界而言，支付革命会冲击现有的货币理论。互联网金融的基本原理主要表现在支付方式、信息处理和资源配置三个方面。

2.2 支付方式

支付是金融的基础设施，会影响金融活动的形态。互联网金融模式下的支付方式以移动支付为基础，通过移动通信设备、利用无线通信技术来转移货币价值以清偿债权债务关系。

移动支付的基础是移动通信技术和设备的发展，特别是智能手机和掌上电脑的普及。移动互联网和多网融合将进一步促进移动支付发展。随着WiFi、4G等技术的发展，互联网和移动通信网络的融合趋势已非常明显，有线电话网络和广播电视网络也会融合进来。在此基础上，移动支付将与银行卡、网上银行等电子支付方式进一步整合。未来的移动支付将更便捷、人性化，真正做到随时、随地和以任何方式进行支付。随着身份认证技术和数字签名技术等安全防范软件的发展，移动支付不仅能解决日常生活中的小额支付，也能解决企业之间的大额支付，完全替代现在的现金、支票、信用卡等银行结算支付手段。

云计算保障了移动支付所需的存储和计算能力。尽管移动通信设备的智能化程度提高，但受限于便携性和体积要求，存储能力和计算速度在短时期内无法与个人电脑相比。云计算正好能弥补移动通信设备这一短板，可以将存储和计算从移动通信终端转移到云计算的服务器，减少移动通信设备的信息处理负担。这样，移动通信终端将融合手机和传统的功能，保障移动支付的效率。

互联网金融模式下，支付系统具有以下根本性特点：一是所有个人和机构（法律主体）都在中央银行的支付中心（超级网银）开账户（存款和证券登记）；二是证券、现金等金融资产的支付和转移通过移动互联网络进行（具体工具是手机和掌上电脑）；三是支付清算完全电子化，社会基本不再需要现钞流通，就算有极个别小额现金支付，也不影响此系统的运转；四是二级商业银行账户体系将不再存在。如果个人和企业的存款账户都在中央银行，将对货币供给定义和货币政策产生重大影响，同时也会促进货币政策理论和操作的重大变化。比如，全社会用作备付金的活期存款将会减少，定期存款占比将增加。当然，这种支付系统不会颠覆目前人类由中央银行统一发行信用货币的制度。货币与商品价格的关系也不会根本转变。但是，目前社交网络内已经自行发行货币，用于支付网民之间数据商品甚至实物商品购买，并建立了内部支付系统。

2.3 信息处理

信息是金融的核心，构成金融资源配置的基础。金融信息中，最核心的是资金供需双方信息，特别是资金需求方的信息，如借款者、发债企业、股票发行企业的财务信息等。在直接和间接融资模式下，主要有两类信息处理方式。第一类是信息的私人生产和出售，指设立专门机构负责搜集和生产区分资金需求者好坏的信息，然后卖给资金供给者。典型的如证券公司和信用评级机构。商业银行同时是信息生产者和资金供给者，也属于这类方式。第二类是政府管制，即政府要求或鼓励资金需求方披露真实信息。比如政府对会计准则、审计和信息披露的监管，特别针对上市公司。

互联网金融模式下的信息处理是它与商业银行间接融资和资本市场直接融资的最大区别，有三个组成部分：一是社交网络生成和传播信息，特别是对个人和机构没有义务披露的信息；二是搜索引擎对信息的组织、排序和检索，能缓解信息超载问题，有针对性地满足信息需求；三是云计算保障海量信息高速处理能力。总的效果是，在云计算的保障下，资金供需双方信息通过社交网络揭示和传播，被搜索引擎组织和标准化，最终形成时间连续、动态变化的信息序列。由此可以给出任何资金需求者的风险定价或动态违约概率，而且成本极低。这样，金融交易的信息基础充分条件就满足了。这与目前市场机制类似。谢平、邹传伟（2011）指出，市场就是用与社交网络和搜索引擎类似的机制，通过市场交易价格来产生时间连续、动态变化的违约概率序列，在违约信息揭示上比信用评级机构更有效。从理论上讲，任何金融交易产品实际上都隐含着一种CDS（信用违约掉期），在任何时间点上都可以知道它的违约概率，在这种情况下所有金融产品的风险定价就会非常直观和简易。接下来分别讨论社交网络、搜索引擎和云计算在互联网金融模式下的信息处理作用。

第一，社交网络及其作用。社交网络以人际关系为核心，把现实中真实的社会关系数字化到网上并加以拓展，是个人发布、传递和共享信息的平台，建立了自愿分享和共享机制。社交网络有两个基础。一是人类作为社会动物固有的网络行为，主要有四个特点：交换性、一致性、传染性、传递性；二是互联网和通信手段的发展，降低了个人发布信息以及与日常生活之外的人联系的成本，产生了一些新的分工协作模式，比如"人肉搜索"、维基百科的编撰等。在信息内涵上，社交网络蕴含了非常丰富的关系数据，即个体之间接触、联络、关联，群体依附和聚会等方面信息。

社交网络的信息揭示作用可以表现为个人和机构在社会中有大量利益相关者。这些利益相关者都掌握部分信息，比如财产状况、经营情况、消费习惯、信誉行为等。单个利益相关者的信息可能有限，但如果这些利益相关者都在社交网络上发布各自掌握的信息，汇在一起就能得到信用资质和盈利前景方面的完整信息。社交网络使人与人（机构）之间的"社会资本"可以较快积累，是新型的"财富"。一方面，人们的"诚信"程度提高，大大降低了金融交易的成本，对金融交易有基础作用；另一方面，也更为严格地约束人们可能的"违约"动机和道德风险。

第二，搜索引擎及其作用。搜索引擎的作用是从海量信息中找到最能匹配用户需求的内容。搜索引擎与社交网络融合是一个趋势，体现为社会化搜索的发展。社会化搜索对用户的疑问不仅能寻找到现有的答案，还会推荐合适的人来回答或者通过社交关系过滤掉不可信赖的内容，本质是利用社交网络蕴含的关系数据进行信息筛选，进一步提高"诚信"程度。

第三，云计算及其作用。在集成电路的性能逐步逼近物理极限的情况下，云计算使用大量廉价的个人电脑分担计算任务，易扩展、能容错，并保障多备份数据的一致性，使用户按需获取计算能力、存储空间和信息服务。云计算保障了处理海量信息的能力，对搜索引擎发展有重要促进作用。金融业是计算能力的使用大户，云计算会对金融业产生重大影响，比如云计算可以随时提供任何软件和数据，处理任何与金融交易有关的信息问题，苹果商店与手机的关系已经与此类似。

举几个在互联网金融模式下信息处理的例子。比如，因为信息科技足够发达，自然人出生后的关键信息和行为都被记录下来、可以查询，不准确信息通过社交网络和搜索引擎来核实或过滤。在这种情况下，对个人信用状况的分析将非常有效率。再比如，人们在日常生活中发现某银行服务不好、效率低下，可以把相关信息发到社交网络上，这些信息汇总后有助于评估该银行的盈利和信用前景。而在现代股票市场上，股东仅能以"买入－卖出"来表达自己对盈利前景的判断。

2.4 资源配置

2.4.1 关于资源配置的观点

互联网金融模式中资源配置的特点是资金供需信息直接在网上发布并匹配，供需双方直接联系和交易，不需要经过银行、券商或交易所等中介。

典型例子是人人贷（peer-to-peer lender，个人之间通过互联网直接借贷）替代传统存贷款业务。其代表是 2007 年成立的美国 Lending Club 公司，到 2012 年年中已经促成会员间贷款 6.9 亿美元，利息收入约 0.6 亿美元。Lending Club 对符合要求的贷款申请进行内部信用评级，分成 A 到 G 共 7 个等级。不同信用评级对应不同贷款利率，信用评级越低，贷款利率越高，从 6% 到 25% 不等。Lending Club 把每份贷款称为一个票据，提供借款者和贷款的信息，放在网站上供投资者选择。对单个票据，投资者的最小认购金额是 25 美元，能实现风险的充分分散。Lending Club 为投资者提供了构建贷款组合的工具，还提供了投资者之间交易贷款的平台，在贷款存续过程中，负责从借款者处收取贷款本息，转交给投资者，并处理可能的延付或违约情况。

再比如众筹融资（crowding funding，通过互联网为投资项目筹集股本金）替代传统证券业务。其代表是 2009 年 4 月成立的美国 Kickstarter 公司，通过网上平台为创意项目融资，到 2012 年年中已为 2.4 万个项目筹资 2.5 亿美元，共吸引了万名投资者。投资回报以项目产品为主，比如音乐 CD、电影海报等。对每个项目，第一批投资者多为项目负责人的朋友、粉丝和熟人，投资者可以通过 Facebook 推荐自己认为不错的项目。2012 年 4 月，美国通过 JOBS 法案（Jumpstart Our Business Startups Act），允许小企业通过众筹方式获得股权融资。

在移动支付、社交网络、搜索引擎和云计算等现代信息科技推动下，个体之间直接金融交易这一人类最早金融模式会突破传统的安全边界和商业可行边界，焕发出新的活力。在供需信息几乎完全对称、交易成本极低的条件下，互联网金融模式形成了"充分交易可能性集合"，双方或多方交易可以同时进行，信息充分透明，定价完全竞争，比如拍卖式，各种金融产品均可如此交易。这种资源配置方式最有效率，社会福利最大化，也最公平，供需方均有透明、公平的机会，诸如中小企业融资、民间借贷、个人投资渠道等问题都容易解决。不认识的人、企业可以通过"借贷"而形成社交网络关系，成为"熟人"，进而拓展了其他合作的可能性，如投资入股、买卖产品等。

这里面的核心概念是"交易可能性集合"，接下来详细说明此概念。

2.4.2 关于交易可能性集合的概念

"交易可能性集合"为一对或多对融资者和储蓄者的集合，其中每对融资者和储蓄者中，融资者能承受的最高融资成本高于储蓄者能接受的最低投资收益率。"交易可能性集合"强调的是，根据融资者和储蓄者对融资价格的考量，双方在理论上有达成交易的可能性。而现实中，储蓄者往往面临预算约束和多个融资者，要在不同融资者之间配置资产，是否与某一融资者交易取决于非常复杂的条件，这就不属于"交易可能性集合"关心的内容。

本章小结

1. 互联网金融的基本原理主要表现在支付方式、信息处理和资源配置三个方面。

2. 互联网金融模式下，支付系统具有以下根本性特点：一是所有个人和机构（法律主体）都在中央银行的支付中心（超级网银）开账户（存款和证券登记）；二是证券、现金等金融资产的支付和转移通过移动互联网络进行（具体工具是手机和掌上电脑）；三是支付清算完全电子化，社会基本不再需要现钞流通，就算有极个别小额现金支付，也不影响此系统的运转；四是二级商业银行账户体系将不再存在。

3. 互联网金融模式下的信息处理是它与商业银行间接融资和资本市场直接融资的最大区别，有三个组成部分：一是社交网络生成和传播信息，特别是对个人和机构没有义务披露的信息；二是搜索引擎对信息的组织、排序和检索，能缓解信息超载问题，有针对性地满足信息需求；三是云计算保障海量信息高速处理能力。

4. 社交网络有两个基础。一是人类作为社会动物固有的网络行为，主要有四个特点：交换性、一致性、传染性、传递性。二是互联网和通信手段的发展，降低了个人发布信息以及与日常生活之外的人联系的成本，产生了一些新的分工协作模式。

5. 互联网金融模式中资源配置的特点是资金供需信息直接在网上发布并匹配，供需双方直接联系和交易，不需要经过银行、券商或交易所等中介。

复习思考题

1. 如何理解互联网金融的基本原理？
2. 互联网金融支付方式有哪些特点？
3. 互联网金融模式与商业银行间接融资和资本市场直接融资的最大区别是什么？
4. 互联网金融模式中资源配置有哪些特点？
5. 社交网络具有的信息揭示作用是什么？
6. 搜素引擎的作用是什么？
7. 什么是社交网络？

第 3 章　第三方支付

【学习目标】

通过本章的学习，熟悉并掌握第三方支付的功能和作用，了解第三方支付的概念、行业现状和支付场景，通过典型案例分析掌握第三方支付的主要风险和防范措施。

3.1　第三方支付概述

第三方支付机构（又称非金融支付机构）指在收付款人之间作为中介机构提供网络支付、预付卡发行预受理、银行卡收单以及中国人民银行确定的其他支付服务的非金融机构。第三方支付作为央行电子支付体系的重要组成部分，是实现资金流信息化的重要途径，能够有效提升资金流动的效率并降低资金流动的成本。

银行卡收单指收单机构与特约商户签订银行卡受理协议，在特约商户按约定受理银行卡并与持卡人达成交易后，为特约商户提供交易资金结算服务的行为。第三方支付收单机构包括获得银行卡收单业务许可为实体特约商户开展银行卡收单业务的机构以及获得网络支付业务许可为网络特约商户提供银行卡收单业务的第三方支付机构。

预付卡发行与受理指以营利为目的发行的、在发行机构之外购买商品或服务的预付价值，包括采取磁条、芯片等技术以卡片、密码等形式发行的预付卡。第三方支付涉及的预付卡不包括仅限于发送社会保障金的预付卡；仅限于乘坐公共交通工具的预付卡；仅限于缴纳电话费等通信费用的预付卡；发行机构与特约商户为统一法人的预付卡。

网络支付指依托公共网络或专用网络在收付款人之间转移货币资金的行为，包括货币汇兑、互联网支付、移动电话支付、固定电话支付、数字电视支付等。

其中节约成本项包括：POS 机刷卡手续费、线上和银联相关手续费、支付宝手续费、在其他平台的资金占用成本、接入费用。产生收益项包括：沉淀资金的利息收入、托管银行的协议回报、服务收费。

第三方支付盈利模式如图 3-1 所示。

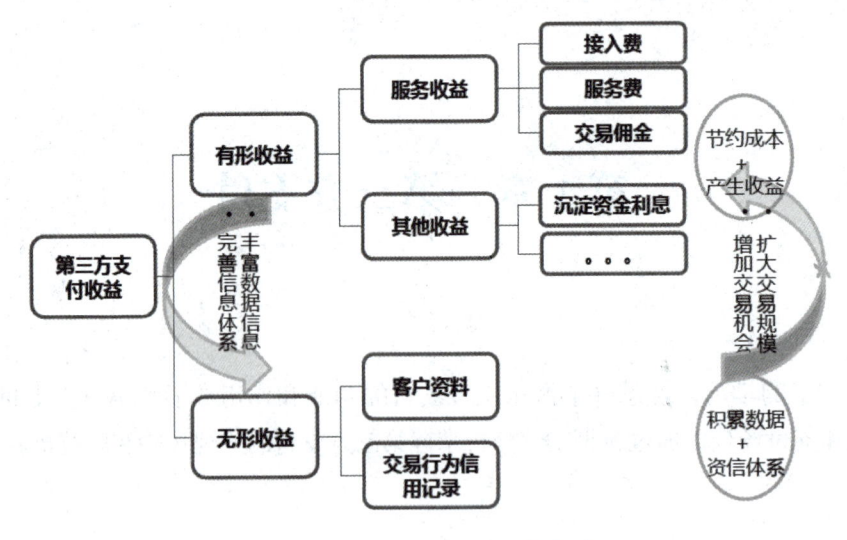

图 3-1 第三方支付盈利模式图

3.2 第三方支付功能和作用

3.2.1 提供资金清算服务

电子商务的发展推动了第三方支付的产生，2010 年以前我国对于第三方支付机构的定位尚存在争论，而 2010 年国家出台了《非金融机构支付服务管理办法》，至此关于我国第三方支付机构性质的界定有了权威的依据，即我国第三方支付机构为非金融机构，其管理运作正式纳入到中国人民银行的监管范围内。其中资金清算服务是第三方支付最主要最常规的服务。

第三方支付机构资金清算的具体流程是：支付平台在签约的各大商业银行均开设中间账户，并按规定存入一定的结算备付金，当资金发生转移时，买家付款时，平台通知其付款行将购货人账户中相应金额的货款扣除，同时在平台的中间账户上增加同样金额的资金，然后通知卖家收款行在商家账户上增加相同金额的款项，并在平台中间账户上扣除相应金额，这样一笔业务两次结算避免了去央行进行清算的麻烦，同时第三方支付机构也可以有效地监督双方的资金履约情况，避免欺诈行为的发生，提高了网络交易的效率。

3.2.2 提供信息服务

在信息时代，信息是一种极为重要的资源，第三方支付作为独立于买卖双方的中介机构，一方面与各大商业银行合作，另一方面与电商和客户往来，因此网络交易中的各种信息都汇集于第三方支付中，通过第三方支付机构，网络交易中资金流、信息流、物流三者实现了统一。不仅如此，由于第三方支付机构目前的业务范围不断拓展，它还提供给消费者各类生活所需的信息，并根据消费者的消费习惯推荐一些相关的产品，这就极大地满足了消费者多方面选择的需求，给消费者提供信息方面的服务。

3.2.3　提供信用担保服务

提供信用担保服务是第三方支付机构的一项重要的功能，第三方支付机构产生于电子商务，其作为独立的中介机构解决了电子商务中商家和客户之间的信任问题，为买卖双方建立起联系。网络交易的虚拟性使得信用风险成为人们关注和担心的重点，不论是消费者还是电商都有可能因为欺诈行为而使另一方受损，这就极大地限制了网络交易的发展，而第三方支付机构则在两者之间建立一个中介和过渡，买卖双方不必再担心彼此的信用问题。

具体而言，买方选购商品后资金先转入第三方支付平台由其代为保管，同时第三方支付平台通知卖家发货，待买家收到货物确认付款时才将资金转入卖家账户，这其中的具体运作都是借助一系列的互联网技术来完成和实现的，第三方支付机构与参与各方之间的信息传递都是通过一系列的加密数据得以传输，这样第三方支付机构一方面掌握着买方的信息，确保客户在未确认付款前资金托管的安全，另一方面第三方支付掌握着卖家的信息，保证在买家确认付款后卖家能及时得到相关资金。这样的模式通过以第三方支付机构作为信用担保使得交易双方不必再担心对方的信用问题，从而保证了网上交易的安全和快捷，为整个交易的实现和完成提供了可靠的服务。

3.2.4　促进普惠金融的发展

2013 年 11 月 12 日，中国共产党第十八届中央委员会第三次全体会议通过《中共中央关于全面深化改革若干重大问题的决定》正式提出"发展普惠金融，鼓励金融创新，丰富金融市场层次和产品"。而所谓的普惠金融是一种理念，是一种能有效、全方位地为社会所有阶层和群体提供服务的金融体系，普惠金融的发展让普通大众能够参与其中，享受金融服务，提高生活质量。

而第三方支付以顾客为中心、服务大众的理念正契合了普惠金融的发展观念，通过不断的服务创新，第三方支付正在逐步渗透到普通大众每天的生活中，并改变着人们对于网络交易的认识和看法，其业务已经突破最初的代收代付而向多元化的方向拓展，涉及领域也不断拓宽，从机票预购、水电费缴纳到培训缴费、卡类充值，第三方支付机构正日益满足大众的生活需求。2013 年以来，第三方支付通过申请基金结算牌照来参与金融领域，使得传统的基金销售有了新的途径，改变了以往依赖银行代销的模式，也满足了普通大众利用闲散资金进行投资理财的需求，迎合了普惠金融的理念，让社会不同阶层、不同收入水平的人都对其有了一定的认识和了解，促进了我国金融的整体发展。

3.3　第三方支付行业的发展

数据显示，2014年中国互联网第三方支付交易规模达80767亿元，同比增长50.3%。随着我国电子商务环境的不断优化，支付场景的不断丰富以及金融创新的活跃，网上支付业务取得快速增长，而第三方支付机构发展的互联网支付业务也取得了较快增长。数据显示，支付宝、财付通在第三方支付市场占有率居前，两者市场占有率接近70%。

第三方支付细分市场格局包括以下内容。第一，互联网支付：互联网支付行业竞争格局基本确定，支付宝一家独大，市场占有率接近一半，2014年支付宝在国内互联网支付行业市场占比达49.6%，财付通占市场规模达19.5%，银联商务在线等占11.4%，其他占比均在10%以下。第二，移动电话支付：行业刚刚起步且处于快速发展阶段，竞争格局尚未确定，目前市场的竞争者主要有互联网支付巨头如支付宝、电信运营商背景企业如联动优势以及独立的专业从事移动电话支付的企业如钱袋宝。第三，银行卡收单：除传统金融机构从事银行卡收单业务外，第三方支付领域参与该业务的主要有银联商务、上海杉德、数字王府井等，其中银联商务实力最为强大，虽为非金融机构，因其所处特殊地位及其从事该业务的时间较长，使得其目前成为一个半金融机构。第四，数字电视支付：数字电视支付市场仍属于起步阶段，市场竞争刚刚开始，央行2012年6月刚颁布第一批数字电视支付牌照，截至目前，只有拉卡拉、银视通、北京数码视讯、上海亿付数字技术、昆明卡互卡科技和中兴通信六家公司获得了数字电视支付牌照。第五，预付卡发行与受理：预付卡市场发展存在区域性差异，北京、上海等地起步早，参与者众多，竞争也最激烈，已形成上海的"联华OK""斯玛特"，北京的"资和信"等具有全国影响力的品牌。

随着产业集团、金融机构等加入第三方支付市场，未来行业格局将充满变数和机遇，有以下几个特点。第一，生活化：牌照发放后，第三方支付平台的可信度提升，话费充值、水电煤气缴费等各种生活支付链条的打通，将进一步丰富第三方支付的应用场景，提高其用户黏度，积累用户大数据，成为未来综合性支付企业的标配。第二，金融化：第三方支付企业借助其信息数据积累和挖掘的优势，逐步涉及基金、保险等个人理财等金融服务，金融属性逐步增强，成为未来第三方支付企业发展的方向。第三，移动化：智能手机、平板电脑等移动终端的出现极大地推动了移动支付的发展，多种移动支付技术使得移动支付打通了线上线下支付的壁垒，实现了线上线下支付的融合，成为了第三方支付行业蓝海领域。第四，多元化：未来主流支付企业将向着提供一站式解决方案的方向发展，同时也会出现依托某些细分市场和特色业务生存发展的细分支付企业，支付产业链的各个环节都会有多家企业参与竞争，行业进入多元化快速发展阶段。

第三方支付发展趋势，如图3-2所示。趋势一：第三方支付结合场景应用的范围会越来越广。互联网金融平台和产品的实现需要第三方支付的支撑，第三方支付推动互联网金融生态圈的完成。目前，人们已经逐渐适应第三方支付工具完成物业、水电气、手机通信，信用卡、房贷、助学贷款还款、转账汇款、理财、订酒店等付款，第三方支付成为人们支付的主要渠道。趋势二：移动支付业务的占比会逐步扩展。从目前第三方支付市场结构来看，互联网支付业务占比增速显著放缓，而移动支付业务占比则呈现激烈扩张的趋势。未来第三方支付的蓝海仍然在于移动支付领域，其市场前景依然广阔。

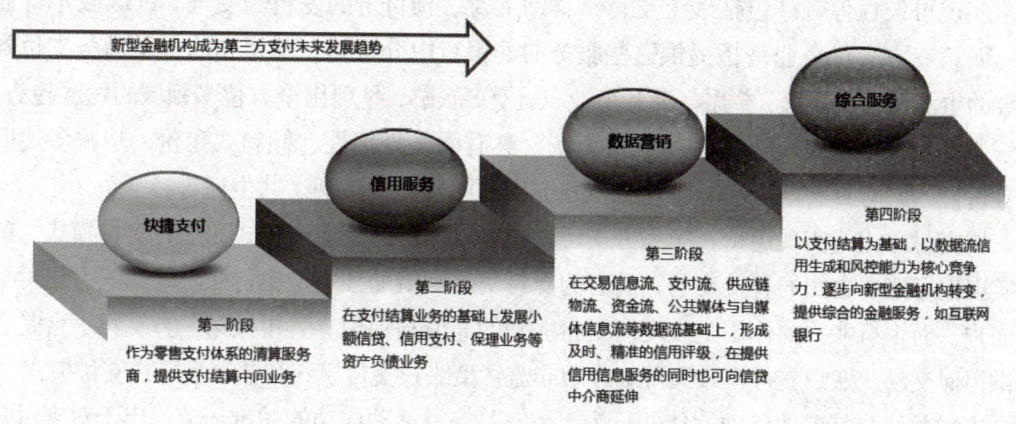

图3-2 第三方支付发展阶段图

目前第三方支付仍处于第一阶段，并正朝第二阶段发展；一些做得好的支付机构走的比较快，这些支付机构普遍经历了5~10年的沉淀期，如支付宝已经推出的小额信贷、淘宝商户提前收款支付服务就具有传统银行资产业务的性质，支付宝的时光机、淘宝魔方数据服务是为其客户提供的数据服务。以支付为基础，第三方支付将成为新型金融机构。

3.4 第三方支付场景

随着智能手机和微信的普及，移动互联网正在全面渗透我们的生活，改变我们的消费和支付方式。例如，心仪对象在朋友圈发布了未吃午餐的状态，远在异国他乡的爱慕者随即将基于LBS（地理位置定位）的外卖APP定位到心仪对象的城市并选定了一份爱心午餐，最后选择支付工具完成支付。数分钟之内，心仪对象就能惊喜地收到爱心午餐。又如，追求时髦的达人看中了热播剧女主角的潮服，时尚达人在手机上使用购物APP的拍照搜索功能，立马就能获得明星同款潮服的购买链接，点击即可完成购买支付。再如，作为一个有经验的背包客在旅行前一定会查好旅游攻略，通过旅游网站预订好往返机票和酒店住宿，并按预算对移动钱包进行充值。总之，在互联网时代，PC端电子商务网站和移动端APP为消费者提供了更多的消费选择，而第三方支付和移动支付是方便我们完成交易的必备工具。

所谓第三方支付，是指具备一定实力和信誉保障的独立机构，与各大银行合作，借助一定的计算机科学技术，使用户通过网络接入银行支付结算系统并完成支付的方式。而移动支付则强调依靠移动通信设备和无线电通信技术连接账户。若移动支付的提供商是第三方支付，则可以将其称之为第三方移动支付。任曙明等归纳出第三方支付的内涵和特征，认为第三方支付的实质是通过在买卖双方之间设立一个中间过渡账户，使交易资金实现可控性停顿，包括线上支付、移动支付、预付卡的发行与受理、POS收单等业务。而第三方支付企业是指提供这些服务的非银行中介机构，从最初的电子商务支付到如今的生活缴费、教育、金融、公共事业、航空、旅游，呈现出全方位多领域的发展趋势。第三方支付产业则是一个典型的双边市场，具有网络外部性、倾斜式定价、用户多边归属等特征，同时具有信用中介、竞合现象突出、同质竞争激烈、共生性等特征。

按支付方式的实现逻辑，第三方支付大致可以分为网关通道模式和账户支付模式。前者实现银行账户之间的直接交易，后者的支付交易则借助独立于银行账户的第三方支付平台账户，而银行账户的作用是实现对平台账户的充值与提现。若再按第三方支付平台是否提供担保交易，账户支付模式又可细分为非监管型账户支付模式和监管型账户支付模式。

支付虽然只是商业活动的伴随行为，但它是交易活动成功的关键环节。出于对支付效率的追求，市场相继出现了贵金属货币、纸币、支票、信用卡和电子汇款等支付工具。随着电子商务的兴起，与之相适应的第三方支付成为市场的宠儿。截至2015年底，中国人民银行分8个批次共发放了270张第三方支付牌照。第三方支付机构获准业务范围包括货币汇兑、互联网支付、移动电话支付、固定电话支付、数字电视支付、预付卡发行与办理、银行卡收单等。随着市场竞争的加剧，第三方支付企业一方面不断拓展支付场景，为细分领域提供个性化的行业支付解决方案；另一方面不断升级支付技术水平，基于生物识别技术、NFC通信技术和智能可穿戴设备的移动支付成为第三方支付技术发展的新趋势。

3.5 第三方支付典型案例

3.5.1 支付宝简介

浙江支付宝网络技术有限公司［原名支付宝（中国）网络技术有限公司］是由阿里

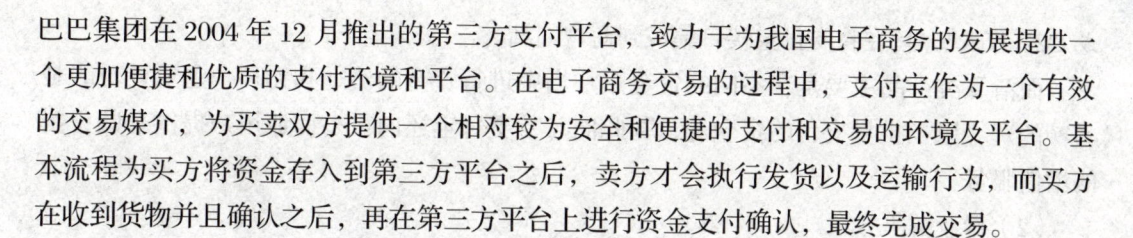

巴巴集团在 2004 年 12 月推出的第三方支付平台，致力于为我国电子商务的发展提供一个更加便捷和优质的支付环境和平台。在电子商务交易的过程中，支付宝作为一个有效的交易媒介，为买卖双方提供一个相对较为安全和便捷的支付和交易的环境及平台。基本流程为买方将资金存入到第三方平台之后，卖方才会执行发货以及运输行为，而买方在收到货物并且确认之后，再在第三方平台上进行资金支付确认，最终完成交易。

3.5.2 支付宝发展历程

从支付宝的发展进程来看，可以分为从属淘宝阶段和独立阶段。支付宝在 2003 年推出之后，最开始致力于淘宝网的网络交易，从属于淘宝网络平台。推出的"担保交易"模式主要针对淘宝上购物的信用问题解决网购用户的需求，买方在确认收货后才能在支付宝上进行资金支付的确认，这个时候卖方才能收到相应的资金，为淘宝交易双方提供了一个相对较为安全和便捷的保障。支付宝交易流程如图 3-3 所示。

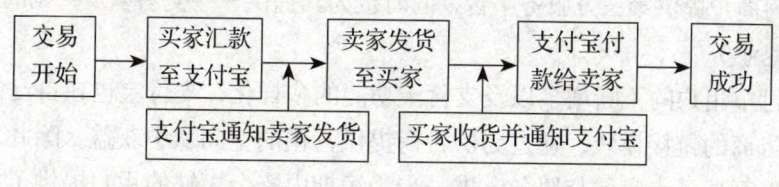

图 3-3 支付宝交易流程

淘宝在市场上的发展使得其用户越来越多，为一直致力于为淘宝做资金服务的支付宝带来了大量的顾客，阿里企业的高层管理人员开始意识到支付宝在第三方支付市场上发展的前景和广阔的空间，认为支付宝可以作为一个独立的平台而存在，并且可以为所有的电子商务平台提供资金中转和担保服务。

2004 年，支付宝和淘宝分离，开始以独立的第三方支付平台存在于人们的视野当中。在此之后，支付宝开始与更多的电商合作，进军线下市场，开展跨境业务等。

纵观支付宝这十几年的发展可以看出，支付宝一直以迎合用户更多的支付场景作为前进导向，与此同时，越来越丰富的支付场景也吸引越来越多的用户。如今支付宝已具备了贯穿线上线下的支付能力并积累了大量具有多元支付需求的稳定用户。线上、线下贯通催生 O2O，海量用户催生社交金融。

3.5.3 支付宝模式

1. 盈利模式

（1）支付产品

支付产品可分为接口类和清算类。前者主要包括普通网站接口、平台商接口（B2C

或 C2C 模式），旨在将支付宝接口集成到商户网站。

而清算类产品主要是在不同的资金账户当中进行资金的流通和循环，主要针对的是大额的资金以及批量支付的资金等，与此同时，支付宝还向很多商业用户提供一些免费的增值服务。

（2）行业解决方案

方案主要是以物流、保险、网游及无线等行业的发展和实际需求来制定的，通过对不同行业需求的了解，制定不同的解决方案。比如针对公益捐款，相关的机构或者组织在发起捐款之后，一些个体或者社会上的群体会通过第三方支付平台进行捐款，资金会进入到发起方的账户当中，而捐款人会得到资金捐助的回执单。

行业解决方案是针对不同行业来制定的，所以收费方式和模式也是不一样的，但是总的来讲，仍然是扣除成本以及收取一定的营销推广费用来获取收益的。

（3）第三方服务

支付宝为商户提供第三方服务平台，同时也为其提供一些交易以及营销的基本服务。

（4）其他业务

随着支付宝用户的不断增多以及支付宝功能的多样化，支付宝也在自己的主页上相继设计了广告商的链接模块，通过为广告商提供营销的空间从中获益。除此之外，支付宝还联合银行开展了卖家信贷服务，进一步为短期内资金短缺的用户提供了方便，并且支付宝在其中作为一个有利的担保机构，为双方都提供一个相对较为安全的交易环境，申贷到还款过程全部通过支付宝网络进行。

由于支付宝运行模式的特殊性，使得用户的一部分周转资金必须留在支付宝账户上一段时间，而在这段时间之内，这部分资金就会成为沉淀资金，沉淀资金以交易保证金的形式存在其所合作的银行当中，被银监会所管理，按一年期定期存款计算利息。

2. 与银行的合作与竞争

2011 年以前，各个银行的网银支付都是各自为战，用户在资金支付的时候，由于需要经过多个环节才能达成其交易，所以用户对于网银的好感度并不是很高。但是支付宝所推出的快捷支付为用户提供了很大的便捷，在很大程度上弥补了网银支付的不足，进一步提升了网络交易的速率。除此之外，在网络技术不断发展的基础上，银行业开始在网络上大力开展自己的业务，这就进一步促进了银行和支付宝之间的合作。而支付宝和银行之所以能够达成深度合作，不仅是因为支付宝的快捷支付不会抢占银行在网络交易上的份额，而且是因为支付宝和银行之间的合作还会给银行带来一定的收益，达到一个双赢的效果。2011 年，支付宝选择工商银行作为备付金存管银行，从而解决了资金沉淀的问题。

2014 年，余额宝的交易资金已经达到了五千亿，而支付宝的交易资金则达到了一千亿元。经过相关的研究和计算发现，两者占据我国储蓄存款余额的比例大约为百分之一点四。这种情况对我国商业银行的发展造成了很大的影响，首先，大部分的资金流入到支付宝和余额宝当中，银行所拥有的资金比例减少；其次，银行在资金垄断上的收益进一步减少。阿里企业在2014年两会期间获得了民营银行试点的权限，这对我国银行的发展是一个很大的挑战，支付宝在自身多个产品的帮助之下，在很短的时间之内就可以发展成为一家很大的民营银行，进一步加大了我国银行发展的压力和竞争。

面对庞大而复杂的市场，支付宝与银行的合作与竞争并存。在我国，几乎每个人的口袋里都会有中国银联的银行卡，而且越来越多的人手机中都安装了支付宝客户端。在消费和交易的过程中，对于需要POS机结款的交易，人们一般会通过刷卡消费来完成，而对于网络交易，越来越多的人倾向于通过支付宝来完成，这将会是传统支付方式和新兴支付方式之间的一场大规模博弈，而最终博弈的结果应该交由市场和时间来决定。

3. 技术模式

支付宝作为第三方支付平台，保障资金安全是最重要的。所以支付宝在运行和功能开发的过程中，一直以官方的安全规范为出发点，在PC端以及移动端都推出了安全支付的数字控件以及安全保护系统，为用户提供一个相对较为安全的保障。与此同时，支付宝还拥有一个基于大数据的安全防护体系，进一步对用户的交易及资金形成一个有利的保护。如支付宝在2015年基于大数据推出的"风控大脑"，使其可以代替手势密码来保障用户的账户资金安全。支付宝通过对每个用户的交易行为以及资金总量的分析，针对不同的用户提供不同的资金监管和保护模式，并且对其可能存在并且面临的资金风险进行有效识别，有效降低风险指数。除此之外，声控解锁以及指纹支付等方式也将进一步提升安全保障。

3.5.4 支付宝风险防控措施

支付宝作为我国第三方支付企业的典型代表，其在风险防控方面一直都处在行业的前列，随着互联网的普及和电子商务的广泛应用，支付宝不断加强自身的内部控制，以期防范风险。具体来说，支付宝的风险防控措施主要表现在以下几个方面：

1. 合规运作方面

支付宝作为国内第三方支付的代表企业一直注重自身合规风险的建设，在2010年国家出台《非金融机构支付管理办法》以及此后出台的各项针对第三方支付的法规后，支付宝按照国家的相关法律法规进行了内部建设，保证各项交易都在国家规定的范围内进行。在组织机构设置方面，支付宝有专门的风险管理部门负责相关工作，在风险管理部门之下继续细分，设有金融风险控制、账户安全控制、欺诈风险控制、安全运营分析和商户管理等部门，以此来应对运营过程中可能出现的风险（见图3-4）。同时，在支付宝的协议中，明确了各方的责任和权利义务，使得交易各方在交易前就有统一的界定，为之后的纠纷处理建立了基础。

```
                        风险管理部
        ┌──────────┬──────────┼──────────┬──────────┐
     金融风险控制  账户安全控制  欺诈风险控制  安全运营分析  商户管理
```

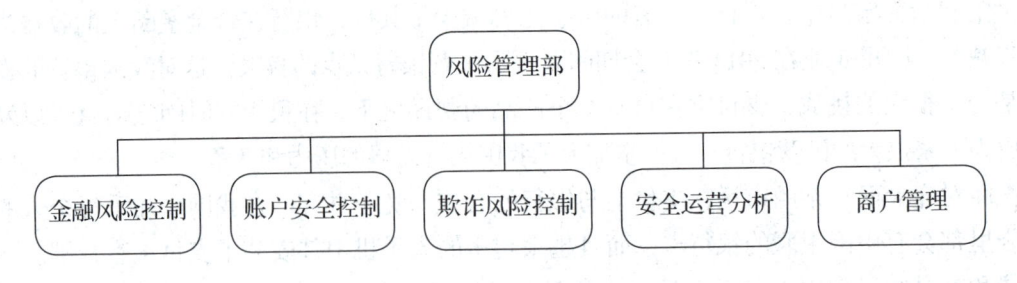

图 3-4　支付宝机构设置

在反洗钱方面，支付宝于 2010 年制定了《反洗钱和反恐怖融资内部控制制度》，并且将其纳入新员工的入职培训课程中。针对交易过程中出现的大额可疑交易，支付宝运用智能实时防控技术，对符合条件的交易进行人工核查，主要从交易频率、交易数额、交易内容等方面进行分析，从而给出相应的评级，对于高危的交易报送人民银行进行处理，并且在内部的反洗钱系统中予以记录，从而大大提高了反洗钱的工作效率。

在沉淀资金方面，支付宝规定"您确认并同意，您应自行承担您使用本服务期间由本公司保管或代收或代付款项的货币贬值风险，并且本公司无须就此等款项向您支付任何利息或其他对价。"目前，国内的第三方支付企业均有类似的条款，但是在 2011 年国家出台《支付机构备付金存管暂行办法》前，支付宝是唯一一家委托工行每年出具资金托管报告的第三方支付机构，这份资金托管报告表明支付宝在沉淀资金方面的运用符合国家规范。

2. 网络安全方面

互联网软硬件系统一直是维护网络安全的基础和前提，随着网络交易规模的不断扩大，对系统处理的要求也相应提升，加之第三方支付本身就依托于互联网和相关电子设备，因此对软硬件系统设备的要求更加严格。自从淘宝网推出"双十一"购物活动后，单日交易量的激增带来的系统瘫痪使得支付宝更加重视系统维护的重要性，以便保证交易的正常进行。在移动支付方面，支付宝也在致力于不断更新相关系统，加强安全支付的功能和其他辅助服务的功能，以满足不断变化的客户需求。

在保障账户安全方面，支付宝于 2006 年首次推出了国内支付领域第一张数字证书，在技术上又上了一个台阶，摆脱了单纯的六位验证码。数字证书可以和用户常用的电脑进行绑定，即使账户和密码被窃取也会因为无法在其他电脑设备上登陆而受到限制。不仅如此，支付宝的密码分为登陆密码和支付密码两类，并且规定这两种密码不能一样，用户在登陆支付宝查看账户情况时需要用到登陆密码，当涉及资金转移支付时必须用支付密码来进行认证。在移动支付方面，支付宝推出了双因子验证，通过手势密码和支付密码双重保护来保障用户的资金安全。除此之外，支付宝还推出了扫二维码或条码支付，在此过程中能自动识别不安全链接，让支付更加安全，还通过每次变更付款码以及通过声波收付款的方式来防范移动支付风险。在今年3月的德国汉诺威CeBIT展会上，支付宝首次发布了人脸识别支付技术，此外支付宝还在不断研究利用指纹、笔迹、声波等生物识别技术来进行用户识别，预计未来新技术的应用将会使支付更加安全。

针对目前经常困扰消费者的钓鱼网站，支付宝采用了相应的实时拦截技术，以保证消费者在打开登陆的钓鱼网站时启动相关的杀毒软件、网络支付机构的用户端等进行安全警报并采取拦截措施。

3. 网络欺诈方面

网络欺诈风险是第三支付发展过程中经常出现的一种风险，网络欺诈风险给消费者和第三方支付企业都带来了很大的影响。现阶段，我国的信用体系刚刚建立，与互联网相关的法律法规尚待完善，这种情况给了不法分子的网络欺诈行为以可乘之机，同时，消费者信息泄露使得不法分子掌握了消费者的购物情况，例如，不法分子可能获取了消费者的物流信息，从而通过发送短信欺骗消费者进行物流信息变更，一旦消费者点击相关链接手机就可能被植入木马病毒，使不法分子能够盗取消费者的资金；再如，当消费者完成交易后可能会接到冒充卖家的电话，声称交易资金出现问题，希望消费者配合进行退款，之后诱导消费者进入钓鱼网站，骗取消费者的银行账户信息，从而盗取消费者的资金。类似这样的网络诈骗屡见不鲜层出不穷，让消费者防不胜防。针对这类风险，支付宝采取了相关的风险防控措施，首先，在每次交易完成后，系统会自动弹出窗口提醒消费者注意自己的账户安全，防止不法分子冒充支付宝进行欺诈，并明确支付宝网站和客服电话信息，以便消费者辨别真伪；其次，支付宝页面中有相关的网络安全知识问卷的内容，通过简单的问题将不法分子可能的欺诈手段告知消费者，提醒消费者提高警惕。这些都在一定程度上降低了第三方支付中网络欺诈的风险。2015年5月22日，阿里巴巴封掉了47个涉嫌参与"刷单"的淘宝商家，从而从源头上保证了淘宝商家的信誉，为客户提供了相对安全健康的支付环境。

支付宝在风险防控方面走在了行业的前列，也为制定适合整个第三方支付市场的风险防控措施提供了经验。

3.6 微信与支付宝移动支付市场的对比分析

近年来，由于"互联网+"这种新的经济形态的不断发展壮大，以互联网为依托的第三方支付企业也得到了迅猛发展。伴随着智能手机的普及，第三方移动支付规模得以进一步扩大。截至 2017 年第一季度，支付宝和微信支付共同占据了移动支付的 93%。故相较于其他移动支付平台，微信和支付宝支付已渗透到我们生活的方方面面，成为第三方移动支付领域的领头羊。

3.6.1 微信与支付宝移动支付简介

腾讯旗下的微信俗称"We Chat"，只需要绑定银行卡即可实现收发红包、转账和二维码支付功能。2010 年 10 月，张小龙带领的腾讯广州研发中心产品团队正式启动微信项目的运作；2011 年 1 月开始，微信由只有即时通信、分享照片和更换头像等简单功能开始，不断进行修改完善，版本逐渐升级，其注册用户数也不断增加；2013 年 8 月，微信推出支付功能；2014 年春节，微信从除夕到初八，发起了抢红包的"珍珠港偷袭事件"，一夜之间微信红包红遍全国，自此微信支付走进了人们的生活。

蚂蚁金服旗下的支付宝的全称是浙江支付宝网络技术有限公司。2003 年凭借着其"第三方担保交易"优势，由淘宝网首次推出，2004 年正式宣告成立，现是阿里巴巴集团的关联子公司。目前支付宝为用户提供付款、提现、收款、转账、担保交易、信用卡还款、生活缴费、生活服务、理财产品等基本服务，基本融合了生活的各个领域。支付宝自推出以来，凭借着其"简单、安全、便捷"的购买和支付流程，赢得了客户的忠诚度；同时依托其敏锐的市场洞察力和强大的技术团队，与银行、金融机构、快递、网上购物等各大机构建立了长期、稳固的合作关系。

3.6.2 微信与支付宝的对比分析

1. 微信与支付宝的市场占有率对比分析

支付宝和微信作为第三方移动支付领域的双巨头，其市场交易规模仍然以亿万级单位增长，在 2017 年三季度第三方移动支付市场份额中两者总共占比超过 93%。面对支付宝和腾讯微信支付如此高市场份额，本书将两者 2016 年第二季度到 2017 年第三季度的市场份额占有率进行了对比分析，见表 3-1。

表 3-1 2016 第二季度至 2017 年第三季度微信和支付宝市场份额占有率

时间	2016 年第二季度	2016 年第三季度	2016 年第四季度	2017 年第一季度	2017 年第二季度	2017 年第三季度
支付宝市场份额	55.4%	50.4%	54.1%	53.8%	54.5%	53.7%
微信市场份额	32.1%	38.1%	37.02%	40.3%	39.8%	39.35%
合计	87.5%	88.5%	91.12%	94.1%	94.3%	93.08%

由上表我们可以看出，虽然支付宝和微信支付市场份额占有率各个季度都处于波动

之中，但总体来看，支付宝市场份额占有率维持在 50% 以上，微信支付市场份额占有率呈现逐季度上升的趋势。

2. 微信与支付宝的移动支付功能对比分析

微信移动支付功能是随着其社交关系链的延伸而发展来的，在随后的发展中不断将理财、场景支付、生活服务等功能进行扩展，使其在广度和深度上不断发展壮大。而支付宝通过推出余额宝、生活缴费、信用卡还款等功能，使它的"钱包"工具定位逐渐延伸，渗入到人们生活的方方面面。目前微信和支付宝的移动支付功能大体分为线上支付、线下支付、理财以及海外扩展四个方面。

（1）线上支付

线上支付指的是买卖双方通过互联网完成不见面的商务交易。随着电子商务的发展，支付宝和微信的在线支付涵盖的领域越来越广泛。但线上支付方面，微信远远赶不上支付宝，主要基于以下几个方面考虑。一是两者的企业背景不同。微信是腾讯旗下的支付产品，虽然腾讯近年也不断推出网上购物功能，微信也有一些购物平台的公众号，但由于用户体验不是很好，很多用户的微信购物忠诚度不高。而支付宝的创立一开始是为淘宝提供"第三方担保交易"服务的，淘宝、天猫等阿里旗下的平台产品所积累的口碑，使得支付宝的线上用户群比微信大出了很多。二是两者的用户体验不同。微信的个人中心打开"钱包"，不能查询历史交易信息，也不能查看历史支付明细。而支付宝付款或转账之后，不仅有交易明细可查询，而且还有正规的付款凭证，更为人性化的一点是，支付宝的账单还可以自动生成图表，一目了然列出用户的消费去向。三是支付宝的使用价值更深入。支付宝不仅充分利用其金融数据形成芝麻信用，为用户提供更多信用服务；而且其生活缴费领域更广泛、理财方式更多样等优势，使得人们使用支付宝的频率更高。

（2）线下支付

线下支付主要是面对面进行支付，主要用于超市、餐馆、便利店、路边摊以及购物商场等。目前线下扫码支付，微信比支付宝更占有优势，已超越支付宝。主要基于以下几方面考虑。一是微信的社交功能，使得微信的使用频率远超支付宝。作为设计软件，我们无时无刻不在打开微信，在进行购买支付时，很多时候就随手用微信进行付款，懒得打开支付宝了。二是微信收账更方便。如果我们在路边买个西瓜，而对方的微信和支付宝均为个人账户，用支付宝付款必须将对方加为通信录好友，而微信就不会有这个要求。因此更多的线下摊贩用微信，而不用支付宝。三是两者的使用属性不同。用户一般用微信放零钱，而在支付宝中放的都是大钱。而一般的线下支付的金额都相对较小，出于安全考虑，很多用户选择用微信线下支付而不用支付宝。

（3）理财

微信上线的理财产品叫理财通，支付宝上线的理财产品叫余额宝。两者的不同主要表现在以下几个方面：一是两者的产品比较。微信的理财通中的理财产品较多，不仅有货币基金、保险理财，还有定期理财、指数基金。各种产品风险不同，收益不同。用户可以根据自己的需求对相应理财产品进行灵活配比，降低风险，提高收益。而余额宝与天弘基金绑定，所支持的理财产品比较单一。二是理财通更容易存钱。余额宝中的钱可以直接用于消费、购物的支付，因此，一旦余额宝的支出过多，余额宝的理财功能就会很大被削弱。而理财通中的钱必须转到安全卡（指定银行卡）中才能用于消费、购物，这就保证了用户的储蓄和理财应用。

（4）海外扩展

在智能手机不断普及的今天，随着跨境电商的深入发展，第三方移动支付市场也正加紧扩展海外市场业务，微信和支付宝的海外扩张对比主要体现在以下几个方面：一是在布局时间上。支付宝海外市场扩展布局的时间要早些，其主要与海外支付机构、退税机构等合作来开展其海外业务的布局，而微信支付海外市场布局要稍微晚一些。二是在市场格局上。支付宝在海外市场形成了"填白东南亚，入俗欧美日韩"的市场格局，覆盖了这些市场的零售、餐饮、机场、酒店等领域。微信海外市场也渗入了港澳台、东南亚、欧美、西亚、澳洲等20多个国家和地区，通过"利诱"商家实现与当地政府、金融机构的合作。

3.6.3 总结

通过上面的分析，我们可以看出，蚂蚁金服旗下的支付宝在第三方移动支付市场的占有率要明显高于腾讯旗下的微信，而微信支付的市场占有率呈现出上升趋势。但在二者的线上支付、线下支付、理财、海外扩展方面，支付宝和微信各有优势，且各自为了占有更多的市场份额、赢得更大的利润，开展了多次价格战。只要微信支付有扩张的势头，支付宝肯定会采取措施不断创新。比如2017年11月，微信支付与12306合作，即在12306上买票可以实现微信支付，为了与微信竞争，支付宝又投入了1个亿，用于鼓励更多用户坐火车、公交，实现低碳出行。而支付宝为了拓宽自己的支付领域也纷纷采取活动，比如2017年年底支付宝为了抢占线下支付市场，只要用支付宝在线下店铺扫码支付就返红包或给奖励金。所以，未来第三方移动支付市场，微信和支付宝的竞争会更加激烈。

本章小结

1. 第三方支付机构（又称非金融支付机构）指在收付款人之间作为中介机构提供网络支付、预付卡发行预受理、银行卡收单以及中国人民银行确定的其他支付服务的非金融机构。第三方支付作为央行电子支付体系的重要组成部分，是实现资金流信息化的重要途径，能够有效提升资金流动的效率并降低资金流动的成本。

2. 银行卡收单指收单机构与特约商户签订银行卡受理协议，在特约商户按约定受理银行卡并与持卡人达成交易后，为特约商户提供交易资金结算服务的行为。

3. 预付卡发行与受理指以营利为目的发行的、在发行机构之外购买商品或服务的预付价值，包括采取磁条、芯片等技术以卡片、密码等形式发行的预付卡。

4. 网络支付指依托公共网络或专用网络在收付款人之间转移货币资金的行为，包括货币汇兑、互联网支付、移动电话支付、固定电话支付、数字电视支付等。

5. 第三方支付功能：提供资金清算服务、提供信息服务、提供信用担保服务、促进普惠金融的发展。

6. 第三方支付的特点：第一，生活化；第二，金融化；第三，移动化；第四，多元化。

复习思考题

1. 第三方支付的概念是什么？
2. 什么是银行卡收单？
3. 什么是预付卡发行与受理？
4. 什么是网络支付？
5. 第三方支付的功能和特点是什么？
6. 第三方支付的场景有哪些？
7. 举例分析如何防范第三方支付的风险。

第 4 章　P2P 模式

【学习目标】

通过本章的学习，了解 P2P 网贷的诞生原因和发展现状，掌握 P2P 网贷的盈利模式、发展模式及特点，理解 P2P 网络借贷的风险及监管现状，在此基础上对 P2P 核心成功因素和 P2P 行业未来趋势形成较为全面的认识。

4.1　P2P 网贷行业概述

4.1.1　P2P 网贷的概念

P2P（Peer-to-Peer）网络贷款的定义，是通过互联网和网站功能的借贷模式，以点对点作为渠道，包含了企业对个人、个人对个人、企业对企业之间的小额借贷交易，交易的方式都是通过网络平台所提供的交易模式，不限空间、时间，相较于传统的金融模式有着得天独厚的优势。P2P 网贷平台的用户能够通过网站进行灵活的金融需求设计，其中包括信息的发布、产品的设计、资金的募集等，平台帮助用户来寻找交易双方亦或直接进行资金的借贷，具有便捷性和灵活性。由于贷款门槛低、覆盖面积广、信息流通快和资金汇集能力强，P2P 网贷已成为最典型的互联网金融模式。

4.1.2　中国式 P2P 诞生原因

投资端：中小个人投资者的投资渠道匮乏，目前的投资渠道集中在房地产、股市、存款和理财产品，其中存款和理财产品的收益率较低。融资端：中国小微企业的融资需求远远没有得到满足，传统金融机构出于成本角度没能很好地服务这些小微企业。渠道：现有连接融资和投资的渠道费用高。

中国的 P2P 市场诞生的原因是中小型投资者投资渠道的匮乏以及小微企业对资金需求的未满足性。一方面，中小型投资者的投资渠道无外乎股市、房产、储蓄存款和理财产品等，品种单一；另一方面，小微企业的融资需求没有得到满足，并且资金成本较高，传统的金融机构并没有提供给小微企业良好的金融服务，而互联网的发展使得双方接触更加方便，所以催生了 P2P 网贷市场的发展。

4.1.3　P2P 网贷的特点

P2P 贷款周期短、借贷数额小，本质上属于传统的民间借贷，其价值主要体现在满足个人或小微企业的短期资金需求，募集闲散资金。通过 P2P 信贷平台，借款人可以获得信用评级、发布借款需求，通过平台的功能性来完成风险控制，检索信用记录和查询征信报告，进而决定是否进行借贷业务。P2P 网络借贷的主要特点如下。

1. 成本低

出借人与借款人通过平台可以便捷地找到双方的需求，可以直接在网上签署借贷合同，不需要线下传统的交易模式，只要在平台上了解对方的身份信息和信用信息即可完成交易。

2. 信用辨别

出借人可以在平台上直接查到借款人的资信评估情况，然后根据自己的需求把资金放给符合条件的借款人，信用级别高的借款人能优先获得贷款，贷款利率也可能更优惠。

3. 风险分散

P2P 平台利用风险控制理论和实践来进行风险分散，对每一笔交易进行风险量化处理，因其灵活性较高，因此可以根据风险来控制规模、时间和利率。同时 P2P 信贷平台也会按照月还本付息要求借款人还贷，这样一来能够监控还款速度、行业还款问题，降低贷款跑路率。

4. 方便快捷

P2P 网络平台的业务流程十分简单，只需要根据预设的信用评级来进行业务办理，在时效性上最快可实现瞬间放款。很多经常使用的用户能快速通过考核，平台会立刻放款。

5. 投资门槛较低

多数 P2P 网贷平台都推行"小而分散"的产品和服务来控制风险，投资者即使只拿出 100 块钱也可以进行投资。很多 P2P 信贷平台为了平分风险，把大家的资金拼在一起进行借款，低门槛能够大量募集零散资金，推行的是聚沙成塔的原则。

6. 收益率较保险稳定

相比较于股票和贵金属投资市场的剧烈波动，P2P 平台网贷投资的收益率较为平稳，借款人的年收益率可达 13%～16%。同质化竞争在 P2P 金融压力较大，因此大多收益率都保持在较高的幅度以提高用户黏度。

7. 投资期限有可控空间

P2P 网贷平台的灵活度较高，借贷人能够根据自身的需求自行设计贷款方式，如季度、半年、一年均可。

8. 对象大众化

P2P 网贷平台的服务对象可以是企业和个人，目前多数结款的都是规模较小的中小企业。而个人则包含信用记录良好的自然人。无论是企业还是个人，需求是不断产生的，目标群体更需要快速、放款政策低的信贷平台。P2P 信贷平台正好能满足这些群体的需求，能够帮助他们解决用于创业、生产、买房等的资金短缺问题，这是传统商业贷款做不到的。

4.1.4 P2P 网贷的分类

P2P 网贷在运营层面分为中介、非中介和复合式三种，可从借款主体方式上进行分类，也可根据债权来进行权属的分类，因为类别较多，本书将具有代表性、使用较为频繁的三类进行分析。

1. 按借款方式分类

P2P 信贷平台根据功能性和标的主体的不同分为债权转让模式和非中介模式。在非中介模式中借贷双方可在平台上自主找需求，只要双方商量一致就能完成贷款，属于简单的终端对终端模式。现阶段很多 P2P 平台为了能够有效降低风险和提高效率，通过债权转让来实现业务的拓展和增加，通过募集资金和分散风险的方式来保证对风险的控制。

两者的差异性明显，见表 4-1，非中介模式是引用国外 P2P 网贷模式，平台只做简单的平台，为借贷双方提供一个桥梁，在双方完成借贷操作后，平台收取双方的账户管理费和服务费作为收益，平台只负责审核，风险由客户控制。在债权转让模式中，平台起到中介的作用，借贷双方不会有直接性的联系，而是由中介资金池进行给付，后续通过债权转让的形式转让给投资者，很多 P2P 平台会将优质债权分割打包，而平台负责后续的贷款管理。

表 4-1 非中介模式与债权转让模式的比较

平台模式	特点	缺点
非中介模工	业务流程简化，运营成本较低	投资人资金损失风险高
债权转让模式	先行放款，后续进行债权转让	不利于平台扩张，易陷入非法集资的法律风险

2. 按渠道分类

按渠道分类为 O2O 和线上两种模式，这两种模式都是依托于互联网渠道进行运营，以信息服务作为发展和盈利的基础，具体如下：

（1）纯线上模式

依托互联网进行，要比 O2O 方式简单快捷，投资者和借贷人通过平台进行业务的交接、信息的发布、借贷关系的产生。网站实现了多功能、一站式服务，方便快捷，不限时间、空间，但同时也存在着风控层面的不足，对于征信内容审核的缺失容易造成死帐和坏账，信用审核关卡不严是纯线上模式 P2P 平台主要面临的问题。

（2）O2O 模式

这种模式多是将传统理财产品放到线上交易的形式，在风险的控制上较为成熟，在信用评级、售后跟踪、资金回笼、抵质押等手续上比较完善。一般的手段多以理财产品、理财服务这种较容易让人接受的方式为主，投资人较容易接受，同时借贷双方的信息核准和信用报告上真实性较高，具有法律服务和保障体系，大大降低了风险率。

两者比较而言，纯线上模式在时效性和灵活性上更为突出，而 O2O 模式则是在风控层面有着一定的优势，前者是互联网金融的发展趋势，后者则是由传统小额贷款公司发展而来，两者的协同发展才能够促进 P2P 金融行业的有序发展。

3. 按有、无担保分类

P2P 信贷平台的担保形式多以债权的归属为主，因此可以按有、无担保进行分类，具体如下：

（1）有担保模式

互联网金融平台在风控过程中需要借款人提供担保事项，和传统金融类似，担保事项包含了不动产、资金流水、工作证明、信用记录等，这和传统金融如银行、信用社、小额贷款公司所需要的担保事项趋同。另一方面，根据借款人的资质，很多平台为其提供债权担保，为了给予投资人信心，一些 P2P 平台将债权关系纳入到自身的业务范畴之中。

（2）无担保模式

类似于传统金融的信用贷款，这种模式不需要借款人提供正式的材料证明，因此整体的风险较高，在无担保模式的 P2P 平台产品中，大多数的利率较之有担保的高出 5% 左右。高风险带来的是高收益，大多数平台的坏账和风险事件多出自无担保模式的借贷业务之中。放贷人要根据平台上提供的信用审核大数据来进行参考，出借人根据自身的情况与自己能承受的风险预设来选择相应的项目。这一过程，平台不给予担保服务，如果发生坏账和逾期不还，只能借款人自行承担。通常在这种借贷平台进行融资，借贷双方都要签署关于借款人贷款逾期规定的时间期限，若出现逾期未还，借款人可通过平台申诉，平台会预支资金先偿还给出借人。

两者比较来看，有、无担保模式直接决定了收益的多少，前者风险低、收益低，而后者风险高、收益高。多数 P2P 平台在发展初期都是以高利率的无担保模式来吸引投资者，高于银行同期利率 5~8 倍的回报，因此在发展初期资金规模和用户积累十分迅速，而后随着风险逐渐增高，不得不增加风险控制体系以求提高市场信心，两种模式在网络 P2P 行业中多交叉使用。

4.2 盈利模式相关概念

盈利模式是企业或个体的收益质量结果，但是其中所涉及的变量较多，因此对其研究的观点从不同角度的差异性明显。总体来看，以关系式 P(盈利)=R(收入)–C(成本) 为主。将盈利、收入与成本纳入到整体之中，无论哪种观点均需要将收入和成本作为研究主体，因此上述关系式具有指导性作用。企业是否能够盈利取决于收入和成本之间的差值，前者大于后者则盈利、反之则亏损。

尽管盈利模式的概念呈现出一种"百家争鸣"的态势，但是总体来看主要有以下几种观点为人们所认可：

第一，是从盈利角度论述，重点在于获利来源和方法，在 P2P 网络贷款平台的研究中将赚钱的方法认定为盈利模式。而其相关影响要素中包含了企业的财务管理、运营模式、渠道及品牌等，细分了企业的收入来源、支出等财务项和管理项。其中影响力比较广泛的观点如下：

美国学者劳顿（Laudon）和特瑞佛（Traver）指出，企业的净利润获取方式是盈利模式的基点，运营、管理等活动是商务模式，而通过互联网所产生的商务往来和结果决定了盈利的多少，即电子商务盈利模式。

圣迭戈大学的施耐德（Schneider）教授在研究中指出：企业在正常运营模式的过程中持续不断的获得利润，通过渠道和终端客户进行利润获得的策略与技术是盈利模式。

西南交通大学的叶乃沂教授深入分析了盈利模式当中的影响要素，指出了企业通过互联网信息技术所建立的产品及服务，并使之具有商业价值和产生直接销售，这种方式便是电子商务模式。其构成为网络通路、网络功能、客户关系、产品销售、成本和销量等。

厦门大学管理学院的易英总结了国内外优秀的理论成果和实践经验，从价值结构角度进行了分析，对电子商务模式作出了系统研究，指出了电子商务模式是通过互联信息技术来挖掘客户价值，并使之转化为经济价值，最终赢得利润，而电子商务本身的价值体现是客户认可和功能性的提高，决定了其运营模式是否能够转化为盈利。

第二，将运营观带入到盈利模式的分析，指出了商业模式的本质就是盈利，但是盈利作为结果并不能够涵盖所有的运营要素，同时盈利模式无法囊括多种商业模式，因此盈利模式相较于商业模式和运营模式更加凸显的是结果。

透过上述分析能够发现盈利模式是企业获得利润的途径，对于结果的影响具有决定性作用，综合前人的研究结果，从实用性和使用性的角度加以沿用，带入到互联网金融模式的分析之中，分析了财务项、业务项、运营项等综合影响要素，并将之融合到一个体系之中进行分析，进而从方法论角度对互联网 P2P 贷款平台的盈利模式进行分析。

4.3 我国 P2P 网贷的发展现状

4.3.1 P2P 网贷的诞生

诺贝尔和平奖得主尤努斯博士于 1983 年创建了格莱珉银行，其经营主体的产品和服务创立了无抵押的小额信贷先河，不仅为企业和个人建立了资金募集的渠道，也为其经营主体带来了大量的利润，社会效益和经济效益实现了大幅度的增长。格莱珉银行的发展不单单是创建了小额贷款的信贷功能，同时也募集了大量的小额存款和社会零散资金，格莱珉银行的经营模式是 P2P 的雏形。随着互联网信息技术的不断进步和用户的不断增加，人们看到了网络金融的发展需求，2005 年 3 月 Zopa 网站的成立标志着 P2P 网贷的开创，Zopa 网站将借款人分为四个信用等级，出借方能够凭借信用评级合理地控制风险，同时灵活的金融借贷产品能够帮助用户根据自身的需求进行借款规模、利率和时效的设计，而 Zopa 作为中间人提供传统银行的事务性服务内容，如法律文书、信用凭证、贷中服务、贷后服务、欠账处理等。Zopa 作为全球首家 P2P 网络贷款平台受到了业界的关注和认可，因为能够为借贷双方带来更多的实惠，因此一经上线用户数便激增，收到了用户的一致好评。

4.3.2 我国 P2P 网贷的发展历程

我国网贷平台的逐利心理过高，同时在宏观政策上细化和清晰度不够，致使互联网金融的发展陷入了瓶颈。我国网贷平台发展十分迅速，在用户数量、资金规模上呈几何倍数增加，从第一网贷网提供的数据来看：

2007 年，P2P 平台正式在国内上线，借鉴了国外成功案例和经验，再加上国内中小企业和个人的需求较高，一经上线便成为了关注热点。

2008-2011 年，在经历了初期的用户积累和摸索前行，P2P 平台数增长至 20 家，成交额突破了 5 亿元，据不完全统计，有效投资人达 1.5 万人，借款人以 10 万人计。

2012 年，经过 5 年时间的积累，P2P 平台数达到了 200 家以上，是 2011 年的 10 倍之多，而成交额突破了 30 亿元，有效投资人达 5 万人，借款人超过 30 万人次。

2013 年，在经历了第一阶段的快速增长后，在更多的资金涌入下，P2P 平台数增长至 600 家以上，成交额突破了 110 亿元，有效投资人达 30 万人，借款人超过百万人次。

2014 年，P2P 平台数增长至 1500 家以上，成交额突破了 300 亿元，有效投资人达 100 万人以上，借款人超过 300 万人次。

2015 年，在风险事件频发的背景下，P2P 平台的发展速度同比增长放缓，很多平台停止了业务，总体上线平台在2200家左右，而成交额为1300亿元，而有效投资人超过280万人，借款人达到720万。

2016年，网贷行业正常运营平台数量达到了2448家，相比2015年底减少了985家，全年正常运营平台数量维持逐级减少的走势。

截至2017年12月底，网络借贷行业正常运营平台数量达到了1931家，相比2016年底减少了517家，全年正常运营平台数量一直单边下行。由于平台整改进程尚未完成，预计2018年网络借贷行业运营平台数仍将进一步下降，具体下降速度取决于备案及合规情况，从目前信息估测，2018年底或将跌至800家左右。

纵观发展历程能够发现，我国P2P网贷平台由于贷款流程快速、融资简单，快速发展并逐渐成为我国民间贷款的新途径。其便利性主要体现在能够灵活地根据需求调整金融产品和服务，如利率调整、时间调整、额度调整、风险控制等，因此能够满足不同用户需求，受众覆盖群体能够大幅度增加，迅速得到用户的关注。P2P行业目前在我国的发展还处在起步阶段，未来如果能够把行业的门槛提高并逐步完善管理法律法规和规范，那么势必会成为金融行业的先驱者。

4.3.3　P2P网贷平台的发展

P2P网贷平台自2007年上线以来，凭借多方面的优势受到了用户的追捧，因此在资金规模、用户数量呈现井喷之势。研究表明，2014年国内P2P平台数量达到了3000家之多，年增长幅度达到了34%。据第一网贷网数据统计，2017年全年网络借贷行业成交量达到了28048.49亿元，相比2016年全年网贷成交量（20638.72亿元）增长了35.9%，可见发展的势头十分迅猛。网贷投资人数更是从2010年的0.3万人激增至2017年的1713万人，表4-2。

表4-2　网贷投资人数情况

年限	网贷投资人数/万人
2010	0.3
2011	1.5
2012	5
2013	30
2014	118
2015	1350
2016	1375
2017	1713

数据来源：第一网贷网。

4.3.4　P2P 产业链发展的基础

1. P2P 产业链

平台：P2P 贷款平台、第三方支付机构等；融资合作方：担保公司、小贷公司、信托机构等；流量合作方：各类资讯门户流量入口和行业导航网站；基础设施类公司：P2P 平台系统开发公司、第三方征信平台；监管层：国家监管机构如银监会。P2P 产业链已基本成熟，征信是发展的基础，如图 4-1 所示。

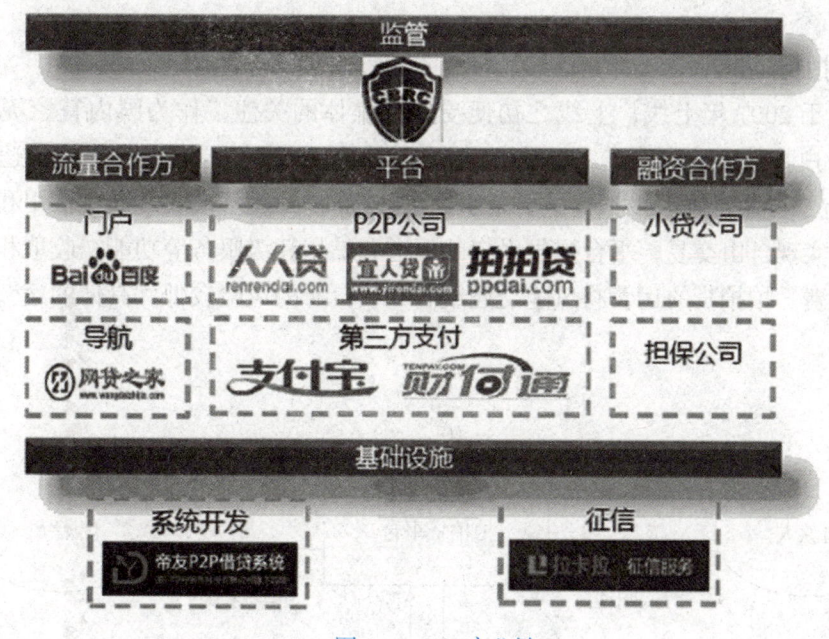

图 4-1　P2P 产业链

4.4　P2P 网贷盈利模式分析

虽然我国 P2P 平台的数量较多，但是总体来看主要分为纯中介平台和复合型中介平台两种，具体如下：

第一，中介型平台，分为纯上线模式和 O2O 线上线下模式。传统的金融小额贷公司借助互联网能够实现用户的快速积累，O2O 线上线下平台应运而生，沟通、信息传播和交易都在线上进行，而风险控制在线下进行。

第二，复合型中介平台：不但有着担保平台的优点，而且具有中介的功能性，发展至今，复合型中介平台承担着担保人、监督人、管理者等诸多角色，受到了用户的追捧。典型代表为英国的 ZOPA、国内的红岭创投等。

我国目前的 P2P 平台主要集中在第二类——复合中介平台，此类平台的盈利点较多，能够符合资金快速累积并进行盈利的发展需求。而纯中介平台在我国的发展同样十分迅速，两类平台协同发展推动了我国 P2P 网贷行业的整体前行，因此需要对上述两类平台进行逐一分析，从其盈利模式角度了解其发展的缺陷和不足，进而为后续研究提供基础。

4.4.1 中介型 P2P 网贷平台的盈利模式分析

1. 拍拍贷

（1）拍拍贷简介

拍拍贷于 2007 年上线，上线之初便受到了媒体的关注，作为国内首家无担保金融平台，用户基数十分庞大。2016 年全年成交量达 56.25 亿，连续 5 年增长速度超过 200%，创造了行业奇迹。拍拍贷主要是引用了 prosper 的运营模式，通过信用和用户自媒体沟通来实现自由交易，平台提供融资的渠道和信用评级服务等功能，收取相应的服务费和手续费。拍拍贷的运营将风险交还给客户，自身的风险较低，具体的运营流程如图 4-2 所示。

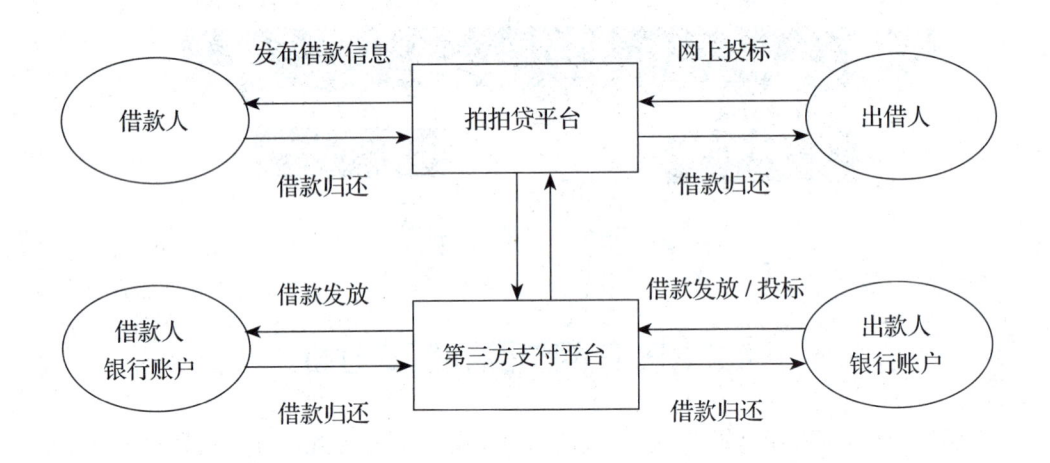

图 4-2 拍拍贷运营流程图

（2）拍拍贷的收入构成

拍拍贷的盈利主要靠手续费的收取，主要包括服务费、第三方平台充值费和取现手续费、逾期费用以及 VIP 费用，具体费用标准见表 4-3。

表 4-3 拍拍贷各项费用收入

名称	征收对象	费用标准
成交后的服务费	投资者	免费
	借款人	借款期限半年以内，收取 2% 的手续费，半年以上，收取 4% 的手续费。首次借款信用服务费为 199 元
第三方平台充值服务费	所有用户	即时到账为充值手续费的 1%，非即时到账，单笔为 10 元，会员除外
第三方平台取现手续费	所有用户	3 万元以内，单笔为 3 元。30000 ~ 49999 元，单笔为 6 元。工作日当天到账为 20 元一笔
逾期费用	借款人	按照逾期本金的 0.6%/ 天收取
Vip 会员	所有用户	VIP 银牌会员，需要成功出借金额大于 1000 元，手续为 100 元 / 半年

拍拍贷的准入门槛较低，50 元即可进行资金业务的办理，而整体的风险分散性较强，例如一万元可以找 100 名借款人进行风险分散，平台本身采取纯线上无担保的方式，大大降低了平台本身的风险。

拍拍贷的线上业务借鉴了国外的成功经验，通过网站功能性的增加来降低人力成本。在这种模式下，能够简化业务流程、提高用户体验，为投资人和借款人构建低成本沟通模式，并据此来降低综合借款成本，这一模式的推行为平台的发展积累了大量的用户。

（3）拍拍贷的成本构成

拍拍贷的成本，见表 4-4，主要集中在平台构建和维护成本、房屋租金，推广费用以及员工薪酬这三块。拍拍贷的办公地点位于上海浦东新区，员工近 2000 人，相对于国外的一些 P2P 平台，拍拍贷的租金和人力成本很高。

表 4-4 拍拍贷成本构成

序号	事项	费用 / 万元
1	人员佣金	351.6
2	营销费用	1031.5
3	网站成本	231.3
4	推广费用	631.2
5	促销费用	1531.3
6	其他费用	315.2
7	总成本费用	4092.1

资料来源：速途网、南方财富网、网贷之家《2017 年中国网贷行业年报》、智研数据研究中心、中国报告大厅等。

（4）拍拍贷的风控措施

对于风险控制，首先平台会设定回款时间，逾期拍拍贷平台会将所有资料信息进行曝光。平台的备用金制度能够有效降低风险，用于偿付投资人的投资损失，用户反馈较好。

当然，金融风险是必然存在的，因此需要就风险和风控进行分析。存在的风险：拍拍贷属于纯线上模式，因此在风险的控制体系里是依靠用户提供的信息来进行的，这容易造成虚假信息的收录和使用，并不能够有效地为投资者提供准确的风险评估，这样就会导致很多人钻法律的"空子"进行违法活动，加剧了拍拍贷生存环境的不确定性。

（5）拍拍贷的盈利模式和盈利特点

拍拍贷盈利模式：从图4-2的拍拍贷运营模式可以知道，平台只充当交易平台，平台的收益以成交服务费为主，所以其盈利及利润来源于平台业务收入及其成本。其中构建平台以及对平台的维护需要投入大量人力物力，其盈利模式如图4-3所示。

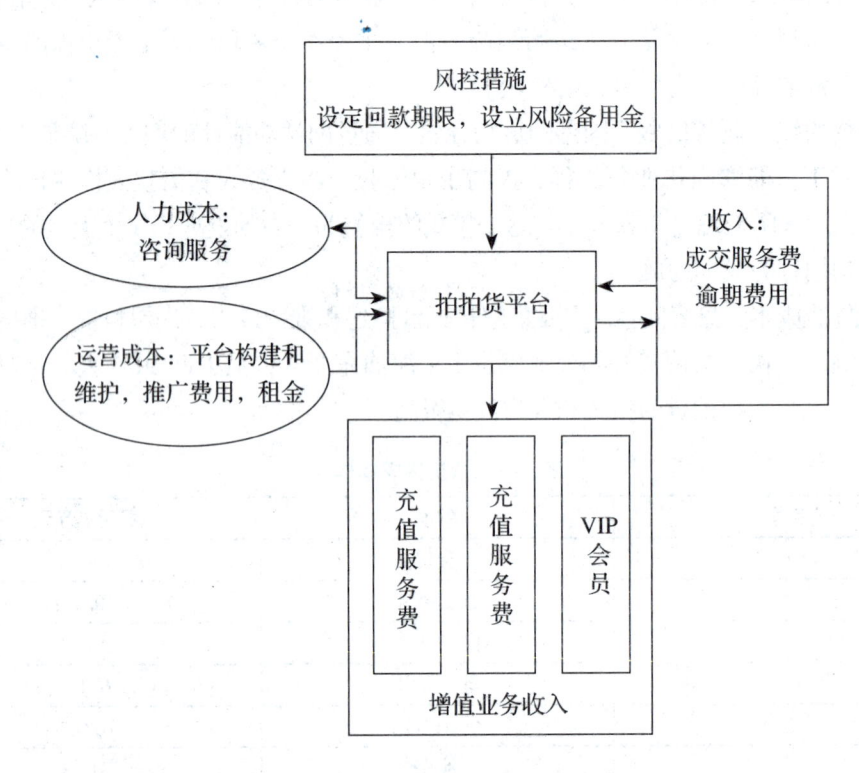

图 4-3　拍拍贷平台盈利模式结构图

拍拍贷的盈利特点：由于平台本身不参与借款，而是实施信息匹配和服务等，即只是单纯的信息中介，保证借贷双方信息匹配、撮合借贷交易，收取服务费。

2. 人人贷

（1）人人贷简介

人人贷成立于 2010 年 5 月，是结合了 O2O 线上线下模式的金融 P2P 网络平台。人人贷的模式是通过线上认证信用评价，借贷关系由线下流程进行补充，大多数流程都是通过线上完成，线下服务由一些外包类的合作机构和组织进行。平台通过线下方式对资金需求者信息进行层层审核、对其信用进行综合评价。在贷款项目获取方面，人人不仅会通过线上获取一部分贷款，而且也会和小额贷款公司、担保机构合作获得贷款项目；在资金来源方面，人人贷从线上获取理财客户并且所有理财客户都通过线上充值和交易。

（2）人人贷的收入构成

人人贷盈利方式主要是收取中介费用和转账手续费：

1）借款管理费和服务费：成交后收取 0.3% 的借款管理费。

2）提现费用：用户进行提现时会有手续费，分为几个界别，额度在 2 万元以下，2 万元（含）～5 万元，5 万元（含）～100 万元分别按照收费 1 元/笔，3 元/笔，5 元/笔收费。

3）优选理财计划费用：加入费用：根据百分比 A% 收取费用。服务费用：根据用户所得收入的百分比 B% 收取服务费。退出费用：用户资金退出时按百分比 C% 收取退出费。

4）债权转让费用：根据转让金额 * 费率，目前按 0.5% 收取。

5）逾期罚息：出现风险逾期时，利息即刻停算。

6）逾期管理费：在罚息的基础上，管理费用停算。具体的费用以及盈利结构见表 4-5。

表 4-5 人人贷费用收入

名称	征收对象	费用标准
成交后的服务费	投资者	免费
	借款人	按照借款本金的 0.5% 收取
第三方平台充值服务费	所有用户	按照资金的 0.5% 收取转账费用
逾期费用	借款人	正常利息停止计算

资料来源：速途网、南方财富网、网贷之家《2017 年中国网贷行业年报》、智研数据研究中心、中国报告大厅等。

（3）人人贷的风控措施

风险控制：随着人人贷用户及资金规模的不断增加，银监会《人人贷有关风险提示的通知》也令人们能够理性的对待风险，通知是国家层面首次对于 P2P 贷款平台的宏观风险提示。在这样的背景下，人人贷实施了完整的风险控制模式，将贷前信息整合、贷中流程控制、贷后服务管理进行了全面的优化，同时设置了面谈身份验证、征信报告内审等环节，进而对风险控制做出了进一步的优化。

人人贷兴起于校友资源，信息大多数传播于网络和校园之中，而其定位多是在校大学生，在精准营销的前提下人人贷实现了快速发展。人人贷的目标客户信用风险较低，用户质量高，因此受到了业界的一致认可，并于 2014 年获得弘合基金 1.3 亿元 A 轮投资。据第一网贷网提供的数据，人人贷收益率超过了 10%。已累计完成贷款 20 亿元，逾期率为 0.6%，发展至 2015 年成交量超过 6.5 亿元，平均收益率超过 12%。尽管主体质量较高，但是风险问题仍是不可避免的。

存在的风险：整体的行业门槛低、容易出现资金不过户现象，进而在逐利的条件下出现非法吸储、非法集资的演进；其网络交易模式在信息不透明的情况下容易产生虚假信息；相应的监管体系缺失令交易风险普遍增加。风险频发的状态不利于平台的稳定，因此需要对此进行研究并加以解决。

（4）人人贷的盈利模式和盈利特点

人人贷的盈利模式如图 4-4 所示。

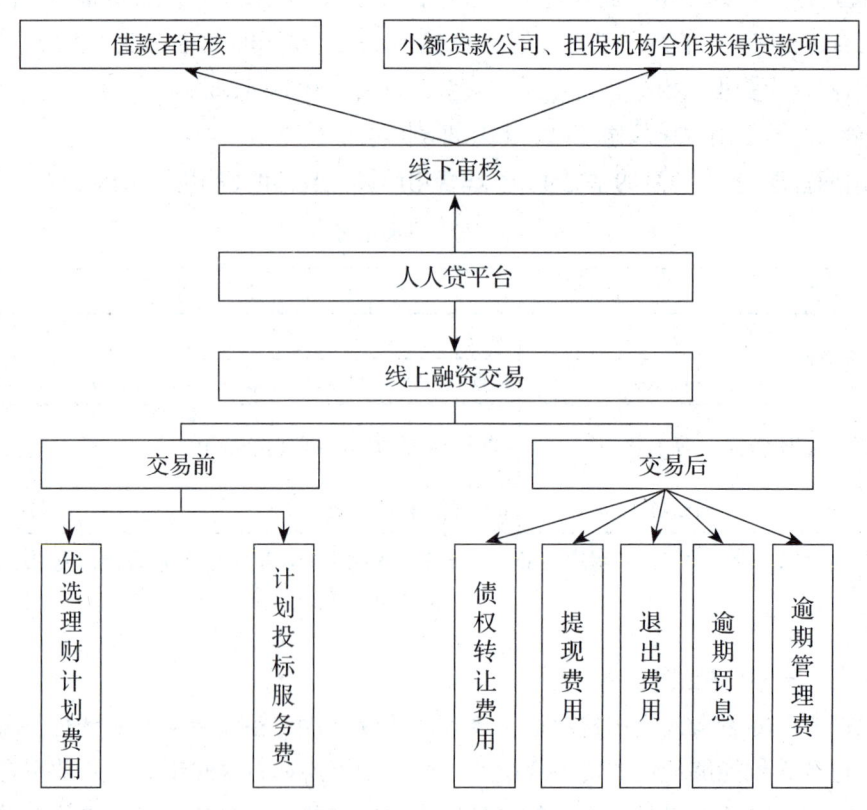

图 4-4 人人贷盈利结构图

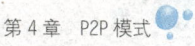

人人贷的盈利特点总结：该平台是线上线下互补，平台自身担保模式，线下审核作为平台潜在成本，推行理财计划并通过线上充值和交易，即在平台担保的条件下赚取成交手续费和理财计划费用，并且与担保机构等合作获得项目，拥有项目间接主导权。

4.4.2　复合型 P2P 网贷平台盈利模式分析

1. Zopa

本节之所以选择 Zopa 作为国外 P2P 网贷平台的模版，主要源于以下几点：首先，宜信是借鉴了 Zopa 的模式，因此对比起来比较有说服力；其次，宜信的主要问题集中在坏账率高这个问题上，甚至被曝出现 8 亿贷款坏账，而 Zopa 的坏账率很低，这就足以为宜信提供借鉴。

Zopa 简介：Zopa 成立于 2005 年 3 月，发展至今已有 50 万会员，是互联网上第一家 P2P 银行。Zopa 互助借贷平台的营运概念相当独特，主张自助式、个人对个人的借贷策略，为信誉状况良好，亟待融资的借款人提供了一个与愿意贷出款项的贷款人直接沟通交易的平台。Zopa 平台充分参考了传统金融模式的优势和不足，进而根据现实用户需求来进行设计，根据评级模型及计算公式并结合现实案例数据分析，进而设计了风险等级和分数，在分析过程中量化了借款人的还钱概率，进而建立了适合自身发展的风险控制体系。在上线营运过程中，评估出借款人的风险类型、信用评级、借款期限及借款利率，通过目录报表的形式进行公开，进而匹配主诉和客体需求，实践证明匹配的概率较高，投资方对 Zopa 平台的信用评价较为认可。平台在交易过程中更加注重用户体验，差异化的产品供给能够帮助客户有更多的选择。

Zopa 的收入构成：分析运营模式能够发现，P2P 平台参照了传统金融如银行的小额贷产品、信贷公司的拆借资金模式，进而从中收取相应的费用。Zopa 在运营过程中提出了出借人的收益或本金安全需要交还给客户控制，而平台仅仅是提供信息的交流渠道，在提供了严谨的信用评级下，客户能够根据标准评价自身的风险承担能力，较为人性化。而如果出现了风险事件，会有专业的催收公司帮助客户。平台为了帮助客户有效地分散风险，将一笔款项进行拆分，分配给多个借款人。Zopa 的网站能够自动将出借人的资金进行分割，将大额的资金分为数个小包，有效地分散了坏账产生的风险，易于操作，用户比较认可。

Zopa 的风控措施：对于风险的控制而言，国外的 P2P 平台普遍都做得较好，如 Zopa 在风控上结合了正规金融的管理模式和自身的需求，将信息流管理模式引入到风控之中，通过评分和评级制度结合的模式将信息结果进行完整纰漏，同时并不过多的透漏个人隐私，符合相关政策和法律。为了减少纠纷，Zopa 对于信用审核结果的处理是隐性的，即评分结果过低导致的业务办理失败不负责解释。在贷款前审核阶段，Zopa 对借款人的信息审核是根据信用评分机构标准，而后平台需要进行二次审核，根据主诉风险来深入了解借款人的各项信息，如信用报告、收入流水、工作情况等，这样，在双重保障下 Zopa 根据结果来判定借款人是否有足够的能力来支付本金和利息，进而保障风险事件发生率的降低。

在平台成功交易后，Zopa 为了提升投资人的信心和满意度，配备了风险准备金，一旦出现风险事件，平台会通过准备金来进行款项的支付，确保用户的权益得到最好的保障。

Zopa 的盈利模式和盈利特点：通过运营模式可以发现，Zopa 的利润来源于借款人和出借人的手续费以及对所有人的服务费。其中网站每年向借款人收取贷款 2%～3% 的手续费，向出借人收取 1% 的手续费。具体模式如图 4-5 所示。

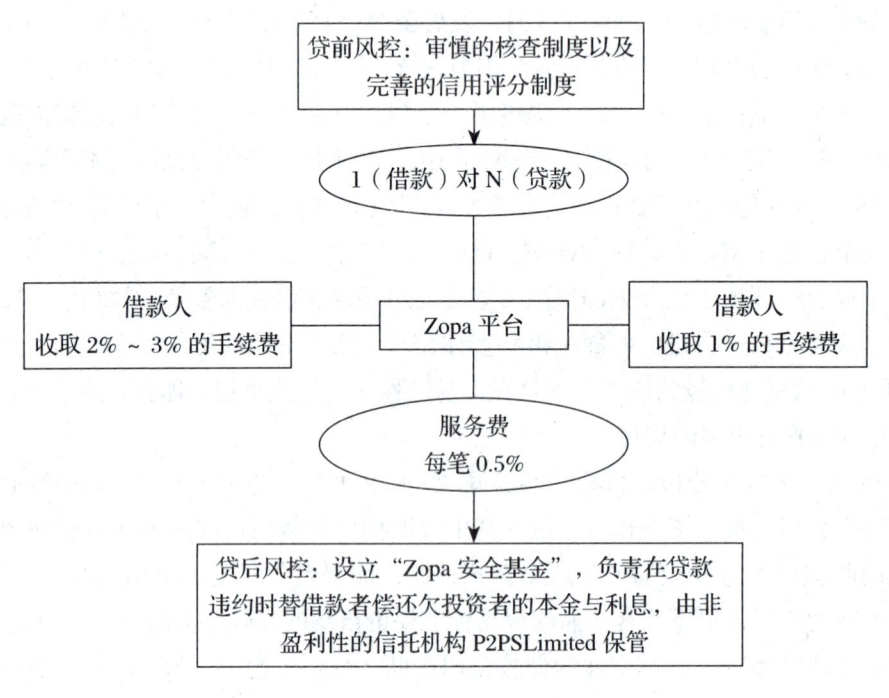

图 4-5　Zopa 盈利模式

Zopa 利润来源与信用评级、贷款额度、期限等有关，信用等级越低，收取费用越高，从而控制违约风险，提高借贷质量。Zopa 平台将资金流转的额度控制在 500-2.5 万英镑，不同程度的利率决定了竞标结果，而投资人在可调利率的主诉要求下可以进行相应的调整，在竞标的过程中利率低者能够进行交易，贷款人在确定利率后的资金借贷额度最低为 10 英镑，上不封顶。为了能够有效的分散风险，一笔 1000 英镑的贷款最少需要有 100 个借款人承接，保证了用户资金的安全性和利润的稳定性。

Zopa 的盈利特点：Zopa 虽然不保证出借人的收益或本金安全，但是在风险控制方面较为突出。平台自动将出借人的资金分割为 50 英镑的小包，出借人再选择对每个借款人如何分配，这样促成了一对多的局面，有利于降低风险。该模式的盈利主要依靠借款人和出借人的手续费，加上服务费，这种盈利模式在不保证收益或本金安全的情况下既可以保证平台收入的稳定性，又可以通过一对多模型降低风险。

Zopa 与宜信的区别及对其的借鉴作用：Zopa 对宜信的借鉴作用主要体现在风险的控制体系和交易模式上，因为经营主体和模式趋同，Zopa 的风控措施可以为宜信所用。Zopa 平台在客户的初审过程中能够有效评定客户的风险系数，同时联合征信系统报告来审核借款人的信用记录给予评分和分级，例如用户的房贷、车贷、以往的信用记录等，都能够在大数据环境下得到证实，这就为资金出借方提供了便利，贷方能够通过自身的诉求选择是否将资金进行出借。随着不断的发展，Zopa 已经能够将借方的透支信用卡记录进行收录，而如果借方有恶意逾期和大量无担保债务，那么就会给予贷方风险提示，这样能够有效的降低贷款风险，实现贷款人权益的保护。

审慎的客户信用考察机制。Zopa 平台并没有为了占领市场而过度的放开借贷政策，而是建立了审慎的客户信用考察机制来保证风险的分散和降低，令投资人的主诉需求和需要得到了有效的保证。截至 2015 年，Zopa 平台的借款人仅有不足半数获得了业务的办理，而多数达不到要求和风险过高的用户很难获得投资人的青睐，正是这种合理的机制令平台本身得到了有效的加强，为投资人建立了良好的市场信心，使平台的发展十分稳健。

有效的风险保障措施。美国法律体系中允许和规范了 P2P 平台的金融业务上线，同时对传统金融更为支持，允许其接轨正规金融机构的信息系统和管理模式，同时要求传统金融支持和帮助其发展，并指导其金融风险的控制和管理。具体来看，欧美等发达国家对于互联网金融的支持力度较大，在政策宏观调控下细化了相关的法律法规，在宏观政策层面引导并支持其发展，同时为了保证互联网金融行业的顺畅发展，在准入门槛的控制上较为严格。此外，法律认可使用互联网金融服务的主体和客体，为其发展创设了良好的软环境。以制度来决定服务，从而明确交易双方的权利和义务，将风险控制在自身可承受的范围之内，这种风控体系值得国内的借贷平台学习和借鉴。

2. Lending Club 模式

选取 Lending Club 的原因是：Lending Club 在美国的发展十分的稳健，并没有一味的追逐高额利润，而是通过中介的形式和资金的低风险成为了 P2P 行业的领跑者，其运营模式为引入 FICO、A～G 评分等信用评分系统，由 Web Bank 发放贷款，不保本，由第三方催收逾期欠款，为国内 P2P 平台提供很好的向导作用。

Lending Club 简介：2014 年第二季度，平台获得了 37.6 亿美元的融资，进而在充足的资金支撑下，开发了多功能风险评估体系，仅仅两年的时间交易额便达到了 67 亿美元，单单风险管理相关的费用收取就超出 500 万美元。发展过程中，总投资额达到 15 亿美元，利息为 1.28 亿美元，年均净利润率为 9.64%。凭借着这一业绩，Lending Club 在网络金融市场独占鳌头。

运营模式：2008 年，Lending Club 被美国证券交易委员会要求整改和重新登记，其借贷都是通过买卖票据进行的，并且其贷款的发放和票据的发行都是 WebBank 承办。具体运营模式如图 4-6 所示。

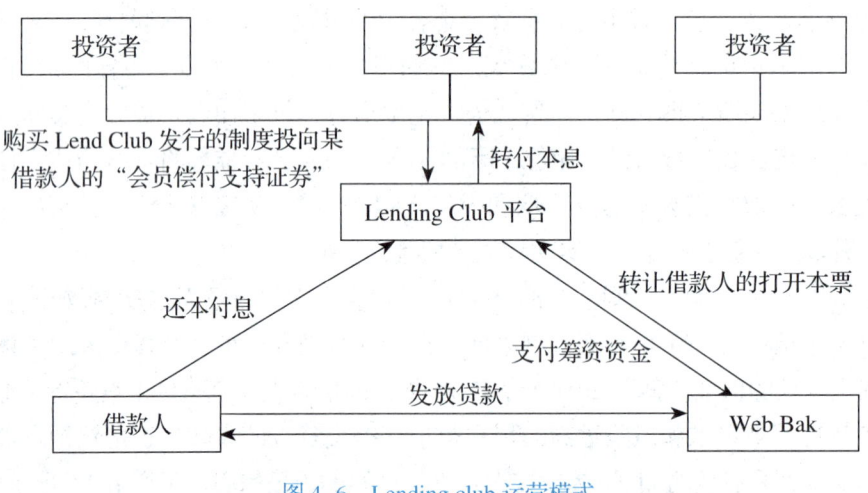

图 4-6　Lending club 运营模式

自 2008 年 10 月份开始，Lending Club 真正通过证券模式令自己成为一家复合型多功能平台。随着用户和资金规模的不断上升，Lending Club 通过稳定的资金收益令用户信心不断增加，而在证券模式下的发展，Lending Club 实现了自身财务的良好运转，提出了另一种模式下的 P2P 运营，没有直接将投资人的钱转交给出借人，而是由合作银行 Web Bank 进行资金的中转，而后通过转移的方式将资金债券进行变换。这种模式能够快速实现放款业务。

Lending Club 的成本构成：首先，Lending Club 的平台构建成本中包含了人力、物力和财力；其次，Lending Club 在推广过程中的营销成本；再次，构建信用评分系统需要投入大量资金，也就是技术成本；最后，借贷都是通过买卖票据进行的，而贷款的发放和票据的发行都是通过 Web Bank 进行，因此，平台需要对其正常运营与相关机构合作形成运营成本。

Lending Club 的风控措施：Lending Club 的风险控制较好，年控制幅度在 5% 上下浮动，数据显示，2015 年的坏账率为 6%，而其他类平台的风险均高于 8%，因此平台的发展较为稳定。Lending Club 在风险控制上能够有效地根据用户的需求加以完善。具体来看，主要分为四个方面：第一，通过评级制度来反馈借贷人的真实信息，同时在网站上真实地反映用户的违约率，有助于投资人客观地分析借贷行为。第二，借款列表十分清晰，借款人能够通过网站信息整合借款要求和相关信息，能够根据主诉要求来确定出借对象，同时网站也给予了多种方案来为出借人选择多个出借对象，有效地分散风险，确保用户利益。第三，平台要求借款人按照月度来进行利息的给予，分期形式便于在坏账风险出现的萌芽阶段就进行处理，从而有效地保证跟踪服务，降低坏账风险。最后，Lending Club 公司通过政府法律认证，一切借贷行为都是在政府管理机构的监管下进行，有完善的法律保障支撑，平台没有跑路的风险，用户也更为放心，提高了市场信心和用户信心。

　　Lending Club 设置了完善的借贷申请审查标准，不但沿用了传统金融的信用评分和评级，同时使用了专业的征信信息，再加上自身平台的内部分级，能够有效地控制借贷风险，降低了贷款逾期及违约率，年违约率的不断降低证明了 Lending Club 系统的成功。借贷者申请审查标准：Lending Club 借款人贷款硬性条件是申请者根据 FICO 评分，结合网站的内部评分给予信用评级，进而为资金的安全性提供了有效的保障。

　　信用评估机制：Lending Club 采用了多级风险分类和 FICO 评分将信用评级进行了细化，单单评级和利率便有几十个细分等级，大的信用等级在二十项之上，包含了各种类别的风险提示，在这样完善的系统分析和评分下，投资人能够在可控的范围内进行风险分析，同时信息的真实性也能够有所保障，最大程度降低了风险。在基于用户分析的模式下，每一个基础等级匹配相应的利率，等级越高则利率越低，人性化的信用评估机制深受用户的好评。

　　贷款等级分布：Lending Club 在交易过程中实施了贷款等级的评价体系，借款人不但进行信用评分，同时也公开了征信的相关内容，进而进行了 A～G 分级，有效地将信用信息进行整理和评价，为贷款方提供了便利。在分级后，为了保障贷款方的利益，在业务进行的过程中优先选择信用评级较高的客户，根据评级依次进行借贷业务的流程。数据表明，2014 年前三个季度的资金流向是以前四个信用等级的客户为主，超过了整体额度的 80%，比重很大。分析表明，Lending Club 在累计贷款规模上也是以高等级信用评级客户为主，而前三个 A、B、C 级客户的贷款规模超过了 75%，较大程度地降低了风险事件的发生，为借、贷双方建立了良好的用户体验。

　　贷款逾期与违约率：如果借贷方出现了逾期现象，Lending Club 会在第一时间通过后台发现问题，并进行电话回访，是催收的一种形式，一旦在月度后借贷方还不能够进行还款操作，Lending Club 会走流程将其发标至第三方催收机构。统计网站 Nickel Steamroller 统计了 Lending Club 平台的违约率。2010 年 Lending Club 的贷款违约率为 5%，2012 年增长了 1 个百分点，而 2015 年则降低了 2 个百分点。因此，Nickel Steamroller 预测，

Lending Club 的违约率大致维持在 5% 左右。由此可见，Lending Club 的风险控制能力较强，随着规模不断扩大，违约率成反比增长，说明 Lending Club 对于风险的管理有其优势，能够保证利润和品牌影响力的稳定增长。

盈利模式：Lending Club 的盈利模式是以中介服务费的收取为主，其主要来源是借方的中介费和贷方的服务费。而后与银行合作，在充足的资金模式下以债权转让的方式来进行业务的快速拓展，同时降低了资金的风险，发展十分的迅速。其方式与国内红岭创投模式相似，主要采用子公司和担保机构担保的模式。在 2007 年 6 月至 2007 年 12 月初，主要来源于收取贷款人的交易费和投资者的服务费。Lending Club 在投资端根据借款人的信用等级将标的分为 A 到 G 七个级别。而投资人的年化收益率根据标的级别不同，A 到 G 的收益率从 5% 左右到 13% 左右不等。对贷款人收取贷款总额的 1.1% ~ 5% 的手续费、0.75% – 2% 的服务费，对投资者收取 1% 的手续费和服务费。如图 4-7 所示。

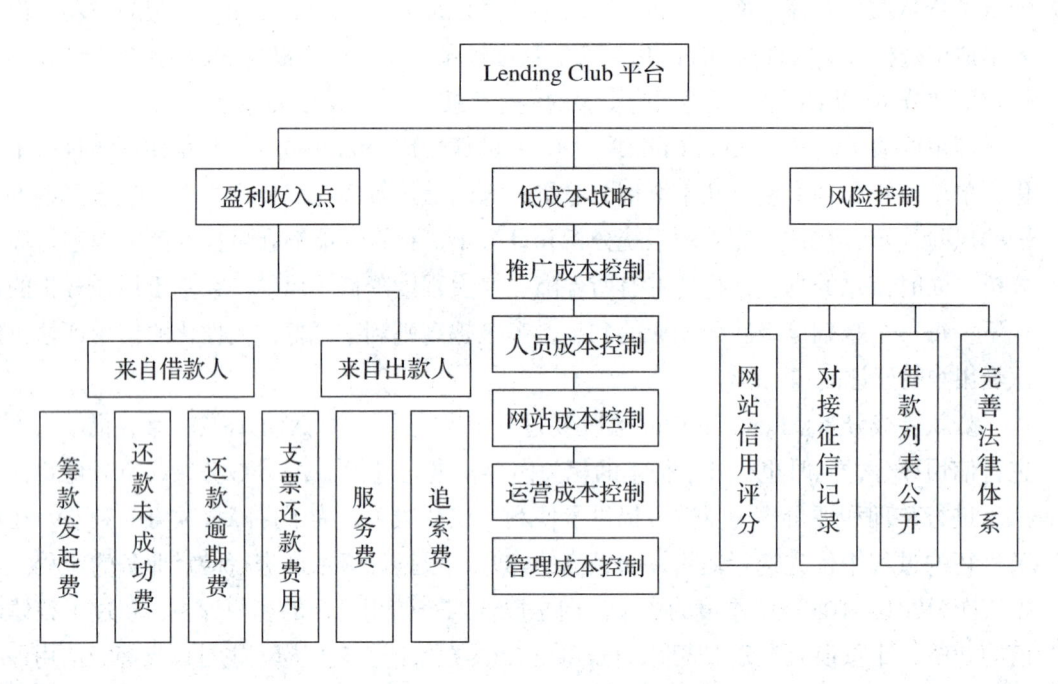

图 4-7 Lending Club 盈利模式图

Lending Club 模式盈利特点：Lending Club 不是直接把投资人的钱借给出借人，而是由合作银行 Web Bank 贷款给借款人，出借人成为 Lending Club 公司的无担保债权人。对借款人和出借人都具有较高要求，将借款人信用进行分级，配对成功后，对借款人收取 1.1 – 5% 的手续费，对出借人也收取 1% 的手续费。这样平台就充当中介转让方并为贷款提供后续服务，并不承担贷款风险，同时对二者收取相应不同程度的服务费。

4.5 中国主流的 P2P 发展模式

P2P 企业的前提是其资金的获取来自线上，根据 P2P 的价值环节来看，将 P2P 平台公司分为纯线上、线下和线上线下结合的 O2O 模式，如图 4-8 所示。

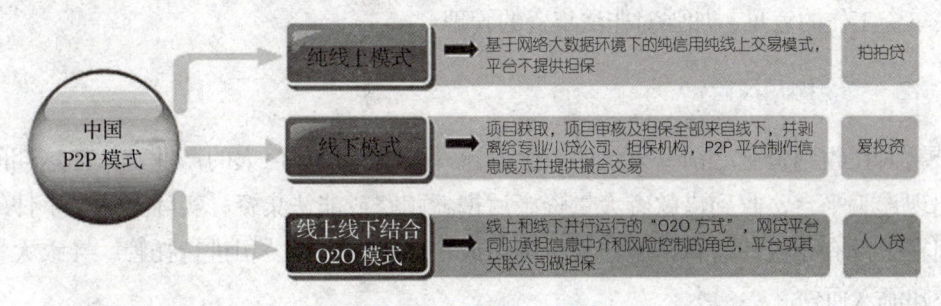

图 4-8 中国 P2P 模式

目前国内的征信基础设施尚不规范，金融环境与国外相比尚不成熟，因此纯线上获取资金和贷款模式的 P2P 平台公司发展较慢。而 O2O 模式通过线上引入大量资金，线下与各类合作伙伴合作引入各类优质贷款，并通过合作伙伴审核及自身风控模型把关双管齐下，是目前主流的 P2P 发展模式。

4.6 P2P 网贷平台的风险控制

目前国内纯线上获取资金和贷款模式的 P2P 平台公司发展较慢，O2O 形式是目前主流的 P2P 发展模式。对于 O2O 线上线下结合模式，我们将国内各种类型的 P2P 企业分为以下五种类型：包括金融/集团背景型、企业客户拓展型、新业务兼顾上下游客户型、信贷业务扩展型和独立平台型，如图 4-9 所示。多方参与加剧 P2P 行业竞争，风控仍是平台生死的关键。

	金融支持来源	金融项目审核	投资资金获取	资产逾期处理	典型企业	总体
金融/集团背景型	依托金融机构传统金融资产	金融机构传统风控手段	网上平台依托金融集团品牌效应	由担保抵押向无担保发展	陆金所（平安）	各环节都有优势
企业客户拓展型	主业积累的广大企业客户	借助金融合作伙伴	网上平台	担保抵押为主	友金所（用友网络）	需要依赖合作伙伴
新业务兼顾上下游客户型	主业的上下游客户	自身风控水平	网上平台	担保抵押为主	银湖网（熊猫烟花）	优势不明显
信贷业务扩展型	主业开展的信贷业务，但受限于总量	自身风控水平	网上平台	抵押为主	房联宝宝（世联行）	拥有垂直领域优势
独立平台	自身拓展同时与合作伙伴合作	自身风控，同时借助合作伙伴	网上平台	多种方式并行	人人贷	品牌和风控打造

图 4-9 中国 P2P 企业类型

4.6.1 网络诈骗和非法集资

P2P 网络信贷发展时间较短，成立条件过于简单，以前国家对其监管机制不健全，没有规定的法律法规，让不法者借此抓住平台的漏洞进行违法行为，或者利用平台征信系统不健全漏洞进行非法集资。2016 年 2 月 4 日国务院出台了《关于进一步做好防范和处置非法集资工作的意见》加强对非法集资的管理。

4.6.2 资金挪用风险

借款人在收到资金之前，大量的资金会流入平台，形成巨大的产业链。在这期间很容易出现诈骗平台，收到借款者大量资金后携款跑路或非法集资。实际上这个事件的主要原因在于没有相应的监管措施让大量资金放在第三方担保公司进行托管，导致大量的资金不知流入何处。

4.6.3 担保风险

很多平台都事先给予担保服务，当投资者的资金存在问题时，平台就会给予本金的几倍进行偿还。但很多平台一旦出现一笔比较大的资金跑路却并没有赔偿的能力。平台多数以收取中间的服务费形成盈利，这部分的收益并不高。所以如果出现若干起资金跑路现象，平台很可能就没有支付能力了，最后只能面对倒闭和欠债。

4.6.4 期限错配风险

在平台上，很多借款者和出借者之间的债务期限预期是不同的，但是平台为了促成交易，会把不同的贷款分割开打包给相应需求者，形成内部操作。这种举措为平台带来了巨大的风险，如果资金分配不到位、存在误差，就会导致资金链断裂，平台很快就会资金短缺，无法偿还投资者、本金。

4.6.5 网络安全风险

随着互联网金融行业和相关企业的不断发展，对交易信息真实性要求的提高，网贷公司要求投资者必须进行实名认证。这种做法虽然可以在出现纠纷时，较为容易地诉诸法律途径解决问题，减少甚至杜绝虚假交易的发生，但是信息技术的安全性和信息管理并没有与时俱进，客户信息十分容易泄露，如果被不法分子截取和利用，将会给客户带来巨大的损失，如信用卡代办冒用、身份证制假犯罪等，这样的案例在国内时有发生，因此，网络安全风险随着用户数量的增加、信息的全面化而不断提高。

4.6.6 借款人的信用风险

相比于欧美发达国家完整而完善的个人征信体系，我国对信用体系的建立仍处于起步阶段。一套完备的个人征信体系可以通过数据的分布公平而客观地评价企业及个人的信用记录，从而降低坏账风险，保障借贷体系平稳健康发展。而我国的个人征信系统目前尚存在诸多问题，这就给金融诈骗提供了可乘之机。

4.6.7 平台与第三方支付平台之间的漏洞

传统第三方支付公司与 P2P 模式存在诸多漏洞，因为目前在平台与第三方平台之间完成的交易是统一存放在以支付公司的名义开具的平台账户中。第三方支付内部账户在资金流动的过程中，在平台系统里并不体现，即便支付公司挪用，平台也没有相应的纪录，所以在这一方面监管机构无法进行监控。

4.7 核心成功因素

优质金融资产、优良风控体系和轻资产线上平台模式是 P2P 平台发展成功的关键因素。从 P2P 行业的价值环节来看，我们认为一家 P2P 企业成功的关键在于源源不断的优质金融资产和优良的项目风控。另外，P2P 平台与传统金融机构相比，最大优势在于其互联网平台的低成本，因此我们认为轻资产模式是 P2P 企业发展成功的另一个重要因素，如图 4-10 所示。

	金融资产来源	金融项目审核	投资资金获取	资产逾期处理
重要性	最重要	最重要	重要	重要
重要原因分析	• 源源不断的优质资产是P2P平台发展的最健康因素 • 目前中国个人和企业都缺少稳定的投资渠道 • 非金融机构一般可以通过与金融机构的合作将这些资源引入平台	• 对于金融资产项目的审核是P2P平台长期生存的重点 • 违约的项目不仅会影响客户的投资收益，同时会连带影响平台的收益 • 初期可以通过与金融机构合作，中后期可以建立自身风控团队	• 稳定的投资资金供应也是重要的，但是目前阶段的中国，只要有稳定的风险可控的金融项目，吸引到投资资金问题不大 • 未来可以考虑导入大型平台的流量	• 目前阶段无担保的信用贷款无法成为主流 • 一定规模的担保、风险备用金等保障机制是P2P平台发展必备的

图 4-10 中国 P2P 企业核心成功因素分析

4.8 P2P 行业未来趋势

P2P 行业未来趋势：平台垂直化、金融超市化和征信体系化，如图 4-11 所示。

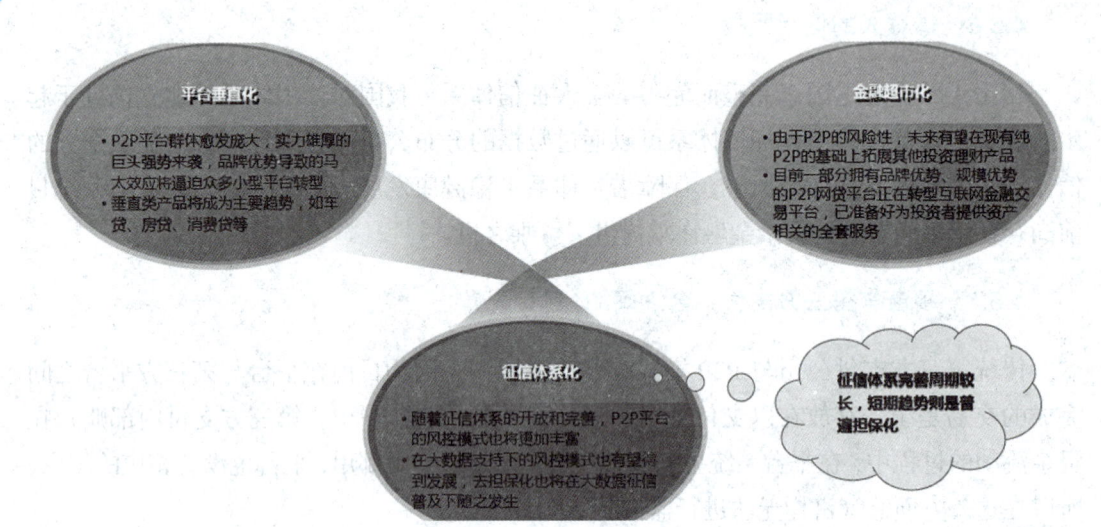

图 4-11 中国 P2P 行业未来趋势图

　　未来的 P2P 借贷平台随着监管方式的完善会形成一个巨大的互联网金融产业集群，将引进和培育一批金融服务机构进行合作，优化产业结构。相信未来的 P2P 借贷平台会以强势的姿态进入金融领域，同时推动传统金融的变革和发展，能够填补传统金融（银行、信用社、贷款公司）的空白，实现借、贷双方的自主交易，保证资金、资产的保值和增值。

　　随着同业内部竞争的日趋激烈，在未来 P2P 平台会不断地通过压缩成本来提高自身的竞争力。具体来看，会令交易尽可能在平台内部实现平滑过渡，在提高网站功能性的前提下简化交易流程、减少交易时间，这样平台在单位时间内的盈利会增加，从而提高利润和压缩成本。在推广上会以社交网络为主，付费网络渠道为辅。因为用户的覆盖群体较广，而一味进行消费型营销不利于压缩成本，因此会将推广的重点放在免费的信息发布渠道上，进而实现成本的压缩。同时 P2P 平台将会采用定价模式，这样在既定的标准下提升了效率，节省了主贷双方的时间。

　　未来复合型平台的发展会呈现多元化。例如信息纰漏的透明化，征信系统的对接，信息服务的赢利点增加等。在发展过程中复合型平台会铺设更多的实体网点来保证售后服务的完成，同时很多业务会对接纯中介模式的平台，不但企业客户会增加，个人客户也会不断增加，而 P2P 平台也会成为其服务的对象群体，进而实现赢利点的增加。未来复合型平台的发展的模式就是 O2O 结合、产品线丰富、服务功能增强、信息纰漏透明，进而转化为各个细分层面的盈利。

本章小结

1. P2P（Peer-to-Peer）网络贷款的定义，是通过互联网和网站功能的借贷模式，以点对点作为渠道，包含了企业对个人、个人对个人、企业对企业之间的小额借贷交易，交易的方式都是通过网络平台所提供的交易模式，不限空间、时间，相较于传统的金融模式有着得天独厚的优势。

2. P2P 网贷的特点：①成本低；②信用辨别；③风险分散；④方便快捷；⑤投资门槛较低；⑥收益率较保险稳定。

3. P2P 信贷平台主要根据功能性和标的主体的不同分为债权转让模式和非中介模式。按渠道分为 O2O 和线上两种模式。

4. 拍拍贷的盈利特点：由于平台本身不参与借款，而是实施信息匹配和服务等，即只是单纯的信息中介，该平台主要是收取服务费，保证借贷双方信息匹配、撮合借贷交易。人人贷的盈利特点总结：该平台是线上线下互补、平台自身担保模式，线下审核作为平台潜在成本，推行理财计划并通过线上充值和交易。即在平台担保的条件下赚取成交手续费和理财计划费用，并且与担保机构等合作获得项目，拥有项目间接主导权。

5. Zopa 的盈利特点：Zopa 虽然不保证出借人的收益或本金安全，但是在风险控制方面较为突出，平台自动将出借人的资金分割为 50 英镑的小包，出借人再选择对每个借款人如何分配，这样促成了一对多的局面，有利于降低风险。因此，该模式的盈利主要依靠借款人和出借人的手续费加上服务费。这种盈利模式在不保证收益或本金安全的情况下既可以保证平台收入稳定性，又可以通过一对多模型降低风险。Lending Club 的盈利模式是以中介服务费的收取为主，其主要来源是通过借方的中介费和贷方的服务费。而后与银行合作，在充足的资金模式下以债权转让的方式来进行业务的快速拓展，同时降低了资金的风险，发展十分的迅速。

6. P2P 网贷平台的风险包括：网络诈骗和非法集资、资金挪用风险、担保风险、期限错配风险、网络安全风险、借款人的信用风险、平台与第三方支付平台之间的漏洞。

7. 优质金融资产、优良风控体系和轻资产线上平台模式是 P2P 平台发展成功的关键因素。

8. P2P 行业未来趋势：平台垂直化、金融超市化和征信体系化。

复习思考题

1. 什么是 P2P 网络贷款？
2. P2P 网贷的特点是什么？

3. P2P 网贷如何分类?
4. 通过拍拍贷和人人贷分析中介型 P2P 网贷平台的盈利模式和特点。
5. 通过 Zopa 和 Lending Club 分析复合型 P2P 网贷平台的盈利模式和特点。
6. P2P 网贷平台的风险有哪些?
7. P2P 网贷平台发展成功的关键因素是什么?
8. P2P 行业的未来趋势是什么?

第 5 章 众筹融资

【学习目标】

通过本章的学习，了解众筹的概念、特点及运作流程，理解众筹融资模式的分类及运行机制。通过典型案例分析理解经济新常态下股权众筹对我国中小企业融资的作用和意义。

5.1 众筹概述

融资难一直都是中小微企业难以解决的问题。银行的层层关卡让很多中小微企业主花了大量的时间，跑断了腿，结果还是失望而归，而民间借贷的高利率又是中小微企业难以承受的。因此，融资难、资金紧张一直都是限制中小微企业发展的原因。众筹的出现，可以说在一定程度上帮助中小微企业解决了融资难题。现实中，确实也有不少企业通过众筹获得了资金。

5.1.1 众筹的定义

众筹是从英语"Crowdfunding"翻译过来的，意思是大众融资或是群众筹资，香港地区称作群众集资，台湾地区则称作群众募资。众筹是个人或是组织发起向大众筹资的一种新型融资方式。在互联网时代，人们基本是通过"团购+预购"的方式向网友筹集项目资金，通过互联网平台连接起发起人与投资人，在一定时间内完成项目发起者预先设定的募资金额目标的互联网金融模式。众筹融资主要的回报是产品本身，但对于金额大的参与还有其他奖励计划，例如更高的股权回报率。

罗振宇利用众筹模式改变了媒体形态，李善友用众筹模式影响了教育行业，类似这种通过众筹获得成功的个人案例数不胜数。可以说，众筹不只对于大企业，对于中小企业更是一条发展的新出路。

5.1.2 互联网众筹的诞生

世界上最早建立的众筹网站是 ArtistShare，于 2001 年开始运营，是公认的互联网众筹先锋。这家最早的互联网众筹平台主要面向音乐节的艺术家及粉丝。ArtistShare 当时是支持粉丝们资助唱片生产过程，然后获得仅在互联网上销售的专辑，艺术家则可以获得更加优越的合同条款。艺术家可以在网上发起众筹项目，用"粉丝筹资"的方式支持自己的新专辑，同时，粉丝支持后可以观看唱片的录制过程。2005 年，这种"为富于创造力的艺术家服务的全新商业模式"受到了外界高度赞誉，在这个平台上也诞生了不少杰出的音乐家。同年，美国作曲家 Maria Schneider 的"Concert in the Garden"成为格莱美史上第一个通过互联网销售而获奖的专辑，获得格莱美 4 项大奖提名，最终荣获"最佳大爵士乐团专辑"奖。2005 年后，各大众筹平台如雨后春笋迅速兴起，如 2006 年出现的 Sellaband、2007 年的 Slice The Pie、2008 年的 Indie Go Go、2008 年的 Pledge Music。

目前，众筹主要有四种发展模式：股权众筹、债权众筹、奖励众筹和公益众筹，如图 5-1 所示。在我国，股权众筹模式的典型平台有天使汇、原始会、大家投等；债权众筹模式根据借款人即发起人的性质可分为自然人借贷（P2P）和企业借贷（P2B），目前我国尚未出现真正意义上的债权众筹平台；奖励众筹模式是我国众筹行业最主要的发展模式，典型平台有京东众筹、众筹网、淘宝众筹等；公益众筹模式尚未形成代表性平台，主要以公益项目的形式分布在综合性权益类众筹平台中。我国关于众筹的行政监管政策如图 5-2 所示。

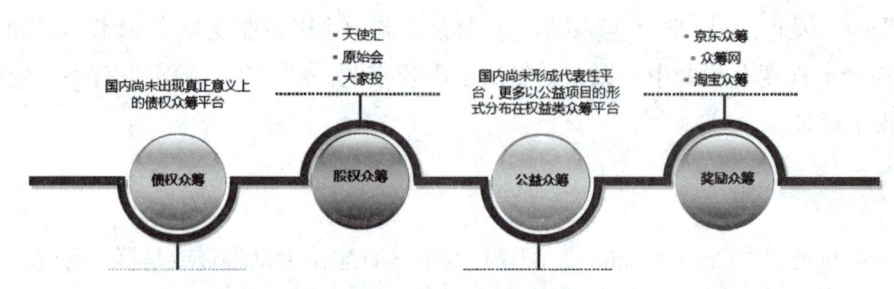

图 5-1　中国众筹的模式

图 5-2　行业监管政策

众筹平台服务双方，提高效率。融资方：获取资金、市场验证、发现价值、培养早期用户和粉丝；投资方：好奇心，获得稀有产品、利他主义、享受产品以外的权益。

5.1.3 众筹的三大构成

一个众筹能否成功，会受很多因素的影响，但有些因素是不可控的。但无论结果如何，一个众筹项目要成立，三大构成因素是绝对不可少的，这三大构成就是发起人、支撑者以及平台。

发起人：虽然缺乏资金，但有高超的创造能力。

很多中小微企业或者个人有能力、有好的项目，但就是因为没有资金和人际关系，阻碍了他们的发展。他们有极强的创造能力，往往能给人一种意想不到的惊喜。如果发起人具备一定的社会地位，有一定的影响力，众筹项目就更容易获得成功。

支持者：对发起人的项目和回报有兴趣的，并且有能力支持的人。

支持者看到自己喜欢的项目或者看到了该项目的未来发展才会选择支持，但只喜欢还不够，还必须有能力。现在的众筹项目资金档位有很多种，最少的一元即可，每个人都付得起。

平台：平台是链接发起人和支持者的终端。

平台必须具有传播性质，这样才能让更多的人看到。在传统时代，众筹只能面向身边的人或者报纸这类纸媒载体的读者，传播的范围非常有限。如今，互联网是众筹最适合的平台，互联网有比传统媒体更方便、传播速度更快、传播范围更广、传播受众更多的优势。

5.1.4 众筹的规则

既然要做众筹，就要了解众筹的规则，了解规则只是进入众筹的第一步，不过如果第一步都走不好，那下面就会更加困难。

1. 在预设时间内达到目标金额

筹资项目必须在发起人预设的时间内达到或者超过目标金额才能成功。因此，发起人在时间设置上一定要把握好。时间太短容易失败，时间太长用户的热情会慢慢消耗，而且回报需要等较长的时间，用户对众筹项目的关注也会相对降低。

2. 众筹不是捐款，设有相应的回报

不要认为众筹就是一种捐款的形式，众筹不是无偿的。因此，发起人要设定一定的回报，回报可以是实物，也可是服务。众筹的支持有很多种档位，可根据档位的大小设置相应的回报。如果众筹项目失败，那么回报作废，已获资金也要全部退还支持者。

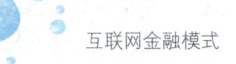

5.1.5 众筹的投资优势

众筹之所以会如此火爆，且有如此之长的历史，必定有其优势。众筹相比于传统的融资方法优势非常明显：更加低门槛、更加多样性、更加方便快捷，中小微企业或个人都能通过众筹获得自己需要的资金。

在以往的电视、媒体行业中，一个节目的资金来源通常来自电视台或者广告收益。一个电视节目即使再好，没有电视台或者广告商的资金支持就无法继续运转，因此很多时候，电视节目生死存亡的关键除了看收视率还要看所属单位或者广告商。广告商很可能会因为个人的喜好而选择是否继续冠名、投资该节目，所以，多数的电视节目因为资金问题处在被动状态。但是罗振宇《罗辑思维》栏目的出现打破了这种局面，用众筹模式改变了媒体形态。

2013年《罗辑思维》推出了2次"史上最无理"的付费会员制：普通会员200元；铁杆会员1200元。即使成为《罗辑思维》的会员，罗振宇也不会保证会员任何权益，按正常的思维，用户是不会对不能保证自己任何权益的东西产生兴趣的，但让人匪夷所思的是，罗振宇成功地筹集到了近千万元的会费。用罗振宇的话说："爱就供养，不爱就观望，大家愿意通过众筹养活一个自己喜欢的媒体节目。"

罗振宇以前是央视的制片人，因为不太适应传统媒体的层层审批而选择离开，希望能做新的自媒体节目，一切由自己做主。但是一个离职的且名气不太高的制片人，没有大背景的庇护是很难获得资金开创新节目的，即使能做也无法维持长久，但罗振宇发现了众筹的优势，他通过众筹模式成功地拉拢粉丝为自己的节目募集资金，不但让节目得以继续，还在互联网上火得一塌糊涂。

众筹的优势是利用群众的力量，用户的喜好决定了一切，而《罗辑思维》的选题是专业的内容团队和粉丝共同打造的，用的是"知识众筹"。罗振宇在节目中讲过，一个人的思维和知识毕竟是有限的，想要做好节目就必须找不同领域的"牛人"来一起玩。《罗辑思维》的众筹参与者被称为"知识助力"，每周都要为节目策划选题，然后由罗振宇来主持。因此，《罗辑思维》的内容涵盖了方方面面，而且每一期都能给观众带来新鲜感，《罗辑思维》的微信粉丝已近200万人，每期的视频点击量都破百万。

1. 更为开放、安全的融资模式

相比传统的融资方式，众筹更加开放。只要有能力，无论是谁都可以参与众筹，而且融资风险小。去申请贷款会将自己和金融风险绑在一起，但是众筹融资却只要在启动资金后向支持者做出回报即可。众筹不能以股权或者资金作为回报奖励，项目发起人更不能向支持者许诺任何资金上的收益，只能以实物、服务或者媒体内容作为回报，对一个项目的支持也是属于购买行为，而不是投资行为。所以项目发起人无需承担资金上的风险。

2. 通过营销获得更大更多的知名度和支持者

众筹本身就是营销方式的一种，项目一开始就能够吸引大批粉丝的目光。通过众筹，发起者可以提高自己或者产品的公众认知度，为自己建立良好的社会关系，而且还能通过参与让支持者成为项目的一部分，进而提高支持者的忠诚度，最重要的是能够吸引潜在的长期支持者。通过众筹项目，个人或者刚刚创立的新企业可以省下大量的时间和金钱成本。

5.2 众筹融资模式的分类

国内的众筹融资模式大都按照回报的方式进行分类，目前最普遍的分类方式是将众筹融资模式分为四种，即奖励类众筹、股权类众筹、债权类众筹和捐赠式众筹。

5.2.1 奖励类众筹

奖励类众筹是目前众筹融资模式中运用最为广泛的一种模式。奖励类众筹模式的特点是，根据投资者投资额度的不同，给予投资者除现金和股利以外的产品等物质奖励或服务奖励。其中产品预售式的众筹为奖励类众筹的主要模式，消费者通过提前购买产品而获得较大的价格折扣，与后续消费者形成价格差，价格折扣就是企业进行产品预售式融资的主要成本。

2014年中国奖励类众筹市场共发生5997起融资事件，募集资金3.49亿元人民币。综合类众筹平台项目丰富，能够接受项目范围广，项目支持用户多，融资能力较强，代表性平台有京东众筹、众筹网、淘宝众筹等；垂直类平台项目类别较为单一，主要以单一类别项目为主，项目数少，项目支持者少，融资范围较窄，因此融资规模能力较弱。

2014年在9家奖励类众筹网站中，京东众筹、众筹网、淘宝众筹各项数据均领先于其他平台。在项目数量上，众筹网以1964的项目个数遥遥领先；支持人数低于淘宝众筹和京东众筹；从已募资金额来看，众筹网占比17.6%。众筹网成立于2013年初，借助互联网金融发展热潮，结合综合众筹服务模式，在奖励类平台中发展速度较快。京东众筹在募资金额上独占鳌头，以1.47亿元人民币的募资金额领先于其他平台，上线项目301个，显示出强劲的发展势头。

奖励类众筹未来：平台专业化、主体多样化和服务一体化。平台专业化：随着奖励类众筹平台数量不断增多，平台之间竞争越加激烈。本书认为，想要在市场上占据一席之地，需要为平台进行准确定位，使自己的服务与众不同，平台专业化发展将成为未来奖励类众筹行业发展趋势之一。主体多样化：中国众筹行业的快速发展，使众筹行业关注度越来越高，参与者也在不断增加。本书认为，随着参与者的增多，未来参与主体多样化将成为众筹行业发展趋势之一。服务一体化：随着众筹行业的快速发展，众筹平台也正经历着转型与改革。如何更好地为筹资者服务，保障投资者的权益，成为众筹平台之间竞争力衡量的重要体现。本书认为，未来众筹平台服务一体化将成为众筹行业发展趋势之一。

5.2.2 股权类众筹

股权类众筹是投资者通过金额较大的投资获得企业日后的股权，通过股权退出机制变现或享受企业的利润分红的方式来获得投资回报。股权类众筹对于缓解中小企业融资困境具有重要的意义，我国也正加紧制定关于股权类众筹融资模式的管理办法。股权类众筹相对于奖励类众筹的特点是风险大，收益高，因此更容易吸引专业投资者的关注。

2014年中国股权众筹融资事件3091起，募集金额10.31亿元人民币。从投资阶段来讲，种子期和初创期企业占比较高；在2014年主流股权众筹领域中，天使汇的募资金额遥遥领先于其他股权类众筹平台，项目数量较多，天使汇2014年发起项目2607个，为四家机构之首，已募集金额达7.69亿元人民币；原始会发起融资项目281个，已募金额1.94亿元人民币；大家投共发起185个融资项目，已募金额3933.00万元人民币；天使客仅有18个项目上线，但已募集的金额为2875.00万元人民币。其他几个股权众筹成功融资案例如图5-3所示。

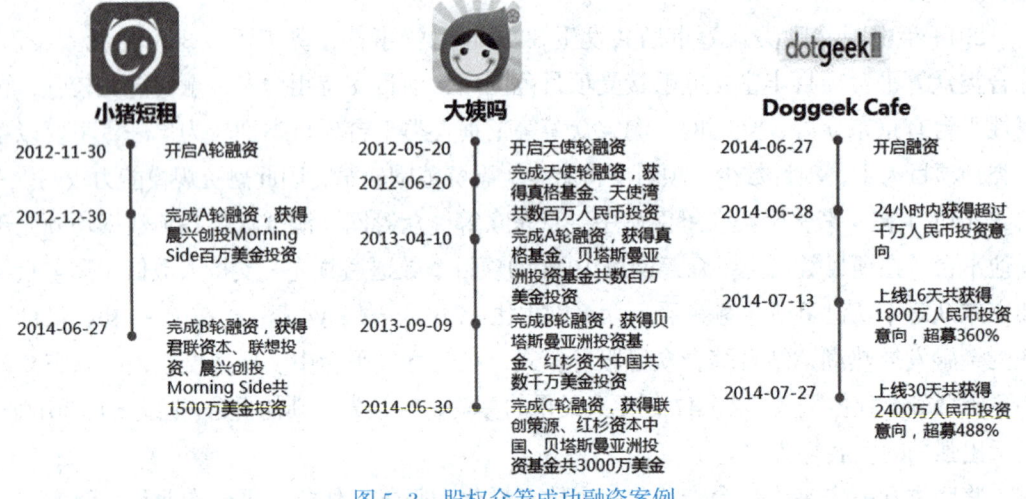

图5-3 股权众筹成功融资案例

从商业模式来看，股权众筹平台的盈利来源主要来自交易手续费、增值服务费、流量导入与营销费用。股权众筹平台的收入源于自身所提供的服务，绝大部分的众筹平台实行单向收费，只对筹资人收费，不对投资人收费。

股权众筹规范性、合法性等影响其发展速度。合法性受到质疑：股权众筹合法性受到质疑主要是指运营中时常伴有非法吸收公众存款和非法发行证券的风险。项目审核机制不规范：从项目审核的角度看，平台单方具有对筹资人提交的项目进行审核的权利，在这一审核中无论是审核环境还是审核人员都缺乏相应的监督和透明性。专业能力不足：股权众筹导致投资人普遍化，而与专业的风险投资人或天使投资人相比，普通人没有足够的能力从坏公司中筛选出好公司。利益平衡机制不完善：在当下股权众筹运营过程中，参与主体或采用有限合伙企业模式或采用股份代持模式进行相应的风险规避，而数量众多的参与者则面临着信息不对称的风险。资金链运作不规范：一些股权众筹平台允许项目实际筹资额高出项目预期筹资额，这在一定程度上会增加投资的风险和筹资的不可预期性。退出渠道匮乏：目前股权众筹退出渠道匮乏，一般通过"分红、并购和IPO上市"三种形式来实现。发起股权众筹的企业一般处于初创期，指望企业在成长初期开始分红不大现实。对于并购和上市，绝大部分初创企业都会在五年内垮掉，能成功被并购和上市的是极少数。

股权众筹将成为股权投资领域的有效补充，平台将区域化、专业化及多元化。

（1）股权众筹或迎来行业洗牌。在众筹平台数量快速增长的同时，退出的速度也在加剧，未来股权众筹或将迎来行业整合。

（2）众筹的专业性会增强。目前大多数众筹平台采用"领投+跟投"的模式，领投人的行业经验将会促使股权众筹平台专业性提升。

（3）越来越多的第三方参与股权众筹的服务。为了提高股权众筹融资的成功率，将会有越来越多的第三方来参与股权众筹的服务。

（4）众筹项目的投后管理将成为众筹平台的竞争力关键。股权众筹的风险不仅体现在投资项目的选择上，更体现在投后管理以及对投资项目及时准确的信息披露上。

5.2.3 其他众筹模式

债权类众筹的特点是投资者的回报为企业的债权。该类模式与当下P2P网贷相似。其收益性和风险性均低于股权类众筹。债权类模式在众筹融资中应用占比相对较小。

捐赠式众筹在众筹融资模式中较早兴起，在此类模式中，投资者不求回报，往往是用于支持某一类公益事业或者帮助别人解决困难。捐赠式众筹主要用于支持我国公益事业的发展。

房地产众筹模式逐渐兴起，根据项目所投入资金，享有不同的权利或服务：不同程度的折扣比例购入房产产权、不同期限的预期年化房产租金收益、不同天数的免费入住权益、其他配套优惠服务。

农业众筹亦备受关注，根据项目所投入资金享有不同的权利或服务：不同优惠折扣选购农产品、免费体验或"尝鲜"农产品、农业项目开发优先合作权、其他配套优惠服务。

5.3 众筹融资模式的特征

1. 解除地域、时间限制，实现全时空融资

在传统的融资模式，如银行信贷模式下，中小企业只能向当地的金融机构申请借款，资金来源具有一定的地域性。而在众筹模式下，互联网技术的应用使得融资过程均在线上进行，且不受时间和地域的限制，投资者可来自世界各地，投资时间也可以不受工作时间的限制。随着互联网时代网络通信成本的降低，不论何时何地，每个人都可成为互联网平台上的投资者或创业者。

2. 扩大投资者范围，实现全员、全社会融资

众筹融资模式可以使中小企业利用互联网平台，充分利用企业内外部的资源，扩大资金来源渠道。由于众筹融资最低出资金额可以是几千元，因此出资者可以是全社会各行各业的普通大众，而不只局限于银行、基金、风投等机构投资者。在传统金融模式下，普通投资者往往是通过金融机构间接参与投资，而互联网众筹平台让普通投资者可自主选择投资项目和投资金额，可直接参与到项目投资中去，有效地聚集了人们手中的闲散资金，不仅扩大了中小企业的融资渠道，同时解决了部分民间资本投资无门的问题。虽然在股权众筹模式上会由于法律限制而限定投资人数，但却扩大了出资者的范围，如京东众筹推出的"小东家"投资模式，使得普通民众也可以少量金额进行投资，使得人人都可以成为企业股东。

3. 信息传播广泛迅速，实现快速融资

在互联网平台模式下，项目在众筹平台发布起就能即时传播扩散。在项目发布后，众筹平台一般会辅以相应的宣传方式，如短信通知平台会员，微信公众平台发布项目预告等，让感兴趣的投资者能够在第一时间掌握项目发布信息。由于投融资者的交流大部分是在线上进行，且项目发起者会即时更新项目进展情况和实施情况，因此大大提高了投资者对项目的考察效率。部分公众平台还会设置一定的融资期限，期限一般为几十天到几个月的时间，在项目融资结束之后，支持资金也会及时转入借款者的账户中。与传统融资方式相比，大大缩短了资金到位所需的时间。

4. 实现产品宣传推广，迅速打开产品市场

中小企业在众筹平台的融资模式可以是产品众筹和股权众筹。产品众筹模式下，通过对产品的宣传，对产品创意理念的介绍，吸引目标客户的关注，不仅能够筹集到项目所需资金，而且可以在与投资者交流过程中更好地把握客户的需求和对产品的改进意见，还可以有效预测产品的市场需求，为今后产品进一步扩大市场占有率提供决策依据。而股权众筹方式也可以使投资者或者潜在的客户通过浏览项目内容了解公司的主营业务和

产品，提高企业的知名度。尤其是融资成功的中小企业，说明公司的发展前景得到了投资者的认同，在以后的产品销售和推广中也更容易得到公众的信任和追捧。

5.4 众筹融资模式的运行机制

众筹融资模式的主体主要是项目发起者、众筹平台和出资者。在众筹融资模式中，各主体之间的关系为，项目发起者在众筹平台上发布项目信息和融资需求，由众筹平台进行相应的资质审查，制定相应的发布规则，对项目的发布方式和发布内容提供相关建议并进行项目发布，由项目发起者对众筹平台支付相应的手续费，一般为所筹金额的一定比例。而出资者需要在众筹平台上实名注册成为会员，众筹平台进行资质的审核筛选，并提供出资者感兴趣的投资项目。出资者一般以资金的方式对融资项目进行投资，而项目发起者对投资者的回报方式可以是实物、资金、服务或者股权。

众筹融资模式下包含四种运行机制：资质审查机制、项目监督机制、资金流转机制和社区交流机制。

资质审查机制是指众筹平台对融资者和出资者的资质审查。项目发起者首先需要在众筹平台上进行注册，并提交项目融资计划书和商业计划书。众筹平台对项目发起者的资质、团队情况、项目内容和真实性进行审查。审查通过后众筹平台通过与项目发起者针对融资项目进行进一步交流，确定项目发布的规则和发布方式，包括项目的筹资金额、筹资期限、限定的投资人数以及投资回报计划等，并通过一定的宣传吸引投资者的参与。出资者也需要在平台上进行实名注册，并提供与个人财产状况、身份证明等相关信息，由众筹平台对出资者进行资质审查，包括出资者的收入状况、资产状况、风险承受能力等，众筹平台审核通过的合格出资者才能进行投资。如天使汇对投资人中的自然人以及机构投资者分别设定了不同的收入规定，符合条件的才能成为合格投资者，并且对不同收入阶层的个人投资者设定了投资额度，即年收入在 500 万元及以上的个人投资者的投资限额为不超过其净资产或年收入的 20%，年收入在 500 万元以下的则不能超过其净资产或年收入的 10%。

项目监督机制是指在资金筹集和使用过程中，众筹平台担负着实时监督的责任。在资金筹集的过程中，平台需要引导项目发起者按照既有的规则和方式来发布项目融资信息，确保项目信息的真实性。在项目融资结束后，根据项目融资的成败，由平台决定资金是否转入项目发起者账户中。在资金到达项目发起者之后，平台还需要对项目的资金使用情况进行实时监督，避免资金挪作他用，保护投资者的利益，并确保投资者得到相应的回报。如在众筹网中，项目融资成功后，由众筹网预留融资成功金额的 30%，在投资者收到项目应有的回报之后，众筹网才会将保证金返还给项目发起者，否则保证金将用于弥补应有回报，以此来保障投资者的利益。

资金流转机制是指投资者投入资金的划拨和存管机制。众筹平台与第三方托管机构如银行开展合作，在投资者认投项目时，将投入的资金转入第三方托管机构，待项目融资成功时，在规定的天数内并达到资金划拨条件后，由平台负责将第三方存管机构的资金一次性或者分阶段划转到项目发起者的账户中。若融资失败，则资金全部退回到投资者手中，能够在一定程度上保护投资者的资金安全。如大家投众筹平台与兴业银行深圳分行开展合作，开展投付宝业务，投资者将投资资金转入投付宝中，待项目融资结束后，由大家投申请将投付宝中的资金分批转入项目发起者的账户中。

社区交流机制是指平台建立的用于项目发起者和出资者之间进行进一步交流沟通的社区。社区交流可通过项目融资页面的网络评论社区及微信群的方式进行。社区交流机制通过出资者与项目发起者的进一步沟通，使出资者进一步了解项目的风险，并对项目的策划、实施提供个人建议，参与到项目实施过程当中去。社区交流机制不仅可帮助出资者进一步甄别风险，而且有利于项目的推广和成功，让出资者参与其中更增加了出资者对项目的兴趣和认同，激发更多的消费和投资行为。不同的融资平台具有不同的社区交流机制，如天使汇主要引导投融资双方进行线下会谈，京东众筹则会建立相应的项目微信群，让感兴趣的潜在出资者在微信群内相互沟通交流。

5.5　雷神科技众筹融资分析

雷神科技是快速成长的中小企业的典型代表。雷神科技从创立之初到如今成长为游戏本行业的翘楚，其快速成长离不开创业团队成功的经营理念和外部强大的资金支持。其融资过程涵盖了产品众筹和股权众筹两种众筹融资模式，成功满足了企业成长发展过程中的资金需求，对众筹融资模式的运用颇具代表性。雷神科技在股权众筹融资之前，由于产品单价较高，收入虽已超过中小企业销售收入的判定标准，但由于企业创建不到一年的时间，当时企业员工仅有十几人。根据我国工信部中小企业判定标准中对于软件与信息技术服务业中小企业判定标准，从业人员小于 300 人或营业收入小于 1 亿元的企业为中小型企业，满足其中一条标准即为中小企业，因此，雷神科技属于中小企业的范畴。

5.5.1　雷神科技发展历程

雷神科技最初的创业者路凯林曾是海尔集团的一名员工，任海尔笔记本事业部总经理，负责整个海尔的笔记本业务。2013 年正值笔记本市场销售的寒冬，在海尔集团鼓励内部员工争做创客的环境下，路凯林带领着他的创业团队进行了专注于游戏用户的游戏本的研发，团队创始成员通过手动搜索电商平台中关于游戏本的所有差评，找准游戏本的技术突破点和产品需要改进的关键点，终于在 2013 年底成功销售第一批游戏本，得到了消费者的认可，并向海尔成功递交企业创业申请，标志着雷神科技的正式起步。

在 2014 年 4 月，雷神科技有限公司正式成立，成为独立的法人机构。在企业成长过程中，雷神特别注重对粉丝社区的构建及管理，在百度贴吧设立雷神社区，并通过微博、微信等社交平台同粉丝进行多种方式的交互。在线上互动之余，也在线下开展全国各地的粉丝见面会、交流会。借助于强大的粉丝力量和口碑效应，雷神科技在后续的产品销售中也取得了令人骄傲的业绩。2014 年 1 月 15 日，雷神科技的第二批笔记本产品 3000 台在 21 分钟内全部销售完毕。2014 年 8 月，雷神在创立之初就将其作为主打核心产品的游戏本雷神 911 正式上线，并在上线的 1 秒内被抢光。截至 2014 年 12 月，销售量为 5.82 万台。在市场占有率方面，曾连续蝉联天猫和京东该行业销售业绩第二名，在 15 个月内产品更迭达 7 次，产品的更迭速度和频率史无前例。

在销售业绩的带动下，雷神科技引起了社会的广泛关注，并在 2015 年 4 月成为了当下热门网游英雄联盟举办职业联赛的唯一游戏本赞助商。如今，雷神科技正以游戏本为核心，逐步开发了相应的周边产品，如游戏鼠标、电竞设备、耳机等；进军游戏电竞行业，打造方便玩家，给予玩家极致体验的一站式网游平台——神游网，并组建自己的电竞团队，即将成为网游和游戏本产业的最具有影响力的品牌。

5.5.2 雷神科技众筹融资过程

雷神科技的快速成长过程离不开资金的及时供应，其丰富的资金来源渠道以及对众筹融资模式的成功运用，帮助其解决了企业产品研发和经营范围拓展所需要的资金支持。

1. 众筹融资前的资金来源

雷神科技在 2013 年底，公司成立之初，主要是依靠自有资金和母公司的资金支持，即内部云融资。公司创建初期海尔内部创客孵化平台的启动资金为 187 万元。同时依靠母公司海尔的供应链资源和品牌背景，与游戏本生产领域的佼佼者——蓝天、广达、英特尔、Microsoft 和腾讯等知名的供应商合作，从而提高了产品的质量保证和品牌的影响力。雷神科技前期以母公司的供应链资源、苏州海尔工厂为支撑，取得了上游供应商蓝天、广达等公司给予的延迟付款的优惠条件，这也为企业创建之初节约了大量的资金投入。

2013 年 12 月雷神科技在京东商城进行了第一批产品预售，500 台游戏本 3 天售完，单价 5999 元，实现了 299 万元的第一笔销售收入。此时，游戏本正值市场空白，具有较高的利润率和较好的市场前景。而这项良好的销售业绩的取得得益于雷神科技团队成员对产品质量和用户体验的不懈追求与精确把握。由于雷神科技成立之初，笔记本电脑正遭遇销售的寒冬，因此团队成员将产品细分市场定位于游戏玩家，将产品目标定位于满足游戏玩家极致体验的游戏本，并解决当前游戏本市场中令玩家头疼的诸多痛点。为此，团队成员通过人工手动搜索各大游戏本销售平台中的全部用户评价，将用户反映的集中问题作为产品的亮点来吸引游戏玩家，同时在贴吧上与专业的游戏本玩家沟通交流，并请专业的游戏大神对样机进行测试，将互联网交流平台的交互机制运用到了极致。

雷神科技注重游戏本的玩家体验，为了打造企业的良好口碑，雷神在2014年不惜牺牲企业的利润率，并斥资1800万元研发雷神私模产品911，高昂的研发资金使企业在成长期亟需外部资金支持。而在雷神笔记本销售正如火如荼地进行时，雷神科技的迅速发展和良好的市场口碑吸引了天使投资人的关注。在2014年12月，天使投资机构麟玺创投向雷神科技注资500万元。至此，雷神科技成功获得了传统融资模式下的第一笔资金。此次天使投资的引入不仅使雷神科技完成了Pre-A轮融资，更为后续的众筹融资打下了良好的信用基础。截止2014年底，企业的股权结构见表5-1。

表5-1 雷神科技2014年股权结构

股东信息	实缴出资额/万元	持股比例
青岛蓝创达信息科技有限公司	75	15%
苏州海尔信息科技有限公司	362.5	72.5%
青岛培德润智教育咨询有限公司	12.5	2.5%
天津麟玺创业投资基金合伙企业（有限合伙）	37.5	7.5%
北京果岸咨询有限公司	12.5	2.5%
合计	500	100%

2. 股权众筹融资

在雷神游戏本销售初步获得成功的同时，雷神科技开始将目光放到企业的长远发展上来。尤其是企业品牌成立时间较短，市场占有率并不稳定，加之企业的目标消费者群体较为细分和小众，因此雷神科技需要不断进行产品的迭代和研发，不断俘获目标消费者的依赖心理，形成稳定的市场占有率。同时越来越多的笔记本厂商关注到游戏本这个利润较高的细分领域，雷神科技所面临的竞争压力日益加剧。为了进一步实现企业成长，雷神科技试图通过游戏本硬件的销售来带动周边产业，并进军软件服务和游戏产业。为此，需要进行大量的游戏赞助、游戏赛事组织、游戏直播版权以及游戏直播平台研发的资金投入，雷神科技在其线上销售平台京东商城进行了企业的第一次众筹融资——股权众筹。

2015年3月，雷神开始参与京东股权众筹，并取得了10分钟内1300万元的融资目标，最终融资金额为1500万元，3天内实现超募的惊人成绩。并在股权众筹的过程中成功引入了风险投资机构紫辉创投，为其注入资金1000万元，股权持有比例为6.63%。在投资者数量方面，此次股权众筹为了避免法律风险，投资人数上限为15人，但在项目结束之前允许超募,即允许投资人数超过 15 人的限制。在融资规模方面,企业在融资前的估值为 13500 万元,本轮融资金额目标设定为 1300–1500 万元,本轮出让股权比例设定为 8.75%～9.95%,而众筹融资平台的平台服务费率为 5%。同时在此次股权众筹过程中,采取了小东家模式,即由于投资人数的限制,导致此次股权众筹起投金额较高,为 20 万元,为了降低投资门槛,将投资金额 5000 元以上的小额投资者设定为小东家,并将投资人数上限设定为 10 人,以此来降低普通投资者的投资门槛,提高公众的参与积极性。表 5-2 即为雷神科技股权众筹的投资者数量、投资金额及融资后的股权占比情况。

表 5-2 雷神科技股权众筹投资者情况表

投资者身份	超募人数上限 / 人	投资者	投资金额 / 元	股权占比
领投人		紫辉创投	10000000	6.633499%
东家	10	东家 1	3270000	2.169154%
		东家 2	900000	0.597015%
		东家 3	345000	0.228856%
		东家 4	200000	0.132670%
小东家	30	小东家 1	55000	0.036484%
		小东家 2	50000	0.033167%
		小东家 3	45000	0.029851%
		小东家 4	40000	0.026534%
		小东家 5	35000	0.023217%
		小东家 6	25000	0.016584%
		小东家 7	15000	0.009950%
		小东家 8	10000	0.006633%
		小东家 9	5000	0.003317%
		小东家 10	5000	0.003317%

在本次股权众筹融资过程中,雷神科技融资前的估值为 13500 万元,成功融资 1500 万元后,企业价值达到 1.5 亿元,大股东被稀释 10% 的股权。在股权出让方面,投资者所获得的份额 = 投资金额 /(投前估值 + 本轮实际融资金额 + 平台服务佣金)。如紫辉创投股权占比 = 10000000/(135000000 + 15000000+15000000*5%)=6.633499%。

此次雷神科技在京东众筹平台进行股权众筹,一方面是为了获得企业后续发展和进军游戏产业所需要的资金投入,另一方面更是通过股权众筹模式引起各投资机构的广泛关注。而紫辉创投作为领投人,投资到雷神科技中,使雷神科技迅速获得合伙人和投资方的关注，为后续融资奠定了良好的基础。

3. 产品众筹融资

针对此前游戏本产品雷神911的消费者反馈和存在的不满，雷神科技决心研发和打造极具质感的高端游戏本产品——钢板911M。因此，为了重磅打造该产品，雷神在京东众筹平台上开始了第二次众筹融资——产品众筹。在股权众筹敲资成功的基础上，2015年5月18日，在京东金融进行产品众筹2829万元，众筹金额和融资速度刷新了中国产品众筹的记录。在此次产品众筹过程中，雷神科技提前半年多就开始了项目的选择和筹备。在产品众筹融资期间中，支持者达到28302人，形成了强大的支持者投资规模。通过产品众筹，雷神科技不仅成功筹集到所需资金，而且为企业树立了良好的口碑。此次产品众筹项目于2015年4月份上线，5月份结束，融资期限为40天，6月份按照约定的时间依次发货。雷神科技在融资方案中设定了多种投资额度和回报方式。具体投资回报见表5-3。

表5-3 雷神科技产品众筹额度及回报设置

支持额度/元	人数限制	回报方式
1	20000	随机抽取5名，赠送产品
4998	1000	对应价格产品，粉丝资格
5998	6000	
6498	2000	
6998	2500	
7998	500	
10998	200	
29440	100	
1300000	10	天使合伙人，线下经销权

在支持金额的设计中，共分为了1元、4998元、5998元、6498元、6998元、7998元、10998元、29440元和1300000元几种不同的支持额度，每个额度都有不同的投资者数量限制，并享有不同的产品和权利。如支持4998元即可获得雷神游戏本911-M4一台并成为雷神东家粉丝，限额1000名。其中1300000元的投资者除享有优厚的产品回报外，还享有雷神科技相应产品的线下销售权，限额10名。

5.5.3 雷神科技众筹融资效果

在企业融资方面，雷神科技从公司成立以来仅仅用了一年多的时间就顺利完成了A

轮融资 2250 万元，通过京东众筹平台顺利地实现了从产品预售、股权众筹及产品众筹，将众筹融资模式运用到了极致。在雷神科技进行股权众筹的时间点，京东众筹平台总的筹资金额为 3000 多万元，而雷神科技的众筹金额为 1500 万元，接近整个众筹平台所筹资金规模的一半，引起了媒体的广泛关注和报道，同时成功引入了天使投资人和风险投资机构，打通了与传统金融机构的沟通渠道。而随后产品众筹实现的 2829 万元的战绩也成功刷新了产品众筹的记录。

1. 突破收入增长瓶颈

雷神科技通过短短一年的时间便迅速得到了游戏本玩家消费者的认可，形成了一批忠实的客户粉丝群体，在京东商城多次创下产品被抢购一空的奇迹。尤其是在 2014 年下半年雷神私模版产品 911 的上市，为雷神科技带来了快速成长，2014 年 6—12 月份实现了 1.79 亿元的销售收入和 152% 的收入增长率。然而，2015 年前 5 个月内，由于细分市场竞争的加剧及雷神产品更新换代的研发压力，使得雷神科技在 2015 年 1—5 月份的销售收入增长放缓，较 2014 年下半年仅增长了 4.5%，游戏本带来的销售收入的增长产生了较大的波动性。雷神科技通过股权众筹成功获得开发周边产品的资金，利用周边产品带动销售收入的增长，如鼠标、键盘、背包、游戏手机、掌机和客厅游戏机等。而接下来的产品众筹帮助雷神科技实现了产品的迭代，911M 的产品众筹给雷神科技游戏本带来了新的增长点，使 2015 年下半年雷神科技的销售收入增长率达到 85%。企业 2014 年与 2015 年销售收入情况如图 5-4 所示。

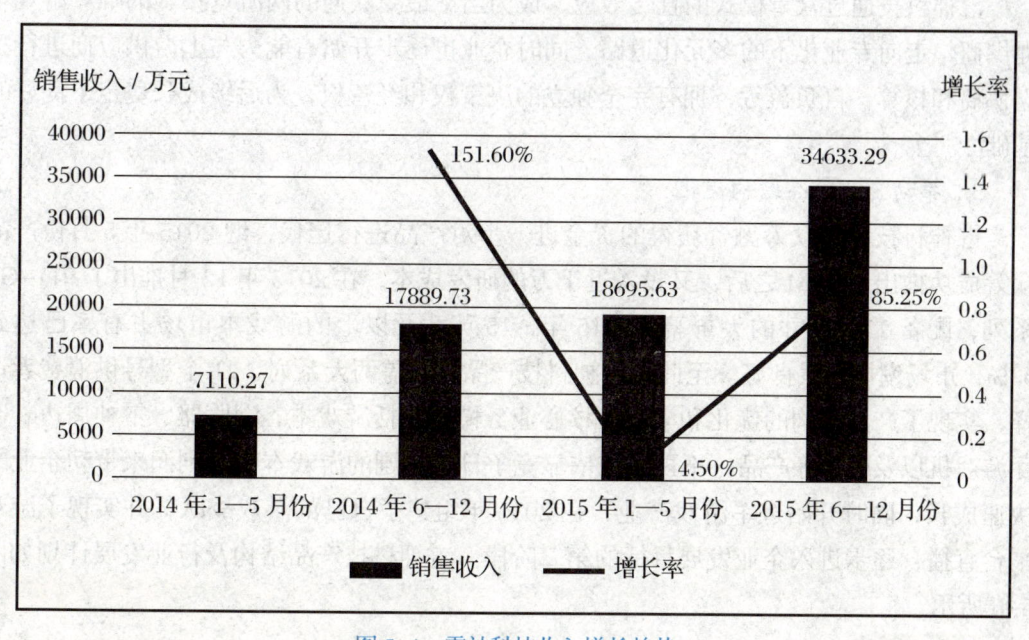

图 5-4　雷神科技收入增长趋势

2. 实现品牌宣传和推广

股权众筹和产品众筹的成功不仅为雷神科技带来了成长资金，而且引起了更多消费者和投资者的青睐。众筹融资成功后，雷神科技在 2015 年双十一的产品销售中取得了全网销售第一的业绩，市场占有率进一步稳固。同时，企业最注重的粉丝数量在 2015 年 6 月份达到了 306 万，在 2015 年底又快速上升到 500 万，如图 5-5 所示。

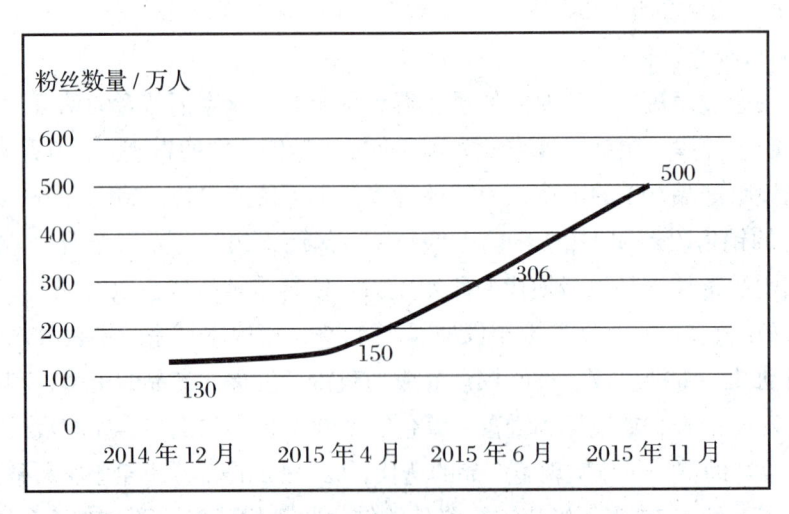

图 5-5 雷神科技粉丝数量变化趋势

雷神科技通过众筹模式的宣传效应，成为当下最受欢迎的网游竞技赛的唯一游戏本提供商，走向专业化下的多元化道路，同时企业也逐步开始有能力与上游供应商进行独立协商和核算，自负盈亏，拥有完全独立的决策权和经营权，为后续成长奠定了良好的基础。

3. 推动企业产品结构优化

雷神科技凭借众筹融资获得的资金进一步对产品进行迭代，继 2015 年 5 月份产品众筹成功推出 911-M 之后，又投入近千万的研发成本，在 2015 年 12 月推出了 911-GT 系列，配备 17.3 英寸的大屏幕。2015 年，15 英寸及以上的游戏本市场占有率已达到 63%，市场发展前景良好。至此，雷神科技产品共涵盖两大系列、21 个型号供消费者选择，实现了产品结构的优化和丰富，核心业务模块包括游戏本、浏览器、雷神周边、客厅游戏机以及 VR 等产品，不再单纯依靠竞争日益加剧的游戏本市场利润来带动企业的快速成长，同时开始进军游戏产业，在 2015 年组建了自己的游戏战队，并实现了游戏平台直播，逐步进入企业发展目标的第二阶段。雷神科技产品结构及行业发展计划如图 5-6 所示。

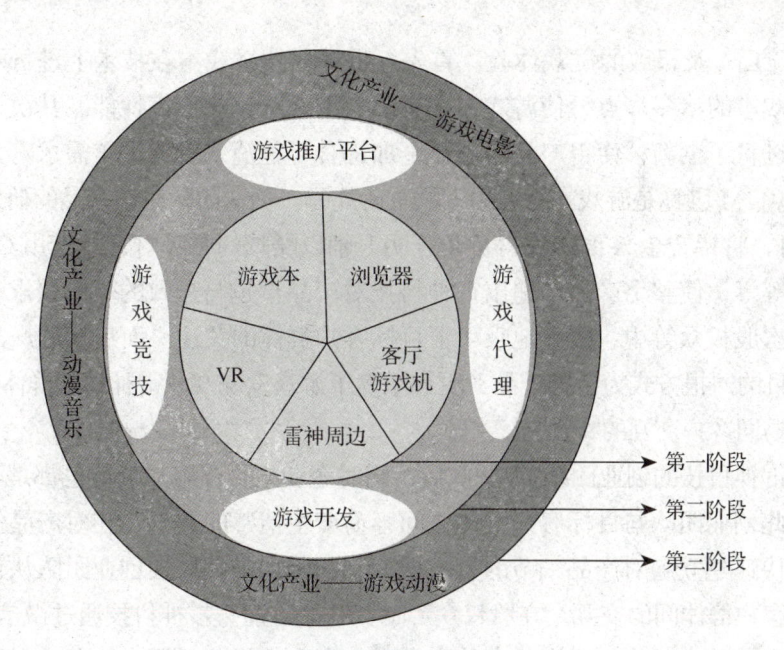

图 5-6　雷神科技产品产业结构图

5.5.4　雷神科技众筹融资的成功因素

1. 雷神科技与众筹融资应用范围的契合性

雷神科技属于创意性和科技含量高的企业，通过上文对众筹融资模式应用范围的分析，该类型的企业更容易获得众筹融资的成功。雷神科技所生产的游戏本不仅从文化创意还是产品研发层面都给消费者带来了惊喜，尤其是对于游戏发烧友这一目标客户群体，成功俘获了潜在投资者的关注和信赖，充分发挥了潜在投资者的个人兴趣和情感认同。

雷神科技创立于 2014 年，在创立一年多的时间里完成了股权众筹和产品众筹。而该阶段正处于企业的初创阶段，在这一阶段，企业产品的创意和研发需要得到市场的反馈和认可，产品的市场占有率不稳定，需要尽快建立起忠实的目标客户群体，并不断进行产品的研发和迭代。因此，在该阶段适合运用产品众筹和股权众筹的模式来获得消费者的反馈以及产品的推广和宣传。同时，消费者建议和反馈也能够让企业及时调整产品特点和经营理念。而该阶段众筹融资模式的运用也为日后雷神科技在成长和成熟阶段从传统金融机构获得大规模资金奠定了良好的基础。

2. 雷神科技与众筹融资应用条件的契合性

（1）项目具有创意性

雷神科技产品从诞生之初就为消费者带来了惊喜。雷神科技将目标客户群体定位为 18～30 岁的游戏玩家和游戏发烧友。这一目标客户群体有着共同的特点，即追求游戏本的高性能，LJA及极致的游戏体验。首先，雷神科技游戏本在技术上进行了创新，克服了传统游戏本的诸多痛点，使游戏本具有适合游戏玩家的更高性能。其次，雷神游戏本也从外形进行了创新，使得产品的外形更加符合年轻消费者的审美需求。尤其是雷神的主打产品911M堪称是游戏本行业的一枚重磅炸弹。创业团队对该产品的研发设计历时将近10个月，将铝合金A面雕琢得棱角分明，辅以酷炫的呼吸灯，灯带用CNC钻孔工艺进行制作等等，使整个产品传递出雷神科技对产品卓越与极致的不懈追求。因此，在雷神的第一次股权众筹中，极大地吸引了目标客户群体的关注。而后续的产品众筹则是由于融资项目的回报方式为雷神产品，更加激发了游戏发烧友和雷神粉丝群体的参与热情。

（2）易同客户交互的特性

由于雷神科技的创业团队都是80后，同时企业的目标客户群体也都是喜欢游戏的年轻人。因此创业团队与目标客户群体之间容易产生情感的共鸣，在对产品信息的交互过程中可以快速建立起对产品细节的有效把握。同时，雷神科技创业团队从创业之初就非常重视与客户群体间的交互。在股权众筹融资开始之前，雷神科技通过微信、QQ群、百度贴吧、微博等方式进行融资信息的发布，京东也会提前对平台注册会员进行短信、微信通知。在项目进行过程中，雷神科技的项目融资进度和项目进展情况会在众筹平台以及粉丝交流社区实时发布，帮助投资者了解融资详情和项目概况。在平时，雷神通过雷疯社区对企业的粉丝群体进行管理，与粉丝群体间的交互不仅仅局限于产品，而是渗透到生活的各个方面，全方位建立起与消费者之间的信任。而针对客户群体对产品提出的意见，雷神科技也会积极采纳，及时对产品进行修复和改进，在产品质量上完全按照消费者的意愿进行产品的研发和生产。以粉丝群体的意愿为导向的经营模式也成为雷神科技众筹融资过程中众多投资者支持的重要因素。

（3）融资方案设定的合理性

雷神科技在股权众筹融资过程中，为了保证大众参与，降低大众投资门槛，运用了京东在众筹平台的小东家模式，在投资者不超过15人的限制下，起投金额为5000元的小东家名额设置为10人，起投金额为20万元的投资者名额设置为5人，并接受超募，即在众筹融资结束之前允许投资者人数超过15人，从而最大程度的降低了融资门槛，保证了投资者的投资热情。而在产品众筹的过程中，雷神科技设置了多层次的产品回报，共设置9挡不同额度的投资金额，并设置对应的人数限制，能够满足不同类型投资者的需要，提高潜在投资者的参与度。其中1元支持金额，限额2万人的投资额度的设置，更是体现了众筹融资的草根大众的特性，丰富了投资者群体范围。在产品众筹过程中，融资期限设定为40天，期限设定较为合理，在该期限内能够充分引起投资者的广泛关注，保证投资目标的实现。

5.6 众筹案例

随着众筹的发展，如今各行各业都与众筹沾上了边。例如科技众筹、电影众筹、农业众筹、公益众筹、房地产众筹、餐饮众筹、出版众筹、保险众筹、旅游众筹、新闻众筹。只有你想不到的，没有众筹涉及不到的。在众多众筹项目中，每个行业都能出几个"众筹状元"。

5.6.1 科技众筹案例

经历 47 天、268 人支持、1029768 元的成交额，让荒岛唱机 VW01 成为了中国第一个百万级别的音乐硬件类产品众筹成功案例。荒岛唱机的项目由前城市画报主编、著名媒体人黎文在乐童音乐发起，经过前期充分企划和后期的执行推广，加之快速有效的反应回馈，让这一项目成为了音乐硬件类众筹的经典案例。

黎文之所以会发起这个项目，其初衷是因 2013 年兴起的全球性黑胶复兴热，其次是基于音乐爱好者对高品质音乐和高品质生活的需求。荒岛唱机不仅仅是一台机器，更是一台时间机器，可以把听众带回 1965 年的音乐环境中。可以这么说，这个项目之所以能获得成功，前期依靠的就是各个音乐爱好者对该产品的一种情感上的共鸣，加之黎文团队前期的充分准备和后期的有力推广，配合快速有效的反应回馈，让这一项目成为音乐硬件类众筹的经典代表。

黎文非常善于在营销过程中根据阶段的不同在政策上做及时调整。在众筹项目最开始，爆发的种子粉丝会向外扩散，达到中间阶段时就会有许多观望的粉丝，一般分为两种，一种是对项目能否成功保持怀疑的态度，另一种是处于消费能力的周转期。因此，在这个中间阶段黎文及时调整了策略，将众筹改预售，给予支持者诚意的回报。调整策略后，项目的热度越来越高，并开始出现跟风状态，出现了一个小的参与高潮，到项目结束的前几天，用户的热情集中爆发。同时，在整个过程中，乐童的服务非常到位，客服人员 24 小时服务，以便用户咨询。

1. *科技众筹，优秀的产品是前提*

科技产品众筹，优秀的产品是前提。产品质量好不好，能否引起受众的共鸣是非常重要的。无论你是做手机、做平衡车，还是和黎文一样做唱机，让受众喜爱的前提就是产品质量过硬。

荒岛唱机的成功就是因为其优良的品质。它是由德国工业设计大师 DoeterRame 所领导的 Braun 品牌在 1965 年生产的第一台电唱机 G12，是黎文从伦敦知名收藏家 DrPeter Kapos 手里高价收购回来，然后由中国 Hi-Fi 音乐界知名设计师曾德均担任总工程师，模仿原型设计的。每一台荒岛唱机的设计和材质都会比较考究，还带有独立的编码，产品发货完毕后就会将模型销毁。这么做的目的是为了让用户拥有一台特别的唱机，告诉用户是值得他们收藏的。

2. 科技众筹也需要情怀来搭戏

在如今这个时代，在功能性已经普遍的时代，单是产品质量过硬已经不足以吸引用户的眼光。要赢得他们的长期支持，赋予产品情怀、情感是非常重要的。相比于Kickstater平台那些工科气息浓重，给人冰冷质感的科技产品众筹项目，黎文发起的荒岛唱机更多体现了"文艺青年"的文艺气息。

科技项目众筹与出版、音乐、文化众筹一样，是最早的众筹项目之一。发展这么多年，市场已经非常成熟，而且随着科技的发展，将有更多的科技产品加入到众筹行业中来，科技产品众筹项目会得到越来越多的人的喜欢。

5.6.2 电影众筹案例

2014年7月，中国第一份众筹行业月度报告出炉，报告显示，在众筹网的1100多个项目中，有64个是电影项目，数量不多，而且大部分都是小众独立电影或者网络微电影。不过，在这其中，还有一份特别醒目的项目，就是以"快乐男声"为主角的电影纪录片《我就是我》，这部电影在20天内成功筹集到了500多万元的资金，引起了众筹行业以及电影行业的关注。

2013年9月27日是"快乐男声"的决战之夜，当大家都在关注比赛结果时，天娱传媒和众筹网却玩起了"众筹"的最大赌约——宣布如果20天内筹到了500万元资金就会开拍"快男"电影，并走上影院；如果不能则只能作为内部资料保存，不与广大粉丝见面。不过快男的粉丝非常给力，让该项目提前达标，项目结束前就筹得507万元，获得了近4万人次的支持，创造了当时众筹的最多人数纪录。

《我就是我》电影众筹项目设置了5个不同的档位，分别是40元、60元、120元、480元、1200元，支付者在支付相应的金额后，就可得到不同数量的电影票以及首映式入场券，当日购买数量最高者还可获得与"快男"亲密接触的机会。

有业内人士表示，这次众筹网与天娱传媒的跨领域合作可以说是中国互联网金融与电视综艺娱乐的一次成功的跨界联姻，这说明了众筹的包容性，可以为电影行业开拓出一个新的发展渠道。《我就是我》众筹的成功，面向的不只是以微电影以及文艺电影的讲究情趣的小资群体，而是成百上千万的庞大粉丝群，通过粉丝的话题传播、人际传播所实现的经济效益是文艺类电影很难达到的。

不过，此次快乐男声的《我就是我》电影选择众筹模式并不是因为缺乏资金，真正的意图是在于摸底市场，天娱不缺这500万元，而500万无论如何也不够拍一部电影。

通过众筹，发行方可以对市场进行摸底，也可通过网友买票注册时填写的信息得到电影观众的相关数据，这样就能为电影进行更好的市场定位。

不过快乐男声大电影《我就是我》的众筹项目虽然成功了，但是在上映时却惨遭滑铁卢，上映三天排片比例仅为 4%，最终票房仅有 670 万元。这票房的惨淡有很多原因，不少粉丝都反映电影排片少，场次时间更是尴尬，基本上是在工作日上午 10 点或是下午的时间点，有些城市甚至没有排片，使他们无法兑换参与众筹时获取的观影券。

1. 众筹模式对电影业所起到的作用

众筹除了能为电影吸引资金，还能起到更多的作用。第一，发现作用。通过众筹模式可以发现和发掘有潜力的电影项目。第二，验证作用。众筹模式可以帮助影视创业者测试其电影主题是否符合市场需求，是否能帮助其率先提供路演平台，为电影的开播预热。第三，宣传作用。众筹平台可以帮助影视剧进行宣传推广，帮助创业者获得更多粉丝的关注。

2. 做好线下的各方工作，配合电影众筹项目

创业者除了要让众筹项目获得成功，线下各方面的工作也要做好。电影众筹的目的最主要的还是宣传，想通过宣传获得更好的票房。如果众筹项目成功了，但是线下工作没做好，导致票房惨淡，也就等于众筹项目没有成功。就像是快乐男声电影《我就是我》一样，众筹项目是成功了，但因为线下工作没做好，导致票房惨淡，甚至还要给未能兑现的众筹时的电影票退款。

线下的工作除了发布会、首映礼、路演等宣传工作，最主要的还是要为电影争取一个好的排片，有了好排片就不愁没有票房，《我就是我》失败的最大原因就在排片上。

众筹电影才刚刚开始发展，成功的有，失败的也不在少数，失败也好，成功也好，都只是电影众筹之路的一个开端，电影众筹还有很大的发展空间等待电影创业者去挖掘，相信众筹模式肯定会对电影行业起到一个很大的改变作用。

5.6.3　房地产众筹案例

跨界房地产对于如今的房地产行业已经不再具有新鲜感，现在，各个地产大佬们的嘴里频繁地提及一个词，那就是众筹。2012 年美国的 Fundrise 网站首次将"众筹"这一概念引进房地产行业，创造了"房地产众筹"这一新模式。地产商们可以通过互联网为自己的地产项目向大众募集资金，而投资者也可从中受益。如今，各个房地产企业都开始涉及众筹，万科就是典型的代表之一。

2014 年 9 月 22 日，万科苏州公司推出了房地产众筹项目，对外的宣传是只要 1000 元就可用 6 折的优惠买万科，并可以获得不低于 40% 的预期年化收益率，让投资者在认购房源的同时，还能获得理财收益，这是万科联手搜房网对众筹的试水之作，投资人只

需要按照万科指定的规则投资就能获得收益。

万科此次的试水之作是借众筹分析客户的购买能力，万科此次用于众筹的是一套 100 平方米，三室一厅，市场价格约为 90 万元的房产。2014 年 9 月 24 日上午，万科在搜房网上对这套房进行了拍卖，起拍价为 54 万，时间为两个小时。所有参与众筹的投资者都可以进行竞拍，最终一人胜出。成交额超过 54 万的部分，万科会将其作为投资收益，分给未能拍得房屋的其他竞拍者。也就是说，不论投资人最终是否能买到房，都可获利。

1. 国外的房地产众筹模式

以美国为例，房地产众筹主要有两种模式。一是房地产债券众筹，即让投资人筹钱借给发起人，将房地产作为这笔筹款的抵押金。二是房地产股权众筹，即让众筹平台设立有限合伙制公司来购买房产，投资者可根据自己的投资金额来占有相应的房产股份，每月收取租金，最后将房产卖出，收益分配则按每个投资的股权份额来算。

2. 国内房地产众筹偏向于营销

国内的房地产众筹与国外的房地产众筹有很大的不同，除了缺少相关法律法规的规范和支持，众筹市场还不够成熟也是原因之一。因此，国内的房地产众筹更多的是一种营销上的聚客行为。就像是绿城杨柳郡在淘宝众筹上发起的众筹 100 元"众筹青春"的项目，还有远洋房产在京东上发起的"11 元筹 1.1 折房"等。

房地产加入众筹，其实更多的是房地产商们的一种营销手段。就目前国内的众筹发展状态来讲，要让房地产众筹变成真正意义上的众筹，还有很长的路要走。

5.6.4 农行众筹案例

金融行业加入了众筹、房地产行业加入了众筹、餐饮行业加入了众筹，现在代表着最传统、最原始的农业也加入了众筹，并且来势汹汹。安徽省可以说是最先引入农业众筹的省份之一，对于农业众筹，在安徽省有多种玩法，其中"土地：私人定制"最受关注。

2014 年农历端午期间，安徽省绩溪县湖村迎来了四面八方的游客，他们除了游山玩水逛古建筑，还有一项重要活动就是下农田。这些田地是两个月前市民在网上通过"聚土地"项目"私人定制"的。每块田地上都有牌子，清楚地写着认购方的名字，每块地大小差不多，一分地。这些地上要种什么，怎么种都是认购方说了算。订购者既可以自己种，也可以交给当地农业专业合作社负责日常的打理。

2014 年 3 月绩溪"聚土地"项目推出后，一切都变了。农企借助电商平台聚集了散地、聚来了人气，也为绩溪农业发展聚集了新的机遇。以前随意而散漫粗放的种植变得有了标准和规划。农民不用担心种植投入和产出后的销售，也不用考虑种什么和怎么种。

具体的操作方式是农民将土地流转到浙江兴合电子商务有限公司名下，由其将土地交予当地合作社生产管理，而淘宝用户通过网上预约，对土地使用权进行认购，并获得实际农作物产出。与此同时，参与项目生产环节的农民除了获得土地租金收入，还能领取工资。

事后看，"聚土地"一期的销售额为228万元，物流开销高达84万元，最终，整期项目亏损超过25万元，但这并不影响二期开展。2014年9月底，"聚土地"第二期开团，土地的范围扩容至安徽芜湖、绩溪，浙江诸暨，江西婺源，海南三亚，重庆巫溪，北京延庆以及吉林通榆七省八地。"第一期3500个用户，满意率接近80%，而第二期5000多用户，到现在为止，差评只有6个。二期所有产品均由菜鸟网络提供物流解决方案进行配送，从田园到餐桌，确保24小时到达。

除了土地众筹，安徽省还出现了一些农产品认领众筹。2015年春节刚过，安徽合肥不少农业系统微信朋友圈收到了一个农业众筹的信息，一个名为"农夫梦"的众筹项目将在合肥一家大型超市楼顶实现。这个规划面积1.2万平方米的屋顶，未来将用于种植有机蔬菜、瓜果和花卉，开放采摘农业，还会养一些鸽子、兔子等小动物供人观赏。仅仅一个星期，"农夫梦"空中农场项目便众筹成功。

1. 农产品众筹

农产品众筹是农业众筹中最常见的项目，也是成功率最高的项目。可以说，农产品作为一种新的众筹项目，如今的发展已经步入了稳定的状态。但农产品众筹更多的是一种团购或是预购的状态，在未来的发展中会不会变质，还处于观望状态。其实这与农产品本身无关，而是其所能参与的众筹模式性质就是如此。

2. 农业技术众筹

如今农业技术也加入了众筹行列，但在国内，发起这类众筹项目的还是少之又少。目前，国内可以考虑的农业技术众筹有：一是类似于杂交水稻的增产技术，粮食的重要性让其增产技术也受到格外的青睐。二是类似于引进蓝莓等新型农作物的种植技术，这项技术的价值是因为其被世界所公认的稀缺性。三是有机化肥农药技术。随着人们对食品健康的关注度上升，有机产品的市场也在渐渐扩大，有机食品将成为一个不可替代的环节。

除了农产品众筹和农业技术众筹，农场众筹也是目前农业众筹的主要项目。但是农场众筹涉及的募集资金较为庞大，因此成功的案例并不多。不过随着农业众筹的日趋成熟，将会得到有效改善。

5.6.5 餐饮众筹案例

2014年，有108个大学生凑了45万元，在学校附近开了家餐厅。2014年3月4日餐厅开始试营业，除去人力，水电以及材料成本，半个月就盈利1万多元。这个项目名为"无树时光"，发起人是从湖南长沙理工大学毕业的王旭明。

王旭明在项目发起之前，在百威啤酒公司做着薪水不菲的白领工作，不过他还想自己创业，因此放弃了已经开拓得不错的事业，与同学王晨辉、曾琦打算一起创业开餐厅。

不过，开餐厅，而且是开一家大餐厅并不是一件容易的事，首先面临的就是资金上的困难。他们刚工作没多久，根本没有什么积蓄。他们发现众筹是个不错的主意，于是他们就打算通过众筹的方式在学校附近盘下一家餐厅来经营。

他们印制众筹宣传单分发，并在学校食堂的电子屏打出广告。两个月后，他们一共吸引了106位同学的加盟，募得44万元的资金。有的投资人拿出了自己积攒多年的压岁钱，有些股东则把自己的奖学金投了进来。为什么这些没有什么经济实力的大学生肯支持王旭明的项目？其实也是因为看到众筹的可发展性以及项目的可投资性。相较于同学们的跃跃欲试，项目的3位创始人却感到了巨大的压力，因为一旦餐厅失败，同学们将会血本无归。

无树时光餐厅的位置在长沙理工大学旁边的安置小区内，有300多平方米，1楼是散座，2楼是包厢，可同时容纳118人就餐。

虽然"无数时光"是由108个投资者建立而成，但拥有餐厅决策的只有3个被大家推选出来的常务股东以及由4名在校大学生组成的监事会，由他们和王旭明等三个创始人一起来经营管理餐厅。如在实际运营中出现意见分歧，则会在股东群中进行讨论，由108个股东投票达成共识。重大的决策则由常务股东和监事会商议决定，普通股东不享有决策权。餐厅日常事务的管理则是由王旭明等三人负责，他们花两万元购买了一台货车，一人负责采购，一人负责看店，一人负责综合协调。

餐厅开业后不久，就有大企业注意到了他们，麦当劳公司还邀请加盟商们分批考察，附近的一些宾馆酒店也主动与其达成联盟，顾客可在合作单位享有增值服务。

1. 众筹餐饮的利

众筹对于餐饮行业的好处是"众人拾柴火焰高"，可以帮助缺乏资金的创业者解决餐厅的初始资本问题。实体店面积高和人力成本高，一直都是实体行业的难题，而且实体店要盈利需要经历一段市场培育期，如果投资人资金实力不足，就很难让餐厅长期经营下去，而众筹恰恰能帮助创业者解决这一资金难题。

2. 众筹餐饮的弊

作为投资者，加入餐饮行业的目的在于收益，因此市场风险、管理团队专业与否、资金能否成功收回是他们最为关注的问题。虽然餐饮行业市场需求坚实，但竞争也非常激烈。如今想要运营一家成功的餐饮店非常的困难。因此，投资者在选择餐饮项目时要慎之又慎，可以选择较为成熟的餐饮品牌，或是有专业运营团队管理的品牌。

就目前的市场状态来看，参与众筹的餐饮项目不少，众筹成功的餐饮项目也不在少数，但是运营成功，让投资人获利的餐饮项目却少之又少，其中牵扯的具体的后期运营弊端不解决，那么餐饮众筹将很难得到大的发展。

5.6.6　保险众筹案例

2013 年 1 月 7 日，众筹网携手长安责任保险股份有限公司在北京举办"众筹制造：长安保险'爱情险'"发布会顺利落幕。会上，长安保险表示要在 11 月 6 日至 10 日在众筹网公开向社会募集亿元，若能成功募得 1 万份爱的承诺，就会成立一个"爱情保险"产品，在 11 月 11 日正式启动在线预售。

长安保险每份 520 元，寓意为"我爱你"，5 年后投保人如果与投保时的指定对象结婚或是已婚人士 5 年后还未离婚，就可领取到每份 999 元的婚姻津贴。18～36 岁的未婚、已婚人士可以购买，每人限购 5 份。为了回报参与人的真情，众筹网还给每份保险赠送了 20 元的保费，也就是投资人购买爱情保险只需要 500 元。这种"爱情保险"模式被网友戏称为"会生财的爱情表白"，众筹网与长安之所以选择在"光棍节"上线该项目，也是因为现代年轻人对该节日的重视，以及这个节日所蕴含的意义。

众筹网与长安保险联手推出的"爱情保险"代表了众筹业务正式进入保险领域，同时也表示了长安保险正式迈出了互联网金融的步伐，众筹的出现正在改变整个社会，也对传统的保险行业产生了影响，其中最明显的就是销售模式的改变。

长安保险与众筹网的合作，从表面上来看是众筹网对众筹业务的进一步扩张，实际上是反映当前互联网金融的火热和不可逆转的发展趋势，而众筹网与长安保险的此次试水，实际上也是在说明传统保险业向互联网平台转移的实质。

1. 众筹与保险

从众筹的商业模式中可以看出，众筹不一定就是保险，但是保险天生就是众筹。保险和众筹有着相同的特质，就是"人人为我，我为人人"。可以说，保险是非常契合"众筹精神"的产品。保险公司可以作为项目的发起人，通过收取保费来募集资金，当需要启动保险理赔时，赔款的支出则来源于众筹的保费。可以说，众筹和保险的核心都是一致的，都是互助的。

2. 保险公司借力众筹营销

保险公司利用众筹模式为自己的品牌或是产品做营销，不管是"求关爱""爱升级"，还是"爱情连连看""爱情保险"，实质上都是保险公司为借众筹的影响力做宣传而推出的。其实，这种模式可以多多尝试，因为事实证明效果不错。除此之外，保险公司还可以针对特定领域推出众筹保险项目。例如给北京地区的教师群体进行车险众筹，或是对北京地区的医生进行健康险众筹，都是不错的项目。如果专门针对某一群体进行特定险众筹，设定一些专属性的条款及费用，然后针对该群体的特征作为营销的突破点，相信一定能为保险众筹项目找到一个新的出路。

本章小结

1. 众筹融资（Crowdfunding）是指通过互联网平台连接起发起人与投资人，在一定时间内完成项目发起者预先设定的募资金额目标的互联网金融模式。

2. 众筹融资模式分为四种，即奖励式众筹、股权式众筹、债权式众筹和捐赠式众筹。

3. 众筹融资模式的特征：①解除地域、时间限制，实现全时空融资；②扩大投资者范围，实现全员、全社会融资；③信息传播广泛迅速，实现快速融资；④实现产品宣传推广，迅速打开产品市场。

4. 众筹融资模式下包含四种运行机制：资质审查机制、项目监督机制、资金流转机制和社区交流机制。资质审查机制是指众筹平台对融资者和出资者的资质审查。项目监督机制是指在资金筹集和使用过程中，众筹平台担负着实时监督的责任。资金流转机制是指投资者投入资金的划拨和存管机制。社区交流机制是指平台建立的用于项目发起者和出资者之间进行进一步交流沟通的社区。

复习思考题

1. 什么是众筹融资？
2. 众筹融资模式如何分类？
3. 众筹融资模式的特点是什么？
4. 众筹融资模式有哪几种运行机制？
5. 通过典型案例分析论述经济新常态下股权众筹对于我国中小企业融资的作用和意义。

第 6 章　供应链金融

【学习目标】

通过本章的学习，了解供应链金融的现状、决定因素和发展过程中出现的问题，掌握供应链金融的定义、通过案例分析理解供应链金融模式。在此基础上对基于大数据分析的互联网供应链金融有更全面的认识。

6.1　供应链金融定义及现状

供应链金融是供应链管理的一个部分，其目的是为了使整个供应链系统成本达到最小，而为产业链环节中相对弱势的中小企业提供基于真实交易的融资服务，帮助中小企业盘活非现金流动资产，提高整个产业链的运行效率。供应链金融服务于产业链中相对弱势的中小企业在真实交易中产生的流动资产融资需求。

供应链金融的本质是实现物流、商流、资金流、信息流等的多流合一。而互联网无疑是实现这一目标的最佳方式。互联网供应链金融颠覆了过往以融资为核心的供应链模式，转为以企业的交易过程为核心，并将过去围绕核心大企业的"1+N"模式拓展为"N+1+1"模式，即多个产品供应链+1个第三方互联网平台+N个下游中小企业，如图6-1所示。

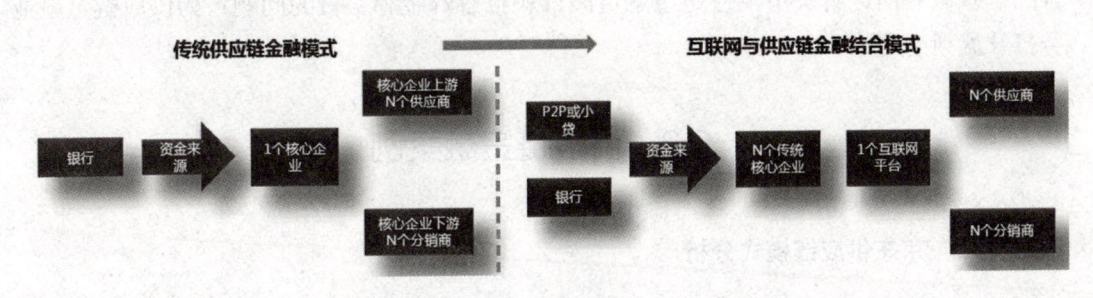

图6-1　互联网与供应链金融的结合

互联网与供应链金融结合的优势主要表现在网络化、精准化、数据化三个方面，以在线互联、风险控制、产融结合的形式，基于大数据、云平台、移动互联网、互联网金融的供应链金融，打造一个更富有市场力的实体产业链生态环境，供应链金融要实现物流、商流、资金流、信息流四流合一，互联网则是实现这一目标的最佳方式。垂直电商已经成功建立起相应的支付场景，支付行为带来的商流、资金流、第三方信息流、物流在这个平台上相互结合，共同构筑供应链金融生态化经营、平台化合作。

现在看来传统渠道的五大功能中的物流、服务、营销和销售都能被电商和物流替代，虽然物流也提供融资服务，但是物流一般是针对有限的线下产品分销，针对有限的厂商、有限的物流运输量来提供有限的融资服务。而电商面对的是一个行业或者多个行业，每个行业又有N个厂商，并且商业模式中核心的"交易"是在线上完成，在这种情况下，电商平台需要提供传统渠道商的"融资"服务，这也加剧了供应链金融互联网化的需求。为了使这种垂直、扁平化的B2B或B2C销售体系之下远端规模小而分散的经销商获得银行融资，保障销售达成，领先企业开始寻找全链条解决方案的供应链融资支持。互联网平台方面，阿里巴巴、京东、苏宁易购等均针对其供应商、入驻商家以及第三方合作伙伴提供低成本、无担保抵押的融资解决方案。

P2P与供应链金融结合产生更大盈利空间。P2P平台规模和风险成为短期难以调和的主要矛盾，如何获取源源不断的、没有规模限制的优质资产是P2P平台正在或将要面临的最大挑战。2014年以来，已经构建支付场景并且形成可控闭环的产业O2O平台、综合电商平台、大型供应链体系等成为P2P积极拥抱的优质资产，供应链或者电商平台提供风险控制和融资需求，成功与P2P对接，形成真正闭环。一般而言，除了阿里、京东等综合平台，房地产、汽车、大宗商品平台或产业链因其天然的巨大市场规模和较强的金融属性成为P2P比较欢迎的资产端。P2P平台与供应链链接，一方面有益于供应链对商流、信息流、资金流、物流的控制，降低风险，且获得足够实现规模经济的成长空间；另一方面可以充分将金融服务与供应链对接，实现进入服务实体，尤其是服务中小企业，符合国家政策导向，解决了供应链金融过渡依赖自有资金和银行的问题，为供应链金融业务打开盈利空间。

6.2 供应链金融案例

6.2.1 京东供应链模式分析

京东是电商从事供应链金融的典范。2013年12月，京东的供应链金融产品"京保贝"上线。据统计，上线当月其融资金额超过3亿元，2014年1月放贷额突破10亿元。与银行合作一段时间之后，京东根据客户的需求设计出了进军金融最核心的产品：供应链金融产品"京保贝"和"京小贷"。"京保贝"上线之后，京东开始使用自有资金放贷。其供应链金融可以在一个月内完成超过 10 亿规模的放贷，主要原因在于把握住了客户的需求。相对于传统供应链金融，"京保贝"优势明显：门槛低、效率高、客户体验好。

近三年来，京东金融依托京东电商体系所积累的大数据基础，相继在京东金融企业服务中推出"京保贝""京小贷"和"动产融资"三大核心产品，在京东自营物流和合作的大型仓储完善的数据支持上，实现企业信贷风险实时更新和管理，打造电商产业链的供应链金融，如图 6-2 所示。截至 2016 年 12 月，京东金融供应链金融已经累计服务超过 10 万个企业，提供了 3000 亿元贷款。

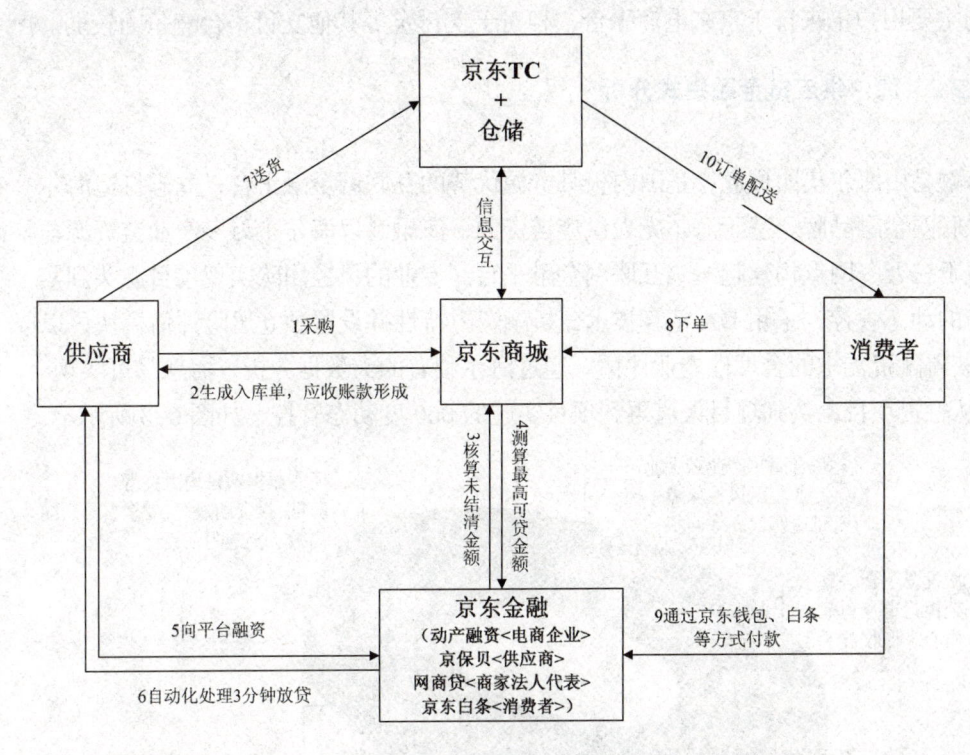

图 6-2 京东供应链金融模式

1. 主要优势

（1）京东电商体系拥有大量商家历史交易、竞争能力、客户数据，同时投资数据公司获得大量商品订单等数据，从数据层面估算商家信用等级及质押品价值。

（2）京东自营物流和合作的大型仓储公司的"金融标准仓"都具备一定的物流、仓储管理水平。

（3）京东将供应链中所有交易环节存在的金融机会实现全面覆盖，将企业之间的资金流向、借贷关系通过数据网格化。

（4）京东供应链的风险优势是建立于数据之上的风险控制能力，所掌握的数据能够还原整条供应链，逆向控制整条供应链。

（5）京东金融动产融资作为供应链金融的一个创新，基于上述提供数据，实现质押品的流动，提高了商户资产的流动性。

2. 存在风险点

（1）京东上游的供应商虽然有很多大型企业，但大部分仍是以中小企业为主。短期发展模式仍保持着惯性经营，企业负债率可能比较高，风险控制仍需要重视。

（2）京东早期发展时采用的是货到付款的支付方式，线上付款发展较晚，目前京东钱包的主要用户仍来自于京东电商平台，相对于支付宝等其他支付平台竞争力较弱。

6.2.2 海尔供应链金融模式分析

海融易由海尔集团成立，是国内极具资源优势的互联网金融平台，立志打造海尔互联网金融品牌。基于海尔庞大供应链资源，海融易以海尔十万多产业链资源与线下三万多网点构建起海尔互联网金融平台。专业的风控团队实现项目源头到实施的动态管控，采用 DA 精算技术分析融资方特性并设置独立风险评估模块，以获得融资需求的合理性专业评估。通过海尔独有的大数据分析，海融易可实现从融资项目源头到项目渠道再到项目实施的 360 度动态管控，如图 6-3 所示。

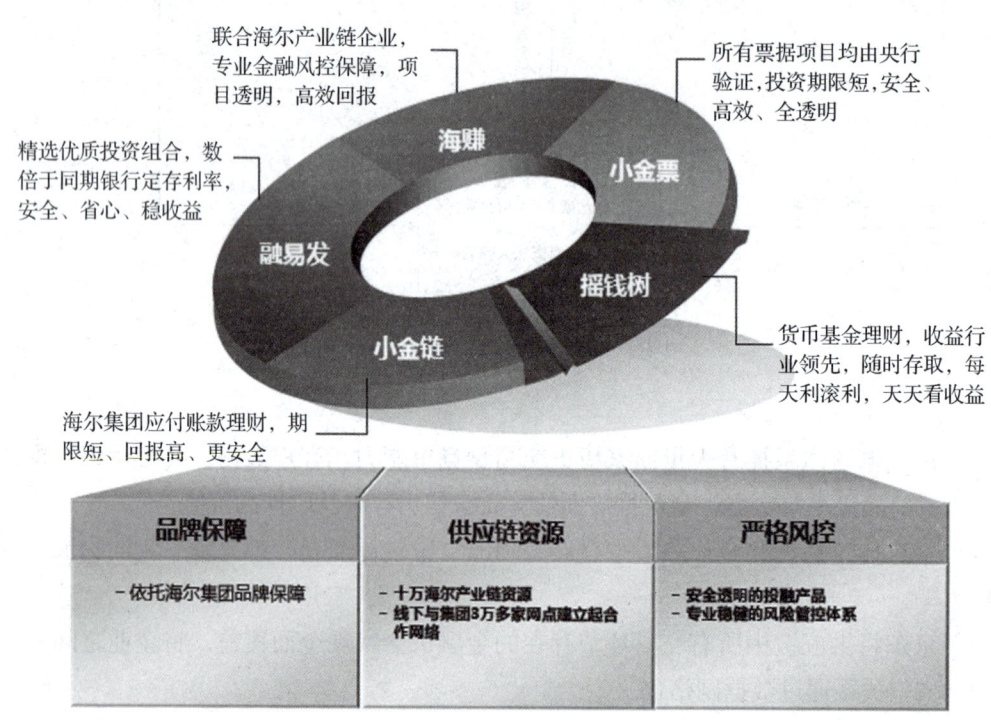

图 6-3 海尔供应链金融

6.2.3 蚂蚁金服供应链金融模式分析

对于蚂蚁金服的供应链金融，最近较为热门的应该是"精准扶贫"。2016年12月20日，蚂蚁金服宣布全面开启农村金融战略，并发布"谷雨计划"：未来三年将面向国内所有"三农"用户，拉动合作伙伴及社会力量提供累计10000亿信贷。蚂蚁金服携手国内数家农产品龙头企业，并通过阿里生态圈中农村淘宝、天猫、阿里巴巴、菜鸟物流、阿里云等力量，从生产端为农户、企业提供强有力的资金和销售服务。农村金融面临着客户量多但风险管控难度大的问题，很少能够得到金融机构的支持，蚂蚁金服从信贷切入农村金融服务，农户后续的支付、理财、保险等服务才会选择蚂蚁金服，率先占据中国农村金融市场。截至2016年12月中旬，蚂蚁金服在支付、保险、信贷方面服务的涉农用户金额分别达1.5亿元、1.3亿元、3300万元，如图6-4所示。

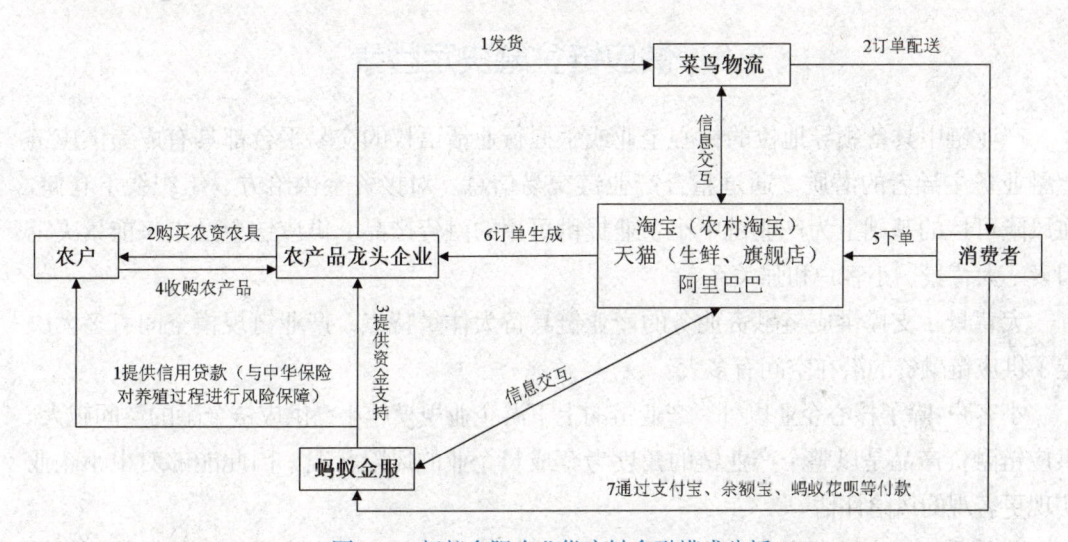

图6-4 蚂蚁金服农业供应链金融模式分析

1. 主要优势

（1）蚂蚁金服基于阿里生态圈中完善的电商平台、云计算等服务系统，能够实现农产品供应链内部资金流闭环流动。

（2）蚂蚁金服所针对的农产品龙头企业是农户生产经营、收入来源主要依托，其对农户风险的把控超过所有金融机构。蚂蚁金服以账户形势对农户授信，农户可将账户上的钱用于购买农资农具，等农产品出售后，货款优先偿还贷款。这样，三者之间形成的闭环可大大降低金融风险。

（3）没有自建物流体系的阿里，联合"三通一达"，即申通集团、圆通集团、中通集团、韵达集团等共同组建了菜鸟网络。菜鸟网络以数据为核心，通过社会化协同，打通了覆盖跨境、快递、仓配、农村、末端配送的全网物流链路，提供了大数据联通、数据赋能、数据基础产品等，为整个供应链数据信息监控提供了良好的基础。

（4）蚂蚁金服通过和中华保险合作，对农户的养殖过程进行投保，进一步降低农村信贷风险，也有利于完善农村金融服务体系，形成客户黏性。

2. 存在风险点

（1）虽然近来农村金融日益火爆，但是仍面临着农村整体信用数据缺失、农村企业融资成本高、农民资产流动性差、农民文化程度和信用意识低等问题。

（2）在供应链中，农产品龙头企业是整个供应链风险控制的关键点。但我国农业龙头企业的综合实力存在参差不齐的情况，供应链管理的经验和实力不是很强，对农户的控制力不是很强。

6.3　供应链金融决定因素

产业链中具备领导地位的核心企业或手握行业话语权的交易平台都具有成为供应链金融业务主导者的潜质，通过整合产业链交易信息、对接资金供给方、组织线下仓储，在风险可控的基础上为产业链中小企业提供可用的融资产品。供应链金融未来前景决定因素：大背景、小客户和强关系。

大背景：支撑供应链融资业务的产业链具备大体量特点，产业链规模空间有多大决定了供应链融资的潜在空间有多大。

小客户：除了核心企业以外，产业链的上下游企业规模越小，供应链金融的空间越大。供应链融资产品是以整个产业链的角度考察成员企业的风险状况，因此能够对中小企业实现更客观的风险评估。

强关系：供应链金融业务能够得以顺利运转的核心就在于资金供给方能够得到足够的信息对产业链内发生的真实交易进行风险评估。作为能够提供真实交易信息的主导企业，不管是核心企业还是交易平台，必须提供上下游中小企业的多方面的信息数据，帮助资金供给方完整的把控项目风险。因此对产业链把控能力较强的核心企业以及买卖双方黏性较强的交易平台更容易主导供应链平台的运转。

6.4　供应链金融发展过程中出现的问题

1. 信息不对称导致风险聚集

信息不对称是经济活动中经常面临的问题，但信息不对称问题在供应链金融中的危

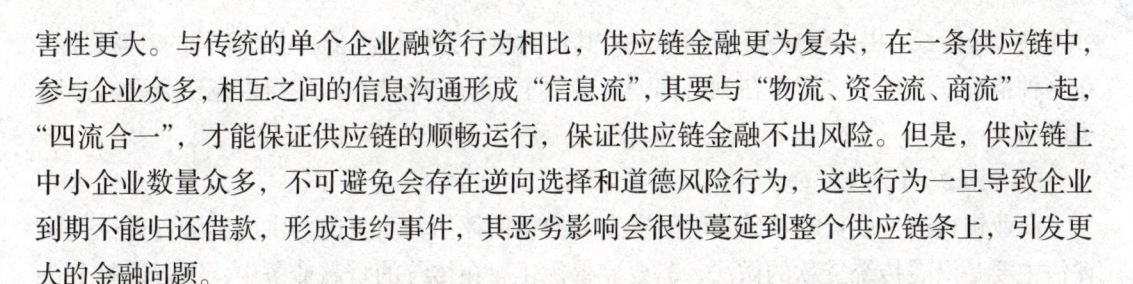

害性更大。与传统的单个企业融资行为相比，供应链金融更为复杂，在一条供应链中，参与企业众多，相互之间的信息沟通形成"信息流"，其要与"物流、资金流、商流"一起，"四流合一"，才能保证供应链的顺畅运行，保证供应链金融不出风险。但是，供应链上中小企业数量众多，不可避免会存在逆向选择和道德风险行为，这些行为一旦导致企业到期不能归还借款，形成违约事件，其恶劣影响会很快蔓延到整个供应链条上，引发更大的金融问题。

2. 核心企业认识不到位

供应链金融的发展离不开核心企业，需要核心企业为融资行为提供征信帮助，这就需要核心企业对此有深刻的认识：帮助上下游的中小企业，就是在补齐供应链的"短板"，从而提高整个供应链的市场竞争能力，最终有益于核心企业自身的发展。在此认识基础上，还需要核心企业站在战略的角度统筹考虑长期利益和短期利益，甚至牺牲部分短期利益来推动供应链金融的发展。但是，在市场竞争非常激烈的环境下，不少核心企业疲于应对市场竞争对手的挑战，并不关心供应链上其他企业的发展，有时甚至通过压榨上下游企业的利润空间来提升核心企业的盈利水平，在思想上对于供应链金融的重要性和作用认识不到位。

3. 制度环境还需进一步优化

首先，在法律法规层面缺乏良好的信贷人保护。供应链金融涉及的主要是资产支持型信贷业务，动产担保融资是需要大力开展的业务方向。目前，我国与供应链金融相关的法律主要有《物权法》《合同法》，法规有《动产抵押登记办法》《应收账款质押登记办法》等。这些法律法规并未对供应链金融作出单独、明确的规定，可操作性差。比如，在发达国家中，仓单是供应链金融一种重要载体，视为可流通的、可背书转让的有价证券。而在我国的法律安排中，对于仓单的使用、流转少有涉及。其次，在司法层面上执行不力。由于在相当长时期内，GDP是我国各级政府政绩考核的主要指标，同时还有地方维稳、就业等压力，因此，司法方面也具有中国特色，受地方党委和政府的影响和干预。当出现风险事件时，即使打赢了官司，法庭执行能力较弱，执行时间长，执行比率低。司法程序的复杂和低效率导致供应链金融的或有成本大大上升，使得金融机构在开展业务时更趋谨慎。

4. 相关利益主体存在利益偏差

供应链金融涉及的相关主体较多，从经济学"三大假设"之一的"经济人"假设出发，各自均以自身的利益最大化为目标。融资企业的主要目标是成功获取融资并尽量降低融资成本；金融机构的主要目标是在风险控制的基础上多做业务，追求盈利性、安全性、流动性三者统一，在融资决策程序、抵押担保措施方面执行严格的标准；供应链核心企业则希望尽量降低自己在融资活动中的担保责任，同时希望上下游的中小企业融资成功，补齐供应链短板，提高供应链的运行效率；其他的参与方如物流企业也有不同的利益目标。在这种情况下，各方之间存在利益偏差，导致不同的行为选择，使得供应链金融的协调难度加大。

5. 商业银行的授信评估系统须完善优化

商业银行进行放贷的基础是对融资企业的授信评估，而目前对供应链融资进行授信评估主要是沿袭传统贷款的做法，需要完善优化。在传统的贷款业务中，银行以单个企业为考察对象，根据企业的资产负债情况进行评估，核定授信规模。而在供应链金融模式下进行授信评估时，需要以整个供应链为对象，其核心是"封闭运行、钱随物走、债随钱结"，要求系统授信、综合管理、高效运行。虽然商业银行在对供应链金融进行授信评估时也是从这一原则出发，除了考察融资企业外，主要以核心企业的财务、资产状况为评价重点，但出于谨慎原则和当前法律、司法等方面的现状，其对于核心企业的还款意愿和还款能力无法充分信任。商业银行在进行供应链金融授信时，会对业务从限额、种类、企业数量等方面进行严格限制，而不是根据供应链的实际业务需要提供融资支持，使供应链融资需求无法得到满足。

6. 大宗商品价格波动幅度大，诱发违约行为

大宗商品在供应链交易中占有较大比例，也成为供应链金融需求的重要引发点。大宗商品的价格出现剧烈波动时，相关企业就可能遭受巨大损失，导致所融资金不能及时足额归还，引发违约行为。

6.5　基于大数据分析的互联网供应链金融

随着供应链运营全球化，互联网化以及信息化的发展，数据已经渗透到每一个行业和业务职能领域，业已成为一个重要的生产因素，并且海量数据可以通过多种方式产生价值，因此，对大数据的运用（using data）就成为企业获得竞争力以及供应链金融长远发展的关键。Laney（2001）指出，在数据管理中存在三个维度的挑战，即数据量大（volume）、数据类型繁多（variety）以及数据增长快（velocity）。但是一些研究者认为3V并没有完整描述大数据的特点，并在3V的基础上发展出了4V。国际数据公司（International Data Corporation，IDC）认为，大数据应该具有价值性（value），即指数据价值密度相对较低，这也就意味着数据量呈爆发式增长的同时，隐藏在数据背后的有用价值却没有成比例的增长，这就增加了我们挖掘数据价值的难度。IBM认为大数据还具有真实性（veracity），也就意味着数据分析的基础首先应该是准确的基础数据，而不是被人为篡改或是在传输过程中失真的数据。总之，如今海量（volume）、多种类型（variety）、速度快（velocity）、价值高（value）的大数据成为了企业增进绩效、推动业务创新的重要因素，这是因为大数据不但是企业为客户提供价值服务的基础，还能有效地降低供应链成本费用；另一方面，大数据还能促进企业间的信息协同，并且在供应链金融兴起的背景下，大数据分析技术也能成为企业的一种战略性资源。

6.5.1 互联网供应链金融中为什么需要数据

任何大数据的分析运用都是为了解决关键商业问题，实现商业目标（Isson & Harriott，2012），Waller 和 Fawcett（2013）就提出在大数据应用中，需要综合运用定量和定性的方法解决相关问题，并预见可能发生的结果，大规模数据分析和相应的知识的确定和分析密不可分。同样在互联网供应链金融活动中，在运用大数据进行分析之前，需要明确数据分析应用的目标，该问题的确定对于搜集什么样的数据，从哪些方面搜集、分析等都具有指导性的作用。

由于互联网供应链金融是通过各种金融性行为，包括融资，立足于多利益相关方建构的网络，来优化商业流程和经营行为，促进产业与金融的融合、产业与金融的倍增效益，因此，大数据的运用主要是为了更好地了解互联网供应链金融中关键利益方，特别是融资对象的经营能力、潜在能力和潜在风险。经营能力是了解和掌握服务对象在市场和行为中的地位以及表现出来的竞争力，供应链金融的服务对象往往不具备资金、资产和信誉，然而需要"有技术"和"有订单"，技术代表了该企业的核心竞争能力，而订单则代表了企业市场拓展的能力。总体上讲，判定企业的经营状况可以从"硬能力"和"软能力"两个方面来分析："硬能力"在理论上称为一个组织和企业的显性能力，即可以记录，无须讨论的事实性的能力；而"软能力"也可称为隐性能力，即无法明确化、需要面对面交流沟通才能传递的技能。具体来讲，组织和企业的"硬能力"包括技术、研发方面的能力（如技术、设计、工程、工艺等能力）、运营方面的能力（如生产流程、品质、组织管控、资金财务、供应管理、信息系统建设等能力）以及市场营销方面的能力（如渠道、分销、品牌、客户关系管理等能力）。"软能力"包括领导力和创新、创业方面的能力、文化建设和协调、团队建设方面的能力以及外部形象与利益相关者的协调能力等。除了经营能力外，大数据分析的另外一个重要目标是分析判断供应链中的服务对象的潜在能力，也就是说不仅仅要分析一个组织已表现出来的能力，还有关注其未来具备的能力，这就是中小企业必须具备的第三个"有"——"有理想"。这需要从动态的角度分析判断企业"硬能力"和"软能力"的培育能力和发展趋势，培育能力指的是企业采用何种手段或者路径去获得或拓展软、硬两种能力，而发展趋势则是判断企业在连续时间段内在两种能力上的发展程度。大数据分析的第三个主要目标是分析判断供应链参与主体，特别是融资对象的潜在风险。企业风险是指某一对企业目标的实现可能造成负面影响的事项发生的可能性。企业在制定和实现自己目标的过程中，会碰到各种各样的风险，需要通过大数据分析了解企业可能存在的各种负面影响因素。具体看，需要了解的风险主要有五大类：一是运营风险，是指企业在运营过程中，由于外部环境的复杂性和变动性以及主体对环境的认知能力和适应能力的有限性而导致的运营失败或使运营活动达不到预期的目标的可能性及其损失；二是资产风险，是指公司在经营过程中由于外部不确定因素、内部人为因素及相关条件导致的资产质量发生偏差，而使公司信誉、资金、收益等遭受损失的可能性；三是竞争风险，是指由于外部的因素或者企业能力不足或者失误，使得企业在竞争和经营过程中实际实现的利益与预期利益目标发生背离的可能性；四是商誉风险，是指组织目前在所有利益各方心目中的地位以及在当前环境下的运营能力和形象受到损毁；五是战略风险，是指影响整个企业的发展方向、企业文化、信息和生存能力或企业效益的各类不确定因素。上述五类风险都是互联网供应链金融有效率和有效益运行发展的威胁，因此需要借助大数据分析、了解相关主体可能存在的这五类潜在风险。

6.5.2　互联网供应链金融中需要搜集分析谁的数据

在互联网供应链金融中还需要了解搜集或者分析谁的数据。这一问题的明确对于操作数据和大数据分析目标的实现具有重要作用。"谁的数据"涉及智慧供应链流程活动中可能的参与主体，一般有如下几类：一是互联网供应链金融的受益者，或者说融资对象，这是互联网供应链金融的直接参与方，其特质和行为直接决定了该业务的风险或者成功与否。二是融资对象关联的交易对象或者合作者。在互联网供应链金融运营过程中，有时风险来源不一定是融资对象本身产生的问题，而是与其发生交易或者合作的关联组织或企业的行为。三是与焦点企业（即互联网供应链金融服务者）合作的关联服务者。在互联网供应链金融活动中，为了获取充足、低成本的资金并有效地控制风险，焦点企业有时需要与其他金融机构开展合作，诸如银行、保险公司、第三方支付平台、担保方等。然而，如果这些关联服务者产生信用缺失或者行为失当，就会直接对供应链金融产生负面影响。四是焦点企业网络平台的参与者。在智慧供应链或者网络链中有很多平台参与者，这些参与者组织起来共同为融资对象提供相应的服务，例如第三方物流、政府职能部门等，这些组织或企业的失误会直接影响供应链活动的质量，甚至导致供应链运营中断，因此，搜集和分析这类组织或企业的数据，也能保障互联网供应链金融的安全性。五是上述所有主体产生作用的环境。环境作为一种外部因素会对供应链各类参与主体产生正面或者负面的影响。

6.5.3　互联网供应链金融中需要搜集分析什么样的数据

互联网供应链金融中搜集分析的数据也需要体现准确性、一致性、及时性和完整性。

准确性指的是收集分析的数据能够切实地用于分析刻画融资对象的状况，帮助焦点企业掌握融资对象的真实能力；一致性是指数据应当具有稳定的表现形式，不会出现不同对象、不同时间、不同地域的同一信息表现形态不同的状况；及时性是指能够获得最新的数据，最及时地反映融资对象状态；完整性要求尽可能地获得各种多样性的数据，通过对这些多来源、多形态的数据进行整合分析，能够完整地刻画融资对象的全貌。为了实现上述目标，在互联网供应链金融活动中，需要关注和获取的数据主要有如下几种类型：

一是时间和空间的数据。时间数据也称时间序列或动态数据，即同一现象或数据在不同时间点或时间段的数据序列，这类数据反映了某一事物、现象等随时间的变化状态或程度，诸如融资对象连续若干时间段的信用变化、供应链所在行业的市场变化、交易商品的价值变动等。空间数据表明空间实体的形状大小或者经营主体的位置和分布特征，是一种用点、线、面以及实体等基本空间结构来表示人与人、人与物、物与物相互依存关系的数据，例如质押商品的空间位置和分布、供应链参与者的网络位置和状态等。

二是主体和客体的数据。主体指的是供应链活动中的参与者，掌握这些行为者的数据对于把握他们的能力和相互关系至关重要，这类数据涵盖了他们的资源、能力、资质、信用、偏好等各类信息。所谓客体是指行为主体的经营目的物，诸如商品、生产工具等客观存在的事物，这些目的物的信息间接反映了行为主体的能力、行业的状态或风险的大小。值得注意的是，不同的业务场景或者管理要求，相对应的主体和客体数据具有差异性，例如库存管理、运输管理或者客户/供应商关系管理中，对应的主体和客体都有其特定的数据形态。

三是要素和情感的数据。要素是供应链运营中所需要的各种社会资源，是维系供应链运行及市场生产经营过程中所必须具备的基本因素。传统的要素包括土地、劳动和资金，而在智慧供应链或网络链运营时代，新的要素包括信息、平台和知识。信息是供应链参与者信息系统的建构、管理和运营的基础和能力；平台是一种虚拟或真实的交易或服务场所，依托于这种场所，所有的供应链参与者相互作用，促进商流、物流和资金流的协同与整合；知识是概念之间的联结，是一种综合化、体系化的经验、数据和信息，它包括供应链参与者所具有的各种显性知识和隐性知识。除了要素数据之外，情感数据也是互联网供应链金融需要关注的数据类型。情感指的是态度的一部分，它与态度中的内在感受、意向具有协调一致性，是态度在生理上一种较复杂而又稳定的生理评价和体验。情感数据的价值是在一种必要的环境下对用户的行为进行回忆和分析、取出再现，以了解用户的心声，体会用户的体验。这种情感数据对于互联网供应链金融而言，往往不仅能够让焦点企业了解供应链某一参与主体当时的体验，而且还能间接知晓其行为特征和环境状态。例如对驾驶员情绪数据的分析能够让焦点企业判断承运商运输服务的质量（诸如运输安全）和成本（交通处罚、燃油使用等）。

四是单点和网络的数据。单点数据指的是某个特定的供应链参与主体发生的各类数据，包括交易数据、物流数据和资金流数据。网络数据指的是某个特定的参与方嵌入的网络或者集群数据。网络和集群对于企业会产生很多促进或者制约的作用，Porter（1998）认为产业集群通过配套产业的协同，专业化的劳动力市场、知识外溢等因素对企业的竞争力和创新产生重要的作用。因此，充分了解供应链参与者所在产业网络和集群的政策、结构、业务状态以及竞争力等，对于判断行业和企业竞争力具有重要的作用。例如，在中国不同的地域形成了各具特色的产业集群，这就需要了解该产业集群聚焦的行业或产品、产业集群的规模、国内国外市场的状态、企业之间的配套和互动、产业集群的技术能力和密集度，特定企业在集群中的位置和能力，特定企业与其他企业之间的联系方式等。

6.5.4 互联网供应链金融中需要从哪些地方获得数据

与获得什么样的数据相关联，互联网供应链金融大数据分析中还有一个重要的问题是从哪些地方获得数据。这需要考虑各种数据来源的直接和间接渠道。直接渠道是依托焦点企业与相关利益方所建构的智慧供应链或者网络链，或者公开的社会化网络和平台，借助相互之间直接发生的业务往来以及市场化行为获得相应的数据来源。这类直接渠道包括供应链运营系统、金融信贷机构和一部分关联服务组织。间接渠道是依托其他的组织或自有的网络平台，通过焦点企业的努力，借助一定的手段和途径所能获取的数据来源。这类间接渠道包括政府管理部门、经营/生活服务部门以及其他一些关联服务组织。

供应链运营系统中的组织是指供应链网络中的所有业务参与方。这类主体包括供应链上下游企业。也就是说，可以通过供应链上游供应商和下游客户获得供应链运营中的交易数据。例如，可以从供应商处获取关于原材料品种、交易的规模、交易的趋势、资金结算的方式、资金应收应付状态等数据，这类数据有助于判断供应商的资源能力或者与其交易的交易对手的资源能力。同理，从下游客户可以了解产品经营的品类、分销的状况、品牌实力、销售规模和趋势、主要的客户群等信息，从而识别出供应商的竞争力、市场开拓能力、客户维系能力等。除了上下游企业之外，第三方物流也是数据获取的重要来源，该主体数据的获取主要是为了帮助焦点企业分析物流状态和水平。例如，可以从承运商或者货代处了解经营企业的运输状态或者货运情况；从仓储企业了解经营企业的产品库龄和产品结构；从库存管理公司了解经营企业的进销存或库存周转；从港口码头了解产品进出口或者分销的结构和业务规模以及产品的去向等。

金融信贷机构主要包括商业银行、信托、财务公司、保理、小额贷款等从事资金借贷的金融机构。这些机构在与供应链参与主体进行资金借贷时往往会对目标企业进行征信或者尽职调查，这些数据的获取对于判断融资对象的能力和状态也具有非常重要的作用。这些数据包括企业在办理贷款、信用卡、担保等信贷业务时提供的信息数据。

一些关联服务组织是可以直接获得数据的主体，包括帮助供应链上下游企业开展业务的互联网服务平台，因为相关利益方需要通过该互联网平台完成交易或者物流业务，因此，互联网平台必然沉淀了相应数据。第三方支付是指具备实力和信誉保障的第三方企业和国内外的各大银行签约，为买方和卖方提供信用增强的中介平台。在银行的直接支付环节中增加第三方支付，在通过平台交易时，买方选购商品，不直接将款项打给卖方而是付给中介，中介通知卖家发货；买方收到商品后，通知付款，第三方支付将款项转至卖家账户。第三方支付往往是大数据来源的重要方面，因为供应链参与者的实力和经营状态可以通过其资金支付的状况得到反映。保险公司也是大数据来源的一方面，保险公司通过销售保险合约、提供风险保障获得相应的收益，其类型包括直接保险公司和再保险公司。从这些保险公司处获取相应的数据能够帮助了解分析业务的风险程度以及供应链参与者的市场和业务状态。

政府管理部门是监督和管理企业经营活动的公共管理机构，这些管理部门和机构往往拥有企业经营和相关的业务数据，获取这些数据对于刻画企业的经营管理能力具有很重要的作用。一般而言，这些部门机构掌握的数据包括：海关掌握的通关状态、舱单信息、外汇核销单状态、进口付汇证明、出口退税证明、出口结汇证明、深加工结转状态、商品税率、报文状态、快件状态、报关员计分、知识产权备案信息、台账状态等；国家质量监督检疫部门掌握的以组织机构代码为识别的企业的基本信息、生产许可、强制性认证等行政许可信息以及政府奖励等良好行为记录，同时也有因为产品质量监督检查不合格以及执法打假过程中违法违规的不良行为记录数据等；外汇局掌握的货物贸易、服务贸易、直接投资及一些资本项下的交易、物流、资金流，涵盖了企业的各类名录及企业在跨境结售汇方面的情况税务部门拥有的涉税数据以及工商部门和其他政府部委或职能监管部门所掌握的企业各类信息数据。

经营/生活服务部门是为企业或企业中的个体提供各类服务的机构。一般来讲，经营服务部门能够为企业提供公共服务，诸如自来水公司、电力公司、产业园区管理公司等，这些组织在提供公共产品或服务的过程中也会拥有用于刻画企业能力和状态的数据。例如，一个企业水电费的支付状态可以反映其生产经营的正常或异常。例如企业创业者或者领导者的电信支付、信用卡还款、理财和其他生活消费数据往往便于间接判断企业状态和领导者本身的品质和能力。

其他一些间接性关联服务机构属于独立的组织或者平台，需要焦点企业采取一定的合作方式来获取其所拥有的数据。这些组织机构既包括行业协会、国际/国内标准化组织、专利局等公共机构，也涵盖了例如VC等商业性企业或机构。这是因为像VC这样的组织为了实现对目标公司的风险投资、降低投资风险，会在企业的配合下对企业的历史数据和文档、管理人员的背景、市场风险、管理风险、技术风险和资金风险做全面深入的审核。所有这些信息的获取分析对于互联网供应链金融而言也是至关重要的。

6.5.5 互联网供应链金融中通过何种方法获得数据

数据获取的途径是大数据分析运用过程中很重要的一个方面，要获取相应的数据，焦点企业需要考虑和采取多样化的途径和手段。具体讲，大数据获得途径主要有：通过业务的底层化运营沉淀积累数据；通过第三方获得相应的数据；通过公关渠道获得特定数据；通过物联网以及云计算模式获得数据。

物联网（IoT）是通过射频识别（RFID+互联网）、红外感应器、全球定位系统、激光扫描仪、气体感应器等信息传感设备，按约定的协议把任何物品与互联网连接起来，进行信息交换和通信，以实现智能化识别、定位、跟踪、监控和管理的一种网络。物联网包含三项重要的技术：一是传感器技术，这是计算机应用中的关键技术，它把模拟信号转换成数字信号交由计算机处理。二是RFID标签，这也是一种传感器技术，是一种非接触式自动识别技术，主要通过射频信号自动识别目标对象并获取相关信息，无须人工干预，能够在各种状态如静止、移动甚至恶劣环境下准确识别运动物体。RFID技术具有体积小、容量大、寿命长、穿透力强、可重复使用、支持快速读写、可定位和长期追踪物品等特点。三是嵌入式系统技术，这是综合了计算机软硬件、传感器技术、集成电路技术、电子应用技术的复杂技术，它是在接收信息后将信息进行分类处理的中枢。物联网使得供应链从制造环节到分销配送，直至零售环节实现了全程数据的及时可得和可视，并且最终通过分析处理这些数据，提升供应链整体运营绩效和供应链金融决策的有效性。

云计算（cloud computing）是基于互联网的相关服务的增加、使用和交付模式，通常涉及通过互联网提供动态易扩展且经常是虚拟化的资源，其模式主要包括SaaS、PaaS和IaaS。第一层叫作IaaS（Infrastructure-as-a-Service），有时候也叫作基础设施即服务，即通过提供场外服务器、云存储和网络硬件供产业企业租用，节省硬件维护成本和场地，而产业客户企业可以在任何时候利用这些硬件来运行其应用。第二层就是PaaS（Platform as a Service，平台即服务），即在网上提供各种开发和分发应用的解决方案，比如虚拟服务器和操作系统，不仅节省了客户在硬件上的费用，而且也让分散的组织之间的合作变得更加容易。第三层也就是SaaS（Software as a Service，软件即服务），即服务商通过互联网提供软件的模式，将应用软件统一部署在自己的服务器上，客户可以根据自己的实际需求，通过互联网向服务商定购所需的应用软件服务，按定购的服务多少和时间长短向服务商支付费用，并通过互联网获得服务商提供的服务。所有这些云计算服务模式都是大数据获取或运用依托的基础，云计算服务和云应用在云平台的支撑下，让庞大的数据得以保存和处理。一方面云存储为大数据分析做准备，另一方面要挖掘到有价值的数据，这需要借助云服务和云应用的能力。

本章小结

1. 供应链金融是供应链管理的一个部分，其目的是为了使整个供应链系统成本达到最小，而为产业链环节中相对弱势的中小企业提供基于真实交易的融资服务，帮助中小企业盘活非现金流动资产，提高整个产业链的运行效率。供应链金融的本质是要实现物流、商流、资金流、信息流等的多流合一。

2. 供应链金融未来前景决定因素：大背景、小客户和强关系。大背景：支撑供应链融资业务的产业链具备大体量特点，产业链规模空间有多大，就决定了供应链融资的潜在空间有多大。小客户：除了核心企业以外，产业链的上下游企业规模越小，供应链金融的空间越大。供应链融资产品是以整个产业链的角度考察成员企业的风险状况，因此能够对中小企业实现更客观的风险评估。强关系：供应链金融业务能够得以顺利运转的核心就在于资金供给方能够得到足够的信息对产业链内发生的真实交易进行风险评估。作为能够提供真实交易信息的主导企业，不管是核心企业还是交易平台，必须提供上下游中小企业的多方面的信息数据，帮助资金供给方完整的把控项目风险。因此对产业链把控能力较强的核心企业以及买卖双方粘性较强的交易平台更容易主导供应链平台的运转。

3. 供应链金融发展过程中出现的问题：①信息不对称导致风险聚集；②核心企业认识不到位；③制度环境还需进一步优化；④相关利益主体存在利益偏差；⑤商业银行的授信评估系统须完善优化；⑥大宗商品价格波动幅度大，诱发违约行为。

4. 互联网供应链金融中需要搜集分析谁的数据：①互联网供应链金融的受益者，或者说融资对象；②融资对象关联的交易对象或者合作者；③与焦点企业（即互联网供应链金融服务者）合作的关联服务者；④焦点企业网络平台的参与者；⑤上述所有主体产生作用的环境。

5. 互联网供应链金融中需要搜集分析的数据类型：一是时间和空间的数据；二是主体和客体的数据；三是要素和情感的数据；四是单点和网络的数据。

复习思考题

1. 什么是供应链金融？
2. 供应链金融的决定因素有哪些？

3. 供应链金融在发展过程中有哪些问题?
4. 通过案例分析供应链金融模式。
5. 互联网供应链金融中需要搜集分析谁的数据?
6. 互联网供应链金融中需要搜集分析什么样的数据?
7. 互联网供应链金融中通过何种方法获得数据?

第 7 章　互联网银行

【学习目标】

通过本章的学习,了解互联网银行的界定、特点、国内外互联网银行的发展现状,理解互联网银行的核心竞争力,掌握互联网银行的差异化分析和风险特征分析。通过案例分析熟悉互联网银行的风险管控。在此基础上全面认识互联网银行存在的风险点和互联网银行的发展趋势。

7.1　互联网银行的界定

自 20 世纪末以来,互联网在全球范围内呈爆发式增长,促进各国政治、经济、文化实力快速发展,科学技术应用到了大部分人生活中。数字化经济的发展给传统银行业带来了极大的挑战,催生了互联网银行,互联网银行以一种个性化和自主性的服务方式发展,极大程度地丰富了当前银行业的产品和服务,方便了客户,也降低了银行的运作成本。

国际上对互联网银行的表达方式丰富多样,主要为 "Internet Banking" "Virtual Banking" "Electronic Banking" "Online Banking" 等。巴塞尔银行监督管理委员会认为互联网银行又称为"网络银行"或"电子银行",即通过电子化渠道提供小额银行产品销售、提供零售银行服务、提供电子支付渠道以及其他批发性银行服务等。Gomez 作为美国最著名的网络银行评价网站曾写道:一个机构如果具有类似网上个人信贷、网上支票业务、网上互动业务、网上货币数据传输、网上支票异地结算五个业务中的一种的话,该机构就可以被称作网络银行。

根据互联网银行的应用目标来看,互联网银行又称作 AAA 银行(或 3A 银行),也就是在任何时间(Anytime)、任何地点(Anywhere)、任何方式(Anyhow)为客户提供产品服务。它打破了传统形势下办理业务必须在自己工作之余抽空去银行营业网点进行办理的局限,也突破了传统银行业对业务必须明确分工并分部门独立管理的障碍,提供了存贷款业务、转账结算功能,还提供投资咨询、保险顾问等综合性服务,以互联网技术运营的过程中节省了物理网点的经营成本和客户的交易成本。

互联网银行创始人最早提出了互联网银行的概念,并且将互联网银行的想法付诸实践，通过数字信息对传统银行业进行了翻天覆地的变革，可以称作是互联网金融格局下的再造者。他把传统银行的业务和服务创新到互联网上，实现对实体银行网点不足之处的弥补，提出互联网银行与传统银行的最显著的区别在于：互联网银行挣脱了物理网点这些分行的限制，也不再将业务和服务局限于国内或当地，而是服务于全球；其次，互联网银行还具有一个非常强大的支付和业务审批平台，使客户可以足不出户，仅仅通过简单的互联网页面完成真正自主化的365天24小时的服务；最后，通过互联网技术节省物理网点的运营成本，实现真正意义上的高效率运作模式。

互联网银行是互联网金融大背景下必然产生的新兴事物，从本书的角度来看，互联网银行既是一种创新的网上银行服务系统，也是一种新型运营模式下的银行机构，主要包含以下两个层次：第一，业务概念，传统银行业在信息革命的影响下创新出来的新兴业务，主要指传统商业银行摆脱局限于物理网点的经营方式，通过互联网技术创新的网上银行业务；第二，机构概念，这种经营模式与金融的互联网技术应用相反，是互联网金融的实例，主要指那些没有实体网点，没有直接与客户面谈的客户经理以互联网渠道进行业务办理和风险管理的机构和企业，例如以阿里蚂蚁金服线下的浙江农商行和以腾讯为大股东的深圳前海微众银行。

互联网银行对银行业务模式的改变是史无前例的。全世界的银行业都在运用最新的网络技术拓展自身的业务。互联网银行使得银行可以开展跨境业务，改变战略经营行为，从而创造了新的可能。互联网技术的发展使得信息更加透明，客户可以比较各家银行所提供的服务质量，从而使金融机构的经营行为更加接近新古典经济学理论。比如，在互联网银行上，客户只需动动鼠标即可决定选择哪家银行的业务，如果客户对一家银行所提供的产品和服务不满意，则可以迅速到其他银行去寻求服务。另一方面，互联网银行的发展大大降低了银行服务成本，信息技术的发展使银行处理信息的成本大幅降低，互联网技术的发展又加速了信息的传导，这些无疑是银行发展业务中最需要的。

互联网银行的业务逻辑与传统银行业类似：导流—（大）数据—征信并授信。只不过传统银行是在线下进行，而互联网银行则是在线上进行，海量、迅捷并能覆盖长尾市场。互联网银行的核心是大数据收集与处理过程的"互联网化"（而不是日常业务办理的互联网化），如图7-1至图7-3所示。

创设场景 → 导入流量 → 大数据 → 征信并授信

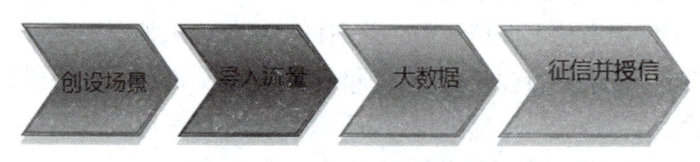

图7-1　互联网银行逻辑链

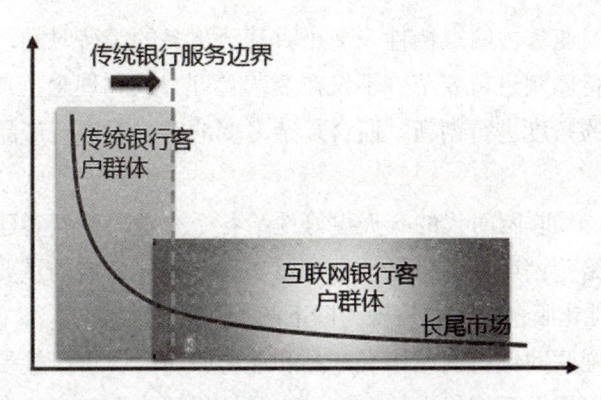

图 7-2　互联网银行和传统银行的客户群体

核心逻辑链	创设场景	导入流量	大数据	征信	授信
传统大型银行	开拓客户	账户服务	账户数据为主	传统征信为主	授信
传统小型银行	主动开拓用户	免费提供账户服务	账户数据为主	传统征信为组合（小微客户则会结合非结构化信息）	授信
互联网银行	互联网应用场景	积累客户总量和流量	各种大数据	大数据征信	授信

图 7-3　互联网银行和传统银行的逻辑内涵

7.2　互联网银行的特点

在信息技术的熏陶下，互联网银行作为新兴时代必然的产物，它以一个全新的姿态站在现代化经济体制中，并且凭借多种自身拥有的特征显著区别于传统商业银行，也正是因为这些特征吸引着更多的消费者和客户不再去实体银行营业网点排队办业务，取而代之是接受这个新型的互联网金融服务。

第一，虚拟性。与传统商业银行相比，虚拟性是互联网银行最突出的一个特征。其虚拟性主要表现为经营地点的虚拟性、经营业务的虚拟性和经营过程的虚拟性。互联网银行仅仅依托虚拟化的网址、手机 APP 客户端、二维码等渠道进行业务办理，而不再是依靠固定的人员和资金去支撑众多营业网点的运行；该银行经营的业务产品和服务也没有固定的实物形态，转而大多以数字货币、电子营销、网络服务的方式进行业务运营；它的经营过程也是依靠计算机电子数字技术连接每种业务上下游链条关系，处理机构管理方面的协调和运作，实现完全数字化的经营过程和运营模式。

第二，创新性。互联网银行从建立初期就明确要依靠科学技术，创新品牌，打造真正适合客户的产品和服务，它从产品、制度和技术三方面进行创新，并将三者有机地融为一体。对于习惯使用电脑、手机、iPAD 等通信设备的一代人来说，他们不再想为了一个 5 分钟即可办成的业务去网点牺牲一个小时甚至更多的等待时间，互联网银行正是因为这一点对旧的银行体制进行变革，不仅在经营管理方式和理念上具有创新性，更多的是不断从客户需求的角度进行创新，迎合复杂多变的客户对银行产品和服务方式的动态需求。

第三，互动性。互联网时代的今天更好地给各个企业与消费者建立了一个可以随时随地互动的平台，给营销产业带来了一个可以实现跨越式发展的重要契机，提供具有导向性和互动性的个性化服务，主要表现为以下两点：

（1）当客户在互联网银行网站接受产品和业务服务时，可以接受到一系列有关联的先后交易，用户可以根据系统提供的步骤与交易结果适当调整自己在后面交易过程中的决策，在交易过程实现了互动。

（2）在用户进行产品交易和服务时，系统通过云端对这些交易记录进行存储并计算，银行在对这些客户进行贷款审批时就可以对这些客户进行信用评级，还可以依据这些数据发现具有重要价值的客户群体。

第四，低成本、高效便捷。互联网银行的运营处理中心远离繁华的商业区，仅仅以互联网页面和 APP 客户端的方式进行业务办理，不仅仅可以节省物理网点店面租金、装修和内部硬件设备的花销，在人员配备方面的成本也大大降低，减少了银行的运营成本；另外，互联网银行以大数据和云计算为基础，对客户的数据存储和计算分析，综合评判他们的信誉，银行在对这些客户进行信贷审批后动态地监督他们的信用，减少银行的不良贷款率，降低损失和风险。互联网技术还可以通过云端上传与下载数据，减少了资料与信息搜集、传输、管理成本，深圳前海微众银行依托腾讯云，通过海量服务式架构，将成本降低了 80%。

高效便捷的服务是互联网银行的显著特点之一。从银行的角度来看，由于它依靠互联网技术进行业务办理和服务，在审批业务办理过程中将自己的信息通过网页进行存档，然后银行后台有自动和人工两种审批过程，突破了客户和经理两者时间都充足才可办理的障碍；从客户的角度来看，互联网银行具有"3A"和"即时申请、即时办理"的特点，他们不用在工作之余去挤中午吃饭时间或者周末去银行营业网点办理业务，也不用再因为下班以后银行网点也已经下班而烦恼。

7.3　国内外互联网银行的发展

7.3.1　国外互联网银行发展

从地域范围来看，全球范围内的互联网银行出现和发展速度出现了较大程度的失衡，以欧洲和北美为代表的互联网银行发展较早也相对比较成熟，亚太地区的网络银行近些年也发展迅速。

1994年4月，美国三家银行在因特网上联合成立了一家网络银行，即美国安全第一网络银行（SFNB，Security First Network Bank）。这家新型的互联网银行成为全球范围内一家典型的纯互联网银行，在得到美国联邦银行相关管理机构批准以后，通过互联网技术开展银行业务服务，展现了覆盖范围广、业务处理效率高、服务质量完善等多方面优势，并于1995年10月18日正式对公众开放。

ING Direct是美国发展最好的互联网银行，也是美国最大的网上银行，现有的传统商业银行主要利润来源是中间业务的非利差收入，而ING Direct却以最简单的方式凭借利差收入为主要盈利来源经营。它以高利息吸纳存款，以低利息发放贷款，通过"规模效应"薄利多销而获得成功，明确的客户群营销手段使其不到五年就凭借400万客户群和400亿存款资产成为美洲范围内最大的网上银行，并且还保持着每个月增加10万客户和10亿美元存款的增长速度。

虽然在欧洲大多国家都普遍存在互联网银行，但是互联网银行在北欧地区的覆盖率相对较高，其中瑞典、荷兰在2009年底普及率分别达到87%和90%，法国、德国、英国网络银行用户覆盖率为62%、58%、52%，而意大利、西班牙地区仅为24%和42%，相对比较落后。虽然各个国家发展差异较大，但总体来看欧洲现有网络用户中已经有过半用户开始使用互联网银行。

欧洲第一家纯互联网银行诞生于德国，截至目前，在德国已经有上百家纯互联网银行，以Net Bank为代表的互联网银行通过网络平台为客户免费开立活期账户，并通过此账户进行理财投资、支付结算、证券买卖等活动，区别于其他网络银行的关键要素就是着重关注中小客户弱势群体并为之服务。

7.3.2 国内互联网银行发展

第一，国内互联网银行发展历程。

回顾30年来国内互联网银行的发展历程，大致可以分为以下三个阶段：

萌芽起步阶段（1987—2000年）：上世纪末期，随着改革开放的实现，我国开启了国际大门，将互联网技术从国外引入国内，我国电子银行业务也应运而生。1987年国内第一台ATM机在广东珠海投产使用，是我国互联网银行发展的里程碑事件。招商银行行长作为互联网银行发展的领军人，凭借1996年在国内首次推出的网上金融业务——"一网通"，成为互联网银行领域第一个吃螃蟹的人；1996年，中行建立了自己的网站（bank-of-china.com）；1997年，中行开始着手开发网上银行产品；1998年3月，中行完成了国内第一笔网上银行业务；1999年，工行、农行等银行建立了第一批客服中心。在萌芽起步阶段，国内互联网银行业务市场占有率较小，客户规模有限，产品功能相对落后。

全面发展阶段（2000-2009年）：进入21世纪以来，网络经济时代的来临让互联网银行迎来全面发展的黄金时期。传统商业银行业务慢慢植入互联网技术，以网络业务的形式更快速便捷地为人们提供服务。与此同时，新一代年轻人对于QQ、网游、网购等互联网通信与软件的兴趣也促使互联网不断渗透到人们生活中，从而给银行业带来了呈几何级数增长的网银客户，非现金支付业务笔数逐年递增，网络交易量稳步增长。在全面发展阶段，银行交易总量中的电子银行系统交易量占比超过了50%，2009年，仅工、农、中、建、交五大行的网上银行个人和企业用户近1.6亿户。

结构转型阶段（2010—2018年）：十八大以来，习主席提出：中国经济现在面临改革开放以来最严峻的阶段，我们不能一味的追求经济在8%高位增长，而是以一种"新常态"方式稳定发展。在供给侧改革大背景下，大众创业万众创新成了发展的热潮，这一改革也带动了一大批互联网公司的产生与萌动。在转型阶段，互联网银行逐渐被打造成为在线交互的金融服务体系，构建多渠道融合发展，加强风险管控，创新业务种类，在真正意义上成为我们每个人的银行。

第二，国内新兴互联网银行发展历程。

从2014年银监会陆续批复了包括深圳前海微众银行、浙江网商银行、温州民商银行、上海华瑞银行和天津金城银行五家民营银行以来，通过银监会和各省市地区相关部门的商议，计划在未来推出类似的互联网民营银行试点，实现每省都有自己的一家试点银行，并提出"从最初的5家试点到30家试点，在审批条件和过程上也不是随意的，成熟一家就批复一家，不设置硬性限额。"

由此可以看出，政府已经将发展视角移到了纯互联网银行的身上，市场的自由性也决定了互联网银行产生和发展的必要性，在相当长时间内，互联网银行必然对传统银行业造成严重的冲击和挑战，互联网技术也将推动它向更高层次发展。

1. 深圳前海微众银行

微众银行作为国内第一家批复开业的民营银行，注册地在深圳前海地区，注册资本达30亿元人民币，有包括腾讯、百业源、立业集团在内的十家股东，其中腾讯占30%的份额，为微众银行最大的股东，具有在社交资源方面明显的优势，通过庞大的社交账户体系提高自身在该行业中的比较优势。

微众银行的第一款信贷产品"微粒贷"已经面向市场，备受大家关注，由于远程开户在国内还未完全经过监管部门审批，微众银行为了避免面签的障碍，在业务办理过程中选择与QQ钱包合作，从而间接达到客户身份认证的目标。"微粒贷"作为互联网信用小额贷款，大部分客户的信贷额度在5万元左右，大额的也不会超过20万元，更有效地实现"无担保、无抵押、随借随还、按日计息",微众银行也正在筹划与华夏银行、兴业银行、上海银行、东亚银行进行项目合作。

2015年1月4日,李克强总理来深圳前海微众银行考察时,微众银行完成了国内互联网银行具有开创性的第一笔贷款,一位卡车司机在总理面前敲下回车键之后拿到了3.5万元贷款。总理还提到"没有制度创新,科技创新就无从依附",并且要求微众银行在互联网金融创新发展的今天闯出一条新路子,在小微企业融资难的背景下为小贷公司、小微银行提供可以参考的发展经验。

2. 浙江网商银行

2014年5月25日,中国银监会浙江监管局对外发布了《关于浙江网商银行股份有限公司开业的批复》,正式批准以浙江蚂蚁小微金融服务集团、上海复兴工业技术发展有限公司、万向三农集团有限公司为主发起人成立的浙江网商银行可以向公众吸收存款、发放贷款、办理票据与结算、提供担保、买卖债券等业务。

网商银行作为一家基于互联网平台成立的民营银行,立足于服务小微企业,将放贷限额控制在500万元以内,决定不做"二八法则"里面处于头部的20%大客户,而是将目标集中在处于尾部的80%的小型客户身上,真正符合"长尾理论"经营模式。截止到2016年3月,其服务的小微企业数超过80万家,累计提供信贷资金450亿,不良贷款率低于1%。网商银行决定在未来5年时间内,不将营业利润看做发展目标,而是盯住客户数,中长期目标是5年内服务1000万小微企业和个人创业者。

7.4 互联网银行的差异化分析

普惠金融这个概念最早是由中国小额信贷发展网络引进而来,2005国际小额信贷年为了对会议主要内容进行宣传和推广,专门提出了普惠金融这个概念。2016年3月11日全国政协十二届四次会议分组讨论时,中国人民银行行长提到应该注重普惠金融建设,要让整个社会和所有群体享受到金融服务,并且2016年中国作为G20会议的轮值主席国,9月份的会议也要坚持一个特色议题——以普惠金融为主的绿色金融。由此可见,普惠金融已经走进了我们的生活,阳光已经从大型国企弥散到中小企业中去。

传统商业银行的互联网业务在操作上给客户带来了快捷的服务,而新兴的互联网银行摆脱了传统银行经营过程中的多个"包袱"和"累赘",凭借开放、共享、创新、平等、协作的互联网理念,在信息处理上和业务审核中都表现出效率高、贴近用户需求的特点,在效用和成本两方面都优于传统商业银行。

根据此前银监会公布的民营银行定位,阿里巴巴发起的银行定位于小存小贷,既结合了阿里的余额宝在吸揽小额资金上的优势，也考虑到阿里小贷在发放小额贷款方面积累的业务经验。"浙江网商银行"的名称突出了业务经营范围和服务定位，"网"就是依托互联网技术平台，"商"就是支持市场中客户、企业和机构在商业活动中的需求。网商银行行长提到，浙江网商银行作为国内第一家跑在"云"上的银行，依托阿里资助研发的 Ocean Base 数据库和分布式的阿里云计算技术，打造专为小微企业和消费者个人服务的互联网银行。

腾讯定位大存小贷，前海微众银行将办成以重点服务个人消费者和小微企业为特色的银行，将充分利用各个发起公司的行业优势，结合互联网提供高效和差异化的金融服务，腾讯也预期未来将与新筹建的银行在不同领域如互联网金融领域展开合作。从它的英文名"Webank"来理解，"We（我们）"体现了互联网金融的互动与共享性，旨在通过互联网技术将广大个体、企业、金融组织与政府机构联系到一起，形成一个健康良好完善的金融生态圈，通过多个参与体的共同合作和资源共享，打造一个真正属于个人和中小企业创业者的金融平台。

天津的商汇投资和华北集团上报的方案为"公存公贷"模式，只做法人业务和公司业务，上海的均瑶集团、复兴集团，浙江温州的正泰集团和华峰集团联合发起的民营银行只在特定区域展开业务，服务当地的小微企业、金融消费者。这些互联网银行降低了中小微企业贷款的申请门槛简化了申请过程和手续的繁琐程度，明确了自己的市场定位，有针对性地为自己的客户群体服务，真正将自己的经营重点投向普惠金融。但是，历史上任何一场改革都不是一帆风顺的，在众多挑战和风险围绕的环境中，互联网银行也必须加强监督管理。

7.5　互联网银行的核心竞争力

互联网银行的核心竞争力在于征信环节。互联网银行逻辑链可以概括为以下三个环节。大数据：抓住客户需求，创设应用场景，使客户在自身的平台上热烈互动，以此将大数据留存。建立大数据的基础其实就是导流，这是所有互联网企业面临的课题（不是互联网银行独有的问题）。征信：通过大数据征信技术，实现从数据到信息的质变。这一环节是互联网银行相对于普通银行的核心区别所在，也是互联网银行最大的挑战。授信：以征信信息为基础，实现海量、快速的授信，发放贷款。在已经掌握大数据的现状下，比拼的将是谁的大数据处理能力更强。换言之，征信这一环节，才是整个逻辑链中最具价值的环节，谁掌握了优异的大数据征信技术，谁就掌握了互联网银行的核心竞争力。

7.6 互联网银行经营过程风险分析

7.6.1 互联网银行风险界定

所谓风险,就是在生产过程中生产目的或生产成果的不确定性,通常表现为:生产过程中付出的成本或者影响因素的不确定性、生产结果与预期想象的结果的差异性。互联网银行风险是在传统银行的电子业务或纯互联网银行经营发展过程中存在的不确定性和挑战因素,伴随着20世纪银行的出现而产生并持续存在,并不是互联网技术催发互联网银行的产生才产生。互联网银行作为传统银行的新兴事物,不仅继承了传统商业银行业务与经营管理中的固有风险,还具有了依托互联网创新产生的新风险。

互联网银行主要以互联网为平台进行业务经营与产品服务,所以网络的虚拟性和开放性给它带来了较大的不确定性和被黑客攻击的风险,有关部门必须加强监管与风险防范措施的制定。另外,互联网银行风险还发生在远程业务申请和审批的过程中,由于以微众银行为主的纯互联网银行在国内可以通过人脸识别技术的方式进行存贷款业务办理,违背了银监会颁布的银行业务必须面签的要求,所以它们正在探索其他的途径来规避这一规定的限制,从而也导致了不同程度的风险。

7.6.2 互联网银行风险特征分析

在传统银行业的基础上建立的互联网银行具有实体银行业风险的相关特征,例如,风险的不确定性、风险的损害性等。随着互联网技术的发展,互联网银行的风险特征也在发生实质性的深刻变化,风险的复杂性、隐蔽性、传播性、危害性在进一步加强,具体来看,表现为以下几个方面:

第一,风险传播速度变快且传播规模变大。互联网银行是一个单纯在互联网平台进行业务申请和办理的机构,开设账户、资料存档、业务申请、资料复核、业务审批、信誉追踪等都是通过Internet技术来完成,基于互联网平台的业务具备网络技术即时性特征,受网络传播速度的影响,银行风险传播速度也相当惊人。网络技术的开放性使互联网银行业务备受国际贸易信贷与支付业务的青睐,当一国业务面临威胁或产生较高风险时,会以很快速度通过互联网渠道传播到其他国家,产生全球性的金融危机。

第二,风险的复杂性和破坏性变大。传统风险点的存在和新风险的产生使互联网银行的风险复杂性加大,错综复杂的风险种类给银行经营造成了更大的威胁。以物理网点为支撑的传统商业银行拥有自身的核心运营管理机制,通常是由领导层提前对部门进行划分和分工,机构间业务统一的同时又具有业务独立的特征,一旦哪个业务环节出现问题,就可以通过业务链条查到错误的源头，损失挽回较容易；但是对于互联网银行来说，当某个环节发现错误时，很难马上发现问题的源头，加上互联网处理技术的高效性，业务转瞬已经进入下一流程，甚至已经办理结束，因此损失往往是不可避免、无法挽回的。

第三，风险监管难度提高。在"互联网+"时代，越来越多的金融创新技术和手段应运产生，包括移动支付、人脸识别技术等。移动支付是通过近端支付和远程支付手段完成资金的划转和交易，信息不对称的金融市场给这些没有物理网点、以信息化为主导的互联网银行增加了监管风险难度；人脸识别技术出现在包括保险、证券、银行等多种金融机构，不仅微众银行这些纯互联网银行支付中出现了人脸识别技术，甚至连招商银行、中国邮政储蓄银行等这些传统型商业银行也将人脸识别技术植入到了新用户注册、信贷审批过程中。但是在国内，目前人脸识别技术还在内测阶段，并没有广泛的正式投入市场使用，另外，人脸识别技术对客户资料及隐私的保密方面的问题也是需要我们关注和回答的。

7.6.3 互联网银行风险产生的原因

互联网银行作为新兴企业，处于一个复杂多变的经济环境中，很多因素都能导致经营风险的发生，主要有以下几个方面：

第一，银行业本身就是一个高风险行业。银行业是整个社会货币发行、流通的核心机构，通过存贷款业务和中间业务管理居民、企业和政府的货币，也承担着兑换外币和外汇清算工作，还担任着外汇储备的管理工作，不仅在国内面临较大的利率风险，在国际上还面临着较大的汇率风险。

第二，机构重视程度不够。目前，大多银行都将焦点聚集在存款业务、贷款业务、中间业务等传统银行的核心业务上，在反洗钱管理方面往往存在较大的漏洞，给金融犯罪分子可乘之机。当系统中出现可疑支付时，银行的甄别能力不够，甚至不重视，任由可疑支付肆意滋生，威胁系统的安全性和稳定性。法律保障制度还不够健全，即使颁布了一些关于电子银行业务规范的条文制度，但是在权责划分和风险计量等层面上都还没有明晰。

第三，群众风险防范意识薄弱。在互联网技术发达的今天，不法分子纷纷将黑手投入到互联网这个平台上，仅靠国家和企业的努力是远远不够的，还需要我们每个人引起重视。就像e租宝这类没有依托的互联网金融公司一样，如果一些媒体机构可以多进行风险知识宣传，每个居民增强风险知识学习，提高风险防范意识，又何来500亿资金跑路事件呢？

第四，网络自身的虚拟性。依靠互联网平台经营发展的互联网银行与传统商业银行相比，没有了面谈的客户经理，也没有了物理网点，开户和业务申请都通过网络渠道，资金划转、账号注销、密码修改也不需要柜员经理询问理由和注明用途，在互联网页面即可轻松办理，洗钱风险明显提高。

7.7 互联网银行存在的风险点

7.7.1 传统银行的已有风险

在国内外历史上，任何一场变革都不是一帆风顺的，总要经历坎坷和曲折，都是在"错误—完善—错误—完善……"不断循环的过程中螺旋式上升并前进，互联网银行的产生与发展也不例外，尤其是在发展较晚的中国来说，存在着较多的问题和缺陷，面临着诸多挑战和风险，亟需相关部门、参与机构与个人关注和重视。

2001 年 5 月，巴塞尔委员会根据当今社会中互联网技术的升温，业务和服务不断创新给传统银行业带来的挑战，给监管部门提出了较高的要求，颁布了《电子银行风险管理原则》，提出了关于安全管控原则、信誉管理原则、法律监管原则、股东会与管理层管理原则。而以互联网技术为支撑的互联网银行存在例如法律风险、操作风险、信誉风险在内的诸多风险。

本书认为，互联网银行经营中面临的风险不是单一的，而是多种风险因素交互在一起的，并且这些因素不是固定不变，而是随着科学进步和社会发展发生动态的变化。随着消费者个人和小微企业的需求变化，每种风险对银行经营的影响程度也不尽相同，所以相关部门必须提起重视，根据风险的变化动态地提出供银行参考的政策和措施。

1. 操作风险

（1）客户使用风险

相比传统银行业，互联网银行在业务申请和操作上实行客户自助服务的模式，由于操作过程的自主性，业务风险点也发生了外移——使原来由柜员、客户经理服务的产品误导性介绍与错误性指导引发的间接风险变为客户自身操作失误或理解错误的风险，风险发生的范围更宽、控制难度也加大。具体表现为：一方面，由于互联网银行基于互联网平台的运营方式，在对客户进行业务介绍和安全教育方面往往存在较大的信息不对称性，使客户对业务产品自身的风险认知不够，对个人账号、信息密码、验证消息等方面的安全保护措施重视不够；另一方面，互联网银行经营的自主性引发的客户误操作，不管银行系统怎么完善还是难以避免，这成为了操作风险的来源。

（2）内部系统运营风险

首先，互联网业务在国内还属于新兴业务，银行业务操作人员对业务可能还不够熟悉，管理层在风险管理方面的操作和控制重视程度不高，还未形成较具体完善的内部控制机

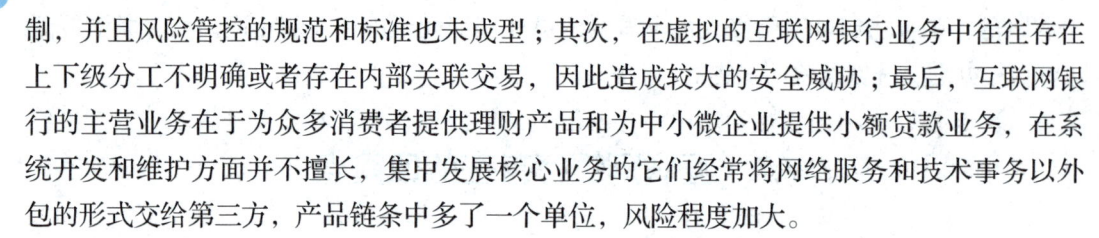

制，并且风险管控的规范和标准也未成型；其次，在虚拟的互联网银行业务中往往存在上下级分工不明确或者存在内部关联交易，因此造成较大的安全威胁；最后，互联网银行的主营业务在于为众多消费者提供理财产品和为中小微企业提供小额贷款业务，在系统开发和维护方面并不擅长，集中发展核心业务的它们经常将网络服务和技术事务以外包的形式交给第三方，产品链条中多了一个单位，风险程度加大。

（3）操作风险的案例

2010 年东风汽车在年终对账时发现，工资账目上的一亿元存款不翼而飞。经调查得知，东风汽车公司的财务人员李志勇和中信银行武汉梨园支行的客户经理潘晓翔勾结，私自将公款挪用。李志勇非法获取了东风公司全套开户资料，私自刻制了公司印章，利用盖章的资料通过社保中心分两次将 1 亿元资金挪走，通过潘晓翔获得了中信梨园支行的印章，在内部员工的帮助下伪造了存款回执，成功进行违规操作。

在这个事件中，银行的内部员工虽然不是主谋，但是他的非法操作是整个犯罪事实成立不可缺少的因素之一，银行在实体网点管理和电子业务管理上缺乏对员工操作的多重监管，管理层在管理上缺乏重视，导致风险的发生。

2. 技术风险

互联网银行面临的最重要的风险之一是技术风险，信息革命以来，信息技术已经渗透到我们生活的方方面面，在各行各业各领域都发挥了重要作用，成为减少成本、提高效率的重要手段，但是信息技术对市场经济来说又是一把双刃剑，在促进社会进步和国家发展的同时，给银行经营带来了较大的技术风险。

（1）数据库技术风险

一是操作系统风险对数据库的影响，当数据库管理员对系统进行管理和操作时，如果安全保护系数较低，会引发网络黑客对数据库系统侵入和篡改；二是数据库在信息存取时自身存在的缺陷，客户在网站上注册时如果账号和密码设置过于简单、安全保护问题过于简单或者密码与安保问题泄露不仅仅在操作上带来较大的风险，对整个数据库的安全性也造成了严重的威胁；三是数据库操作审计方面的风险，审计通常都是将主机上所有的数据和操作流程以变更的形式写成日志，日积月累日志越来越多，数据库的空间有限性又需要日常定期对日志、数据等资料整理、备份和清理，不仅影响整个系统的运营效率，也可能会因为处理不当给整个数据库系统造成较大风险。

（2）核心系统技术风险

首先是核心系统技术存在较大的漏洞。系统开发、业务拓展、内部机制管理等方面都还不够完善，存在较大的不确定性和安全隐患，系统是否存在后门、源程序是否有漏洞都是黑客等不法分子攻击的重要影响因素。其次是在经营中出现突发事件时，银行能不能有一套备用系统或者体系缓解这种情况对客户的影响，将由于系统漏洞造成的损失

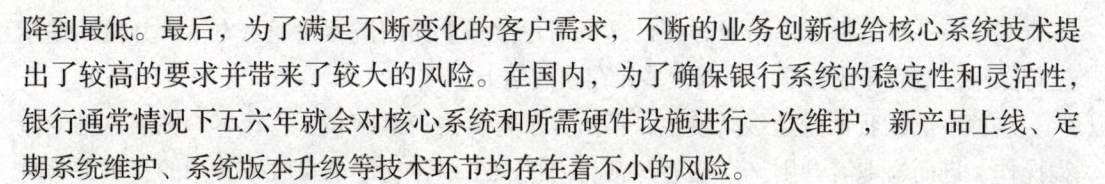

降到最低。最后，为了满足不断变化的客户需求，不断的业务创新也给核心系统技术提出了较高的要求并带来了较大的风险。在国内，为了确保银行系统的稳定性和灵活性，银行通常情况下五六年就会对核心系统和所需硬件设施进行一次维护，新产品上线、定期系统维护、系统版本升级等技术环节均存在着不小的风险。

（3）技术风险的案例

2003年，在美国，一名电脑黑客通过网络技术漏洞攻破了专门负责为商家处理万事达卡和Visa卡交易的企业计算机系统，并通过该系统获取了220万个客户的基本信息和信用卡信息；同样的情况，在日本也有发生，一名黑客曾经在网吧电脑中安装了特殊软件，对曾经使用该电脑和未来将使用该电脑登录电子银行的客户的信息和银行卡信息与密码资料进行盗取，一度获取了1600万日元的非法资金；在我国，公安部曾经在2002年破获了一起电子技术风险案件，抓获了一批利用黑客手段对网上银行系统植入"木马"程序的不法分子，不法分子盗取了多家银行的客户信息和通过第三方支付绑定的证券客户信息，通过诈骗手段获取了80多万非法资金。

这些案件都说明在科技飞速发展的今天，互联网银行系统研发和升级速度还远远跟不上市场的需求。除了加强监管，还应该引进高端技术型人才，研发可以足够保障客户基本信息和账户信息的软件，并且通过定时系统安全系数的升级与密码数据表达方式的转变等措施，切实加强核心技术建设，减小由于技术不足而带来的损失。

3. 信誉风险

信誉风险是指由于企业业务运营和管理决策出现问题，造成整个公司的信誉度下降，进而导致公司业绩和利润受到影响。信誉风险的产生来源主要有以下几个方面：一是对互联网银行业务和管理方式本身或者与第三方合作与电子交易过程的不信任；二是银行在发生突发状况后，没有及时处理或者处理不当，客户对银行业务办理和售后服务失去了信心；三是由于互联网银行整体经营不利，较低的利润和无序的管理体系使银行在公众心目中留下了较严重的负面印象；四是因为银行的操作风险和技术风险产生的链条反应给互联网银行带来的信誉风险。

网络是一个"彰恶快于扬善"的世界，舆论也具有快速传播的功能，严重的负面舆论消息会长期在客户心中留下较深的印象，即使银行之后用较大的促销来弥补之前的错误也往往是事倍功半的，极大程度的影响客户关系的维护和业务的推广，银行的信誉风险不仅使单个银行经营受影响，还会使客户对其他的银行的信心也随之下降，导致整个市场受到威胁。

2008年5月的一个晚上，某客户持储蓄卡到中国农业银行某支行ATM机取款，当所有操作完成后，发现ATM机出钞口被人用强力胶水封住，导致客户账户余额减少，取款失败。此时，取款人发现ATM机旁边贴了一张"电脑升级，如取款出现问题请及时与本行联系……"的提示，情急之下，这位用户按照上面的流程拨通了电话，并按照提示进行操作，最后导致其卡上的四万多元存款被划走。

这种事情在我们身边经常发生，不法分子冒称银行系统员工，让客户按照自己的流程操作，进而盗取客户财产。还有些银行内部员工以银行的名义收取客户的存款并声称自己通过正当途径将资金存入银行内部，其实这些资金并没有出现在银行的账目中，以上这些现象的存在和问题的发生都不可避免发给银行的名誉造成了影响，对银行的整体形象和经营业绩都是一种威胁。

4. 法律风险

法律风险是指交易过程中参与者由于各自权利义务不明确或者利益不对等，违反国家法律、行业法规、企业制度等行为带来的风险，主要表现为：

首先，互联网业务运行中的责任风险。互联网的虚拟性使交易主体在业务办理过程中，由于不了解对方的身份和交易特点，出现交易漏洞和矛盾，在法律制度和行业规章中关于互联网银行的规定较少，存在较大的空缺，所以当出现意外状况时，往往产生责任归属不明确问题。法律明确规定，客户与银行在交易过程中由于单方面操作失误或者双方违反法律规章制度，导致交易多方违背法律权利和义务关系，银行就会面临被处罚金、损失赔偿、业务限制等严重后果，使银行损失交易机会、降低收入和利润。

其次，境外业务面临的法律风险。互联网银行业务的发展模糊了地区和国别之间的界限和限制，业务和服务随着因特网蔓延到了全球，不需要商业银行开展国外网点就能办理国际业务，国内外制度和市场特征的不同在法律规章制度上对银行提出了挑战，主要表现为跨境业务申请和受理的管辖权问题、服务合约在境内外的合法性问题、业务交易信息的境内外认可度和有效性问题、语言选择的合法性问题等。在国内外业务达成协议时，世界银行的功能和作用是有限的，国与国产生业务合作时，缺少中间机构进行协商和法律仲裁，容易产生法律纠纷，存在较大的法律风险。

最后，客户信息被侵犯的法律风险。互联网银行基于的因特网技术具有公开性，使用同一个网络段的用户由于网络未加密和信息保管不当，有时候会被黑客攻击，另外银行系统的不稳定性在用户信息存档方面存在较大漏洞，所以一旦客户信息被泄露，自身安全利益被侵犯时就会对银行提起诉讼，银行将承担较严重的法律责任。目前，现有互联网银行监管部门在客户信息存档和隐私权益保障方面还没有形成一套合理的法律规章制度，从而使银行面临客户信息被窃取导致的法律风险。

近期，华夏银行北京分行一名员工以银行的名义收取北京某小区所有居民的拆迁费，并且依靠电子技术将资金转入到银行以外的某个人账面，在资金经营期间，银行对这笔资金完全不知晓，而居民也以为这笔资金流入了银行正当渠道。之后，这名员工以正规方式辞职，并且卷款潜逃，上亿元人民币蒸发。虽然表面上看银行在此期间除了没有对

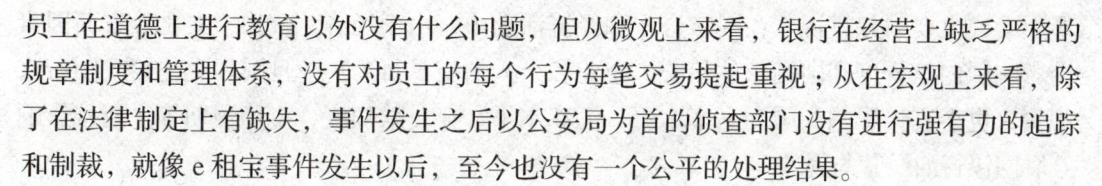

员工在道德上进行教育以外没有什么问题，但从微观上来看，银行在经营上缺乏严格的规章制度和管理体系，没有对员工的每个行为每笔交易提起重视；从在宏观上来看，除了在法律制定上有缺失，事件发生之后以公安局为首的侦查部门没有进行强有力的追踪和制裁，就像 e 租宝事件发生以后，至今也没有一个公平的处理结果。

5. 其他风险

（1）利率风险

在市场经营体系中，银行面临的最常见的风险就是利率风险，它指的是市场中利率波动给商业银行带来不确定损失的可能性。1997 年巴塞尔委员会在颁布的《利率风险管理原则》中定义利率风险为商业银行的预期收益、预期成本与实际收益、实际成本在利率波动下产生背离的可能性，导致现实成本高于预期成本，现实收益低于预期收益，在一定程度上对商业银行的经营绩效产生不利影响。P2P 行业的异军突起加速了利率市场化的进程，利率风险也同样是它的主要风险之一，对于新兴的互联网银行来说，利率波动会对银行的资产和负债匹配程度产生影响，间接对银行的资金供给和需求发生作用，最后对银行经营的资本和收益造成较大威胁。

（2）汇率风险

汇率风险是指因为汇率波动而给银行带来损失的可能性。改革开放以后，我国面向世界进行贸易往来，再加上互联网银行基于网络平台进行交易的特点，使国际性社会贸易变得更方便更畅通，互联网银行不受地域限制的特征，使得跨国业务更倾向于使用它进行国际业务往来和跨国沟通。另外，人民币加入 SDR 篮子以后，人民币成为可自由兑换并且可以储备的货币以后，汇率风险更加明显。当国际市场汇率发生变化时，实体经济可能会因为汇率波动产生资产负债的亏损，一方面，行业间的关联性和上下游关系会间接影响到互联网银行的经营；另一方面，其他企业在国际业务中受到汇率影响遭受损失时，互联网银行必须依靠自身的资金优势去弥补这些企业的亏损，对互联网银行的经营业绩带来不良影响。

（3）流动性风险

流动性风险是指由于银行存款与贷款的期限错配而给银行带来的风险。如果居民个人办理电子信用卡后，规定时间内没有进行还款，或者企业由于上下游产业链条中某一过程出现问题导致整个产业链受牵连而无法对银行信用贷款及时归还，或者政府部门重大基础设施建设项目由于不可控因素导致无法归还银行贷款等，都会影响互联网银行电子货币业务供给与需求的平衡，从而严重影响银行的业绩和未来的经营与发展，也会影响银行的整体信誉度，而信誉度降低又会带来流动性风险，形成恶性循环。

（4）国家风险

国家风险作为引起利率风险、汇率风险、流动性不足风险、信誉风险等多种风险的导火索，也要引起重视。在国家合作和经济活动中，由于经济、政治、文化等方面因素会影响国内信誉度和国民整体信心、企业和个人的交易行为，一旦国际交往给我国带来损失，也会直接影响到国内利率水平、汇率水平、存贷款额度、市场预期等，间接影响互联网银行的经营与管理。

7.7.2　互联网银行的特有风险

第一，与传统商业银行的竞争性不足。在现行"一行三会"体制下运行的金融市场中，几十年来国家多次对传统商业银行进行扶持和帮助，鼓励其在国内外与城市间进行发展和扩张，传统的人群还习惯于去网点排队办业务，出于对新鲜事物接受的滞后性原因，加上以微众银行、浙江网商银行为代表的互联网民营银行处于发展初期，在市场占有和业务发展上都处于相对不足的竞争优势。

第二，较大规模的客户群体导致风险监管不完善。微众银行全过程使用大数据信用评级系统，进行无抵押无担保的贷款，仅仅依靠"社交大数据"转变成"征信数据"进行信用记录和评级，在客户开户、信贷审批过程中使用人脸识别技术，虽然与监管部门规定的银行开户必须要面签的规则相违背，但是微众银行已通过理财通等理财产品与业务挂钩来规避这一规则的制约。腾讯虽然拥有 5 亿左右的 QQ 用户，在客户群体上具有绝对优势，但是 QQ 和微信客户群体范围较大、客户定位模糊，一旦出现信用风险，查询风险源和犯罪者的详细真实信息将像大海捞针一样困难，所以在大数据征信方面的风险也是需要关注的。

第三，在业务对接上，如何将 QQ 和微信平台上的客户真正变成能给银行带来效益的群体。腾讯在聊天工具上占据了较大的市场，QQ 的月活跃账户将近一千万户，是一个诱人的客户群体，如果能把这些腾讯聊天用户对接微众银行的业务，将给银行带来无法估计的效益。目前，微众银行的第一大股东腾讯通过旅游、购物等方式开拓个人市场，还不能像浙江网商银行一样定位一些企业，所以在客户群体的覆盖上是局限的。现在，对于一同批复的 5 家民营银行中第一家开业的微众银行来说，在已有腾讯理财通和微众银行"微粒贷"的情况下，如何开拓市场并且将现有社交群体转变成银行客户，显然是一个挑战，攻克这一难题将成为现行体制的关键。

第四，外包业务带来的第三方风险。微众银行合作的华夏银行、平安银行属于传统金融机构。由于微众银行没有实体物理网点，定位为纯互联网银行，在资产端定位互联网低端零售化人群，负债端以同业批量化为策略，建立轻资产化经营方式，当与传统商业银行建立同业授信合作时，虽然通过资源跨界共享的方式，很好地解决了目前监管部门强调的必须线下"面签"问题，但是在将一些业务外包给银行机构或者资产管理机构的同时，会由于信息不对称带来第三方风险。

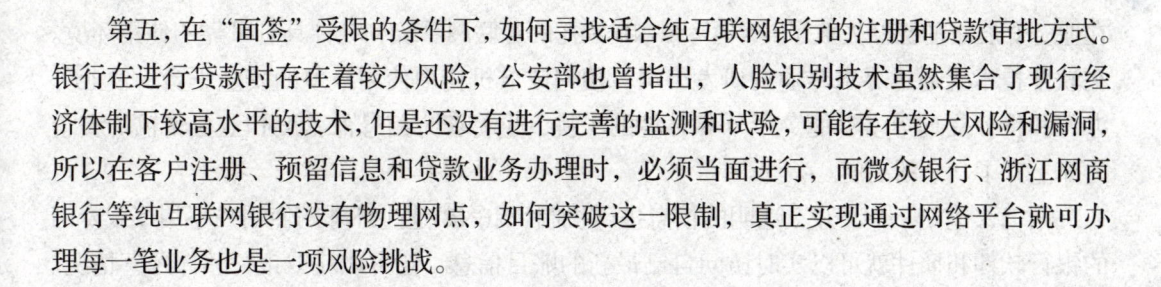

第五，在"面签"受限的条件下，如何寻找适合纯互联网银行的注册和贷款审批方式。银行在进行贷款时存在着较大风险，公安部也曾指出，人脸识别技术虽然集合了现行经济体制下较高水平的技术，但是还没有进行完善的监测和试验，可能存在较大风险和漏洞，所以在客户注册、预留信息和贷款业务办理时，必须当面进行，而微众银行、浙江网商银行等纯互联网银行没有物理网点，如何突破这一限制，真正实现通过网络平台就可办理每一笔业务也是一项风险挑战。

7.8　互联网银行风险管控案例分析

进入 20 世纪末期以来，Internet 技术渐渐在世界各国传播开来，信息技术相对发达的西方国家率先推出了互联网银行业务，随后亚洲地区才开始兴起。现在国内传统商业银行的网上业务已经发展了十几年，也经历过兴衰成败，但是纯互联网银行现在只是拿到营业执照，并没有完全对公众放开，所以对纯互联网银行风险的管控分析只着眼于有发展历史的西方国家，对我国的案例分析主要针对传统银行的网上业务，希望能对现有银行的网上业务和以微众银行为首的纯互联网银行的发展提供借鉴和参考。

7.8.1　美国安全第一网络银行

1994 年 4 月，美国三家银行在因特网上联合成立的一家网络银行，即美国安全第一网络银行（SFNB Security First Network Bank），这家新型的互联网银行成为全球范围内一家典型的纯互联网银行，在得到美国联邦银行相关管理机构批准以后，其前台业务在互联网平台展开，后台业务集中在一个地点进行，实现了覆盖范围广、业务处理效率高、服务质量完善等多方面优势，并于 1995 年 10 月 18 日正式对公众开放。

SFNB 开启了互联网银行领域的先河，通过"无风险保证"对存款人资金的安全性进行保证。在成立初期，SFNB 在供应链上游选择与 Five Paces 和 Secure Ware 公司联合，通过互联网为客户提供了一种称为环球网（WEB Invison）的技术，在短短几个月内引来了上千万人的浏览，几年内就完成了对 Newark 银行和费城 First Fidelity 银行的兼并，成为拥有 1260 亿美元资产、上千万用户的美国第六大银行，但是最终还是难逃被加拿大皇家银行金融集团收购的失败结局。

1. SFNB 的可借鉴之处

虽然 SFNB 最后以失败告终，但是它的产生与发展给我国处于萌芽期的纯互联网银行带来了可以借鉴的经验：

第一，寻求技术过硬的上游供应商。纯互联网银行的一切业务和管理都是依托 Internet 平台开展，如果没有过硬的技术和团队，就像跳水队员没有一个安全的跳板一样，在业务开展之前已经失败了一半了。SFNB 依托的互联网系统和软件具有可靠的使用环境。在软件技术上通过寻求专业的研发公司，使用政府机构中使用最多的安全平台，使业务办理和特权受理等多功能免于外界环境的干扰，也将客户信息保密度和业务传输的安全方面上升了一个新高度。

第二，建立一个公开、透明的信息披露机制。SFNB 通过环球网使用户不用下载专门的银行软件和插件就可以实时访问自己最新的账目信息，还可以获取银行整体经营情况。在"新常态"经济环境下，在大众创业万众创新的大背景中，不仅微众银行这种注册资本金低的小银行难以得到群众信任，就连发展多年的商业银行业也面临严重的信任危机，所以只有让客户清楚的明白互联网银行真正的股东构成、经营业绩、资金投向，互联网银行才能长远发展。

第三，构建完善的内部控制机构。SFNB 在银行内部管理方面有一套比较完善且严格的内部控制流程，不管是内部员工培训还是后台人员审查客户交易业务，或是在运行系统出现故障等，银行都有着相对明确的管理办法。一个企业的平台大小可能在短时间内决定不了企业未来发展，但内部管理是否清晰、健全却很关键，不管是在追求经营业绩，还是防范风险上，一个完备的内部管理机制都是必要的。

2. SFNB 存在的问题和教训

美国安全第一网络银行最终的失败给我国现有的网上银行业务和新兴纯互联网银行带来了可以参考的经验教训，由于 SFNB 没有真正考虑客户的需求并提供专业的金融服务，致使客户群体占有不足，盈利能力相对较差，最终导致失败。没有真正了解客户需求是美国安全第一银行失败最大的原因。作为一个服务性行业，我们应该始终本着"客户利益大于一切"的理念，客户需要什么，我们就提供什么，只有做好市场客户需求调查并且在人群和地区上进行明确定位，才能有秩序并有针对性的发展业务。

7.8.2 工商银行网上银行

中国工商银行成立于 1984 年，全称是中国工商银行股份有限公司，因为较好的利润收入和完善的管理体系成为世界五百强企业之一，并位居我国五大行之首，它拥有现有商业银行最大的客户群，被人们俗称为"宇宙行"。目前工行电子银行发展迅速，现有电子业务丰富（见图 7-4），截至 2017 年底客户数达 5.67 亿户，其中手机银行客户 2.82 亿户，已经有 95% 的业务量是通过以网上银行为主体的电子渠道完成的。

工商银行不仅在盈利水平上保持行业内稳定高增长水平，在风险防范上也做出了突出的效果。工行通过专业的团队和严格的风险管理体系，实现了连续 12 年不良贷款余额和不良贷款比例双降的结果，虽然近两年出现了反弹现象，2015 年上半年不良贷款率 1.4%，但是在全球银行中仍属优良水平。在此期间，工行同比多计提了 75% 和 180 亿元人民币的贷款减值准备金，为银行处理和化解风险创造了空间和条件。创新风险防控技术和手段，在集团本部组建信用风险监控中心，运用大数据技术加强风险动态监测和实时预警，累计化解潜在风险 3752 亿元。

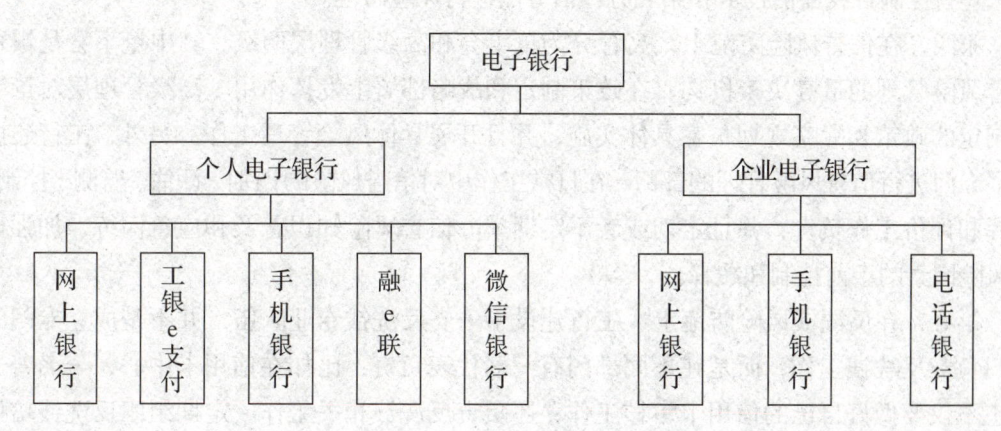

图 7-4　中国工商银行电子银行框架图

1. 工行电子银行的可借鉴之处

第一，在法律风险防范上，中国工商银行不仅紧跟国家政策的步伐，严格按照国家银行业规章制度经营与发展，在电子业务开展过程中还制定了诸如《中国工商银行电子银行章程》《中国工商银行电子银行企业客户服务协议》《中国工商银行电子银行个人客户服务协议》《中国工商银行网上收款业务服务协议》等对个人、企业两个客户主体分别进行规范管理。从客户注册、资金划转的明细说明到违规犯罪行为的处理，在电子银行高位业务运营过程中从制度层面进行严格管控。

第二，在技术风险防范上，首先，工行在网上银行客户支付过程中使用"U 盾"、动态口令卡、工银电子密码器三种方式对客户交易提供安全保障，根据客户交易数额大小划分，并选择安全可靠的支付方式，后续工行又推出了"通用 U 盾"，采用了高强度信息加密、数字认证和数字签名技术，具有不可复制性；其次，工行采用总行站点作为入口的方式，使用防火墙技术，在总行入口处共设立两道防火墙及一个安全代理服务器，并且期间都有完整的信息审理记录和人工监督控制，保障网络安全；最后，在客户密码信息加密上使用不可逆加密算法进行存储，这样不法分子侵入数据库时，即使可以获得密码字段也无法进行非法操作。

第三，在操作风险防范上，工行严格遵循银监会对操作风险的指引要求，进行"综合管理，分层控制"，由各级营销及产品部门作为操作风险控制的第一道防线，分别对经手的业务进行审核；由包括信息科技、法律事务、信贷管理、财务会计、风险管理在内的各级内控合规部门承担第二道防线职责，负责本级内业务的汇总和监督，并且建立相应的管理体系；各级内部审计部门是操作风险控制的第三道防线，以全行宏观的角度进行操作风险的审视和综合管控，明确分工，严格管控。另外，工行在全行范围内统一采用风险与控制自我评估技术和第三方评估方法进行风险防范。

第四，在信誉风险防范上，高管分为董事会和高级管理层两级，其中董事会是银行信誉风险管理的最高决策机构，在政策制定和战略部署上发挥作用；高级管理层对董事会制定的政策和战略规划负责具体实施，并且开展具体风险管理工作。另外，工行还成立了专门进行信誉风险管理的部门，在日常工作中对信誉风险的识别、评估、监测、控制、缓释和评价工作负责，并且定期或者不定期举办信誉风险知识普及和应急演练，加强声誉风险因素的事前控制和缓释。

第五，在反洗钱风险防范上，工行建设了一支反洗钱专业队伍，并不是成立专门的部门负责反洗钱工作，而是在不同部门有一名代表负责，比如在信用卡中心，一名普通员工不仅要做好自己的信用卡审核工作，还负责反洗钱相关工作。定期组织反洗钱培训和资格认证，提升反洗钱从业人员的专业素养，这样可以在多部门多角度多方位地进行反洗钱审查。另外，工行在 2014 年还修订了反洗钱客户风险分类制度，定期对洗钱类型进行分析和评估，研发涉恐融资监测模型和反洗钱监控模型，对可疑行为及时进行检查和追踪，提高可疑交易报告的情报价值。

2. 工行电子银行存在的问题及教训

2015 年 3•15 晚会上曾曝光，只要在网上买一张假冒的身份证，就可以到工商银行、农业银行、中国银行轻松办理银行卡，并且在网上购买的一套真实的身份证＋银行卡＋匹配的手机电话卡，就可以成功转移走银行卡里的所有财产。出现这样问题的原因主要有网上购物治理不严、银行客户信息存储单一、审核过程缺乏创新性等，所以银行在进行业务办理时需要创新审批手段，丰富客户信息采集方式，打破传统市场中一张身份证解决所有问题的单一局面，比如学生可以辅助审核身份证、在校证明等，社会人士可以将暂住证、房产证等与身份证挂钩，以此增加安全保障，尤其是在电子银行竞争激烈的今天，可以减小银行的经营风险。

7.9 互联网银行的发展趋势

7.9.1 创造客户价值为核心竞争力

未来银行竞争的重心集中在客户上，基于计算机中介的互联网银行由于人工交互减少，树立客户的忠诚度比吸引新客户更加重要。其一，进行客户细分，实现产品与服务的高度定制化，分类提供全方位服务。其二，提高互联网银行的网站质量和服务质量，提高客户的满意度和信任水平。提高互联网银行的网站和其物理分支机构的服务质量，并加强声誉管理，通过广告宣传产品与服务，树立良好的公司形象和业界口碑。银行需要在沟通管理上进行范式转换，通过合作项目、博客、社交网站、虚拟游戏世界以及电子邮件等在线通信渠道为消费者提供持续创新的服务，提升客户的黏度和忠诚度。就传统银行而言，目前由于用户体验意识不足，其线上产品难以摆脱网点服务的固化思维，导致产品兼容性不佳、操作缺乏人性化。与民营银行相比，国有银行更少采用互联网银行的服务模式。在互联网银行时代，传统银行应在战略选择、组织架构及企业文化上进行全方位布局和积极变革，主动与互联网合作，进而把握市场氛围并实现成功转型。

7.9.2 多业态经营拓展盈利空间

互联网的实质就是"互联互通"，实现"公司时代"到"社会时代"的转变。通过顾客价值分析实现大规模定制的时代已经到来，未来互联网银行行业内外应实现多业态经营，为客户创造全方位消费体验。为了改变传统零售银行业务模式，银行应打破传统价值创造链，为不同企业提供金融服务。其一，运用多种营销方式。充分运用大数据平台，实行利基营销、数据库营销、微营销、互动营销、关系营销等多种营销方式，对市场进行更有效的细分。记录客户偏好的动态变化，为客户提供随需而变的动态服务。其二，形成多样化联盟服务。与信息技术企业之间进行网络合作，提供综合单一租赁私人云与公共云高度整合的一站式全方位服务，在支付市场提供创新性的解决方式。就传统银行来说，应积极推进金融业务与互联网技术在市场拓展、客户服务、支付、融资、风险管理等领域的融合，形成互补互帮，共同把蛋糕做大的共赢局面。银行可出资开发构建电商大平台，为大规模创造、应用信息提供条件，也可与第三方电商平台构建战略联盟。政府监管部门协调和市场机制双管齐下，在银行之间、银行与各通信运营商之间、银行与电商之间实现互联互通。

7.9.3 加强风控管理实现可持续增长

互联网银行存在信息、交易和交流三种基本市场类型，这三种类型对于安全的要求依序逐级升高。互联网银行的特殊风险主要体现在信息科技风险、快速远程处理加速支付和清算风险的扩散以及尚未出台统一的监管法律和针对性的法律。互联网银行可使用生物认证系统，综合采用多种认证方式，如借记卡、密码以及指纹，为登录系统提供安全保障，并且减少重置密码的成本；也可运用加强版一次性密码（OTP）系统防止袭击，以及基于量子密码通信为互联网银行系统提供购买和支付的高度安全保障，防止社交、网络等资源滥用造成的互联网银行欺诈；此外，互联网银行安全认证系统应与时俱进，为智能手机和平板电脑等客户提供足够的可访问性和兼容性。对于传统银行来说，在互联网浪潮中应坚守风控底线，推进大数据技术发展与信息化银行构建，打造业务"生态圈"，建立直销银行，加强第三方机构合作，实施"大平台"战略，谋取未来竞争优势。在监管层面，应充分借鉴互联网金融监管的国际经验，做到适度监管与协调监管并重，加快互联网金融法律法规建设，完善监管规则，加强风险防范。

内部管理成本的增长成为纯互联网银行面对的主要挑战。和其他非金融网络公司类似，互联网银行虽然增长很快，但由于技术成本、人工成本、客户获取成本高于传统银行，在发展初期盈利能力较差。互联网银行必须保持基于互联网的商业模式的独特优势，继续发挥规模效应，提升盈利能力。由于互联网银行主要收入来自于非传统业务，故互联网银行应进一步拓展工商业贷款和信用卡等业务，同时将保险和证券经纪作为扩展策略，提升市场形象，以便对市场发展做出更好更快的响应。

7.9.4 全方位实现普惠金融

普惠金融应主要从公众教育和加强基础设施两方面推进。应通过对公众进行金融知识教育，促进中低收入群体使用互联网银行服务。应普及计算机基础技能教育，解决由于缺乏计算机技能而不能享受互联网银行的诸多问题。同时应当为互联网银行用户设计互联网银行教育系统（GIBES），作为计算机支持教育（CSE）的一个模块；进一步完善互联网基础设施，提高互联网普及率和宽带接入率，并提高个人网络技能。通过普及教育提高所有用户对"网络钓鱼"的认知，强化对互联网银行时代用户信息失窃的防范意识。

在"互联网+"大背景下，互联网银行业务大潮的到来是不可阻挡的，国内传统商业银行基本上都开展了网上业务，腾讯和阿里也依托自己广大的客户群开办了纯互联网银行，但是业务的开展过程中不可避免的会存在许多风险。所以，在互联网银行业务开展时，应该注意以下两方面：

从宏观层面上来看，第一，需要国家政府部门颁布专门针对电子银行业务监管的规章制度，从法律角度保障互联网业务的安全性，让电子业务实现有法可依，让犯罪分子得到严厉的制裁；第二，应该在"一行三会"金融体制下专门设立一个对传统商业银行电子业务和纯互联网银行进行监管的部门，只有这样才能真正做到以独立且专业的视角宏观审视互联网银行业务的风险点；第三，国家提高技术设施建设水平，加强技术性人才的培养，可以鼓励创新性人才培养并且加大补贴扶持力度，另外还可以多鼓励高校学生和企业技术人员出国学习，在引进先进技术的同时拉动经济增长，也带动"互联网+"

的发展。

从微观层面上来看，第一，创新安全保障系统，黑客攻击技术一般是非常高级的，银行必须定期提升系统安全系数，更新系统处理机制；第二，实行分层监管制度，银行业本身就是一个风险性非常高的行业，在监管上只有上下级管理层分级监管，明确各自的分工，从业务链条上游到下游各个环节都有特定部门进行监管，并且在风险点明确分工，才能做到整体上监管到位；第三，在风险发生之后，银行必须及时进行处理，不能让风险肆意蔓延，毕竟网络传播效应非常强大；第四，建立严格的风险评价模型，尤其是在电子信贷过程中，必须要及时的通过大数据和云计算系统进行资料存储和风险评价，将风险发现并处理在最开始阶段。

本章小结

1. 互联网银行既是一种创新的网上银行服务系统，也是一种新型运营模式下的银行机构，主要包含以下两个层次的分析：第一，业务概念，传统银行业在信息革命的影响下创新出来的新兴业务，主要指传统商业银行摆脱局限于物理网点的经营方式，通过互联网技术创新的网上银行业务；第二，机构概念，这种经营模式与金融的互联网技术应用相反，是互联网金融的实例，主要指那些没有实体网点，没有直接与客户面谈的客户经理，以互联网渠道进行业务办理和风险管理的机构和企业。

2. 互联网银行的特点：第一，虚拟性；第二，创新性；第三，互动性；第四，低成本、高效便捷。

3. 互联网银行的核心竞争力在于征信环节。

4. 互联网银行风险特征：第一，风险传播速度变快且传播规模变大。第二，风险的复杂性和破坏性变大。第三，风险监管难度提高。

5. 互联网银行的特有风险：第一，与传统商业银行的竞争性不足。第二，较大规模的客户群体导致风险监管不完善。第三，在业务对接上，如何将QQ和微信平台上的客户真正变成能给银行带来效益的群体。第四，外包业务带来的第三方风险。第五，在"面签"受限条件下，如何寻找适合纯互联网银行的注册和贷款审批方式。

复习思考题

1. 什么是互联网银行？
2. 互联网银行的特点有哪些？

3. 请分析国内外互联网银行的发展现状。
4. 互联网银行的核心竞争力是什么?
5. 互联网银行存在哪些风险点?
6. 通过案例分析如何进行互联网银行的风险管控。
7. 请分析互联网银行的发展趋势。

第 8 章　智能商业

【学习目标】

通过本章的学习，了解互联网的本质，理解数据智能、智能商业双螺旋，掌握 S2B 商业模式。

8.1　互联网的本质

互联网毫无疑问是我们这个时代最重要的一场技术革命，它从根本上改变了我们这个时代的一切。人们的生活已经离不开互联网的各项产品和技术，但实际上，互联网对商业的改造还远远没有结束。你今天听到的很多新的名词，未来很多新的现象，都是互联网一浪接一浪的持续影响。互联网的本质切入点就是联、互、网。第一个关键词：联。联就是联结，就是把人通过互联网联结起来。第二个关键词：互。互是互动，是海量的人同时互动的能力。第三个关键词：网。商业最重要的就是结网。

8.1.1　联结

互联网这个词的英文实际上对应了两个不同的词，一个是 Internet，一个是 Web。Internet 指的是把所有的机器连在一起的那些基础设施，比如路由器、光纤、电脑。如果没有 Internet 这些基础设施，我们是没有办法连在一起的。这些基础设施在过去 20 年里经历了三次大的浪潮，是最重要的底层技术革命。第一次浪潮是大家非常熟悉的 PC 互联网，也就是连接的 1.0 时代。那时通过电话拨号上网是一件非常痛苦的事，速度非常慢，连接非常不稳定。第二次浪潮是 2007 年 iPhone 上市以后带来的移动互联网革命。通过 4G 或者 WiFi 上网，手机变成了非常重要的终端，成为连接的起点。移动互联网通过类似 App Store 的方式带来了 App 的大爆炸，越来越多的知识、服务、产品可以用 App 的方法提供出来，带来了整个生态的繁荣，这就是连接的 2.0 时代。更让人充满期望和想象力的是连接的 3.0 时代，也就是物联网时代。物联网英文叫作 IoT，也就是 Internet of Things。你可能不太理解为什么大家对这件事会如此向往，我举个简单的例子——二维码。你现在可能已经有了一个习惯，到任何地方都会去看有没有二维码可以扫。无论是支付还是菜单，二维码把原来相互割裂的物理世界连接到了互联网上。任何一个物体不再是孤立的，而是成了在线的一部分，成了网络的一部分。我们期待着随着芯片和传感器的使用，物体变得智能化，可以跟人联结在同一个网络中，而整个网络的互动、沟通、协作效率将会达到前所未有的高度。

8.1.2 互动

接下来我们讲"互"，也就是互动。Internet 把人和物都连在了一起，人们可以用以前不可能的方式进行多对多的实时互动，因此产生了非常丰富的内容和体验，也就是所谓的 Web，最早被翻译成万维网的服务。随着技术的发展以及产品的不断创新，Web 其实也经历了三个阶段，我们可以把它叫做互动的三个阶段。最早的互联网 Web 1.0 阶段完成了一件事，把内容搬到了网上，使之在线化，但是没有改变互动方式，还是一对多的中央广播模式，基本上没有用户和主体间的互动。Web 1.0 时代产生了大家非常熟悉的新浪、搜狐、网易这样的门户网站。随着技术的发展，特别是移动互联网的发展，我们很快进入了互动 2.0 阶段。很多以互动为核心的企业，类似微博、Twitter、Instagram 这些以分享、社区为核心的产品产生了很大的影响力。在互动 2.0 阶段出现了一些很有趣的产品创新，大家所熟悉的其实就是"关注"。"关注"让人与人之间有了跟以往不一样的互动方式，你可以去关注你感兴趣的人，当他发信息的时候你就能接收到。所以类似微博、Twitter、Instagram 这样的产品就有了海量的用户。进一步发展就出现了互动 3.0，也就是两个所谓的 SNS（Social Networking Service）的大产品，翻译成中文就是社交网络服务，在中国的代表就是微信，在美国是 Facebook，大家可能已经完全黏在上面了。它们已经和人们的生活状态基本上融在了一起，人们每天都离不开这样的网络化服务。经过 Web 1.0 门户、Web 2.0 搜索和互动再到 Web 3.0 社交网络服务三个阶段的发展，我们可以很清楚地看到互联网怎样从连接到互动，再到今天的社交清晰的演化路径。

8.1.3 结网

第三个字"网"，结网——用网络的方式完成协同、分工和合作。因为只有连结不断发展，信息和人都在线了，人和人、人和信息之间的互动才会越来越丰富，最后交织成越来越繁密的网络，可以用更高效的方法去完成原来很难实现的事情。举一个大家都很熟悉的例子——淘宝。大家只知道在淘宝上什么东西都能买得到，性价比非常好，但海量的商品通过千万级的卖家抵达几亿的消费者手里，实际上是很多角色共同配合、实时互动才能实现的一种新零售协作方式。这其中包括大家熟悉的角色，比如卖家、物流公司；也包括大家完全感受不到的各种各样的新型角色，比如给卖家做店铺装修的、做存货管理系统的、做在线客服管理系统的；还包括网红，给网红拍照的摄影师等。这些角色都在这个平台用网络化的方式结合在一起，才形成了淘宝这样非常高效的大零售平台。

我们今天能看到的最成功的互联网公司，经常被叫作平台或者生态，但其实最后的本质都是一张非常复杂的协同网络，核心机制就是在线和互动的不断演化和深化。

所在你现在可以做的第一件事情就是看看你所在企业的产品和服务核心流程有没有在线。请记住这只是第一步，在线之后真正的考量是有没有完成跟客户的互动。

8.2 数据智能

大家可能都经历过双十一狂欢，过去 7 年，双十一的成交额屡破记录，2016 年超过了 1200 亿人民币，但是阿里巴巴的大部分人要做的事情却越来越少，甚至有越来越多的阿里同学发现那天根本无事可做。原因是什么呢？因为在这一整天里，客户该看到什么产品，他们挑选了什么产品，他们收藏夹里选了什么产品，下次他们再登陆淘宝该给他们推荐什么商品，这些过程全都由机器自动完成。2016 年 80% 的客户服务是通过机器人完成的，而不再是人工服务。

每天上亿人在淘宝挑商品、做买卖，这些个性化的服务如果都由人来完成，那么淘宝雇再多的人也无济于事。这就是我们这个时代第二个最重要的特征，由机器取代人进行决策、提供服务。过去无法靠人完成的海量服务和个性化服务现在靠机器、靠人工智能就能完成。淘宝的核心推荐引擎是人工智能，它将很多种复杂的算法糅合在一起，每天进行海量数据的自动处理，是一个庞大的机器集群。互联网最成功的几家企业本质上都是基于人工智能和大数据的。例如，你在谷歌上输入任何一个关键字，不到 1 秒的时间，它就能把全网相关的信息推送给你，这完全是超出人的想象的一种服务，只有机器才能做到。

8.2.1 未来商业会全面智能化

什么叫智能化？就是未来商业的决策会越来越多地依赖于机器，依赖于人工智能。机器将取代人，在越来越多的商业决策上扮演非常重要的角色，它能取得的效果远远超过今天人工运作带来的效果。今天人工智能的技术核心其实是机器用笨办法计算，它的所谓学习是通过概率论的方法不断地通过正反馈来优化结果，而不是像人一样去思考和学习。这种机器学习的方法必须基于海量数据的校验，必须基于算法的不断反馈的过程。所以把这个阶段人工智能带来的商业价值实现的路径叫作数据智能。

最典型的案例就是谷歌翻译。传统上我们用人的学习方法去做翻译，机器怎么都做不过人，但是过去十几年所谓的深度学习方法，其实就是机器智能的方法。通过所有的人提供海量的数据，用机器快速提高准确率，从几年前的百分之四五十，快速提升到今天的百分之九十九以上，完全能够达到商用的水平。

8.2.2 数据化、算法化和产品化

简单来说，就是要做数据化、算法化和产品化这三件事情。先讲数据化。由于互联网的存在，由于广泛的连接，淘宝其实是能够准确记录下来所有用户全部的在线行为的，而这些数据本身可以用于优化用户下一次来淘宝的体验，所以没有数据化的积累就没有后面的一切。再讲算法化。算法这个词可能一般的人听了会懵，其实讲算法之前先要讲一个概念——建模型。一个人在某个场景下会怎么决策，先要把他抽象成一个模型，然后找到一套数学的方法让它收敛，用模型去优化他的决策。最后一步才是把这个算法用计算机能够理解的程序写下来。我们还是回到历史上最出名的算法 PageRank，这个算法支撑了谷歌这个 5000 亿美金公司的起步。你上网在一个搜索框输入一个关键字，全网的信息就能按照关联度推荐给你。

怎么组织全网这个信息？怎么去理解相关性？怎么把最相关的信息推送出来？谷歌最早的创始人在斯坦福读博士的时候就想到了一种模型，这个模型根据网站跟网站之间的链接和指向，来代表这个网站的相对重要性。然后他把所有网站的链接都记录下来，这就完成了数据化。但更大的挑战是你怎么来算它的相关性？他就设计了一套算法，一套数学公式，这个相关性就是根据这个公式来推导的。由于计算能力的大发展，全网的数据通过这个数学公式马上能计算出一个结果。你输入关键字，巨大的搜索引擎（实际上它的核心就是这个算法）就能给你一个特定的结果，这就是算法起的作用。

算法要真正发生作用，离不开第三个关键的词，就是产品化，即建立产品跟客户的直接连接。这个产品就是我们刚才讲到的搜索案例，就是搜索结果页，更完整地讲是一个搜索框加上你看到的那个搜索结果。搜索结果页这个产品建立了智能引擎和用户之间互动的桥梁，你的每一次点击，例如你看了这个搜索结果之后点击了第一条或是第三条，甚至翻到了第五页，用户的行为通过数据化的方式告诉智能或引擎给出的结果相关性够不够高，智能化程度够不够高，机器再根据这个结果去优化算法，给出更好的结果。机器可以 24 小时不知疲倦地以秒级的速度更新结果，所以它的进化速度非常非常快，从一开始并不很精确，很快就能达到非常精确。

产品化是非常重要的一个环节，因为它提供了反馈闭环，而反馈闭环是任何学习的前提条件。比如说学打羽毛球，你动作对不对，一定要教练给你一个反馈，你改了以后是往正确的方向更对了，还是纠偏纠得更错了，教练要再给你一次反馈。这实际上就是学习、修正、调整、反馈。过程中你就能够学习、进步、提升，人是这么学习的，机器也是这么学习的。

通过数据算法和反馈闭环，机器就能学习，机器就能进步，机器就能拥有智能，而商业就能够实现智能化升级。对于大部分的传统企业来说，不用担心不懂算法和海量数

据计算。就像云计算，谷歌、阿里巴巴、亚马逊这些企业都在把它当做公共服务提供，所以不用去担心算法、计算，这些都会成为智能时代的基础设施。对于企业来讲，关键核心在于能不能创新地实现产品化，把核心业务流程在线化，这样数据才能被记录下来，然后在这些大互联网企业提供的算法工具包里去挑一个合适的算法。三位一体，产品提供反馈闭环，数据作为原料交给算法去处理，业务就变成了一个智能业务，就能越跑越快。

8.3 智能商业双螺旋

全世界前十大企业里面已经有五家是纯互联网企业，除了腾讯和阿里巴巴之外，还有美国的谷歌、亚马逊和 Facebook，而且市值都超过了 3000 亿美金。是什么因素推动了这五家公司在不到 20 年的时间内成为世界上最有价值的企业？如果仔细去分析背后原因的话，正是网络协同和数据智能的力量，推动了这几家企业的高速发展。

8.3.1 双轮驱动的大公司

腾讯微信的推出是社交网络的巨大成功，它把全中国的人都联在了一个网络上，已经达到了 8 亿多的用户。而 Facebook 连接全世界的使命，让它在全世界的扩张也以无与伦比的速度进行。他们的核心是在网络协同这个方向上卷入更多的人，产生更丰富的互动，带来更大的社交体验和价值。

而淘宝和谷歌其实除了在网络协同方面有比较大的发展之外，同时在数据智能方面也有很大的优势。大部分人都认为谷歌是一家搜索公司的时候，从商业的角度理解，谷歌其实是一家广告公司。谷歌 5000 亿美金的市值目前 99% 都来自于广告收入。谷歌在商业模式上的重大创新体现在两个方面，一是它所推出的精准营销的广告方式。这个精准营销的广告方式是数据智能的突破，它实现了广告价格的实时在线，通过拍卖市场来决定价格。这是市场直接实施决定价格，不是事先由刊登广告的媒体来决定它的价格。第二个非常大的突破是 AdWords，谷歌广告的另外一部分，把几百万的小网站主跟几百万的小广告主通过一个在线平台联结在了一起。这几百万的小广告主不仅仅可以在谷歌的搜索上做广告，还可以通过谷歌的广告引擎将广告投放到谷歌广告联盟的无数小网站里去。很多的小网站以前根本不可能卖广告，因为流量非常有限，但是通过谷歌这个巨大的引擎，他们也能够获得广告收入，同时解决了以前无数的小广告主没有地方投放广告的问题，因此谷歌实际上也是一个网络协同的平台。所以谷歌是一个双轮驱动的创新型企业。淘宝本质上就是一个搜索和推荐引擎，可以让你在上来的第一秒钟就能看到想看的东西，淘宝的核心驱动力也是网络协同和数据智能，双轮驱动让淘宝从一个不知名的网站变成了一个生机勃勃的、智能的生态。这些领先的企业要么是在数据智能方面，要么是在网络协同方面有很大的突破，当然，最领先的企业会把这两者有机结合在一起。

8.3.2 单轮突破的公司

如果我们把视野再放开一点，看看过去几年冒出来的新企业，比如说大家熟悉的滴滴打车，它已经是大家离不开的日常服务了。滴滴的本质是数据智能，因为它能够把用户（也就是乘客）和司机快速地匹配在一起。

美国优步在内部有过一个测试，任何人只要等待时间超过 4 分钟，就会对服务很不满意。算法可以让匹配效率越来越高，乘客等的时间越来越少，但同样重要的是司机空跑的里程也要越来越少，这样的话客户的成本也会越来越低。类似滴滴的模式之所以能够存在，是因为有移动互联网的基础。智能手机的地图 App 可以把你的位置信息清晰地通过数据化的方式在线表达出来，这才使基于算法的数据智能有了发挥的空间。

另外一家现在用得比较多的服务就是"今日头条"。当大部分人认为从新浪的门户到微博、到微信的公众账号，内容这个领域里面已经没有多少创新空间的时候，今日头条通过智能的推荐引擎，变成了一个大家都离不开的内容推送平台，取得了非常大的突破。我们可以看到，在越来越多的领域里面，无论是基于数据智能，还是基于网络协同，都能够产生领先的创新企业。

刚才讲到有五家互联网公司已经在短短的时间内突破了 3000 亿美金的市值，成为了全球领先的企业。但很有趣的是，大家再往下看下一波的企业，几乎没有在两个方面都做得很好的。你会看到有一些领先的企业，比如说优步和滴滴，也包括今日头条，是在数据智能方面取得了重大的突破。但是如果你看滴滴，它只有乘客和司机，它并不是一个有着丰富角色的多元网络，它只是完成了一个简单的事情，就是乘车。

反过来看，我们看到了另外一个现象，也有一些企业取得了很大的突破，最典型的是 Airbnb 和美团，他们完成了在线化和一些简单的互动，比如美团把中国所有你能想到的线下服务都搬上了网。Airbnb 把大家认为不可能的事情——闲置的房产放到了网上，开展出租的业务。他们走的都是协同网络扩张的路。当然，发展到一定的程度，他们也会开始用一些算法的东西，但是整体上他们还是将核心的价值体现在协同网络的扩张，让更多的人参与上。

你会发现一个很有趣的现象，单轮突破的企业，大概都是百亿美金到小百亿美金的企业，他们很难突破千亿美金这个大目标。过去几年我们讲"互联网+"，其实就是希望利用互联网技术和人工智能的技术去改造传统行业。但今天我们还没有看到多少成功的案例，这是因为在网络协同和数据智能方面，要完成在线化和数据化是个很大的挑战，也是一个最大的机会。大部分的传统行业，其实都还没有开始互联网的发展，即使是在线化都有巨大的空间。只要能完成在线化，就有可能走向互动化，最后走向小的网络结构。

所谓独角兽企业，至少都要在一个足够大的细分市场完成网络结构，而在网络协同的基础之上再加入数据智能的元素，让商业往智能化的方向去扩张，才具备百亿美金市值的 DNA。之所以说双轮驱动、网络协同和数据智能是新商业文明 DNA 是想强调：如果不在这两个方面有质的突破，在新商业的竞争中是没有生存空间的。

8.3.3　Uber 案例分析

Uber 是有史以来成长最快的公司，创立不到 6 年，估值已经攀升到 600 多亿美金。更重要的是，这家公司产生了巨大的社会示范效应。Uber 开始代指共享经济，成了最热门的词，有一段时间很多人都在说要做某某领域的 Uber。

但是在高速发展之后，Uber 碰到了很大的挑战，增长乏力。Uber 到底做对了什么，又在哪些方面有欠缺？深入地解剖 Uber 可以更好地帮助我们理解和把握新商业模式的核心要素。Uber 做对的事：数据智能。毫无疑问 Uber 是共享经济的先行者。特别是在美国，传统出租车在大部分城市受牌照的限制，供给严重不足，价格高昂，而且很多地方根本就没有出租车的服务。Uber 鼓励很多业余司机加入进来提供出行服务，释放了大量的社会闲置资源，极大提高了客户体验，带动了共享经济的发展。这是 Uber 成功的关键要素之一。但大部分人可能没有意识到，Uber 的成功很大程度上也是建立在数据智能的基础之上的。Uber 把一个传统行业改造成了一个基于数据和算法的智能商业。由于移动互联网的普及，智能手机变得极为廉价，GPS 的实时地图服务也足够准确，乘客和司机的位置可以实时在线。而云计算、人工智能、机器学习的高速发展使得实时匹配海量乘客和车辆成为可能，乘客和司机能够得到的高效和便捷远远地超出了传统出租行业。同时，由于数据智能引擎的存在还有很多创新被引进，最核心的就是市场定价。通过高峰期加价引导乘客用不同的出价方式表达自己的需求，打破了传统定价的刚性，这是非常典型的用市场化的方法解决社会问题，没有数据智能的基础是做不到的。但是近两年 Uber 的发展似乎进入了瓶颈，一方面追赶者的脚步日益迫近，同时它进入新的领域也屡遭挫折，这些都表明它正在面临一些根本性的挑战。理解这些挑战一方面可以帮助我们理解互联网时代商业模式的关键，同时更为重要的是，帮助那些想模仿 Uber 模式的创业者，对于未来的取舍有一个更清晰地认知。

Uber 忽略的事：网络效应。Uber 问题的核心在于没有真正意义上的网络效应。互联网时代价值创造最重要的源泉是网络效应。Facebook、微信都是非常典型的需求端的网络效应，用户会主动传播，帮助企业接近零成本地获取新用户；用户越多就会吸引更多的人加入这个网络，这个网络的价值自然就越来越大。如果我们认真思考 Uber 的核心优势，从经济学的角度来说，Uber 其实没有享受到多大的网络效应。它更大的价值还是来源于传统的规模经济。快速扩张供给端，吸引众多的司机到这个平台上，带来规模优势。原来被挡在专业门槛之外没有牌照的服务者，加入了市场服务提供，大大地提高了服务质量，也降低了价格。

一个重要的推论是没有网络效应，单靠规模经济是没有办法形成垄断的。那些依靠网络效应的企业，类似微信，才能够赢者通吃。如果在需求端没有网络效应，供给端的规模效应再强大，用户的转移成本依然很低。就像很多人手机上曾经装过好几个租车App，无论是滴滴、优步、神州还是易到，使用时可以随时切换。这么重要的高频应用是为了使用时的方便，获得确定性的服务，对于用户来说，多下载一个App并不算太高的成本。同时由于在波峰时期，几乎没有任何一个网络能够提供足够好的体验，所以给跟随者也留下了生存的空间。更不用说司机们，同时安装几个App，同时接单几乎是常态。这其实是说，规模经济的壁垒比网络效应的壁垒要低得多，可以使用海量资本进行密集轰炸。就像今天我们看到的，在中国即使滴滴和Uber合并了，神州依然在扩张，同时首汽约车、曹操专车等新的玩家还在不断进入。滴滴即使取得了这么大的规模优势，依然没有办法形成垄断，阻止不了新的玩家进入这个市场。

另外值得强调的一点，Uber能够如此快速扩张的根本原因之一，是打车作为一个用户场景相对简单，从简单的点切入，可以带来快速发展。但是这样一个简单的场景，同时也制约了Uber的发展，限制了它成为更加复杂的多边市场和更有生命力的生态潜力。

相对于打车，淘宝要处理的是复杂得多的商品交易。当年为了完成这个几乎不可能完成的任务，淘宝逐步地摸索出了在线支持、担保交易、信用评价、消费保证等一系列看起来不那么重要，但是实际上至关重要的知识体系。为了逐步摸索出这些服务，淘宝早期的发展速度并不算快。一直到2007年，大部分人并没有把淘宝当作一个快速发展的互联网企业。但是当这些体系一旦建立了，加上淘宝从服装等主打类目快速扩张到更多的类目，最后形成万能的淘宝概念的时候，这个平台的横向扩张能力就非常大了。所以它的年销售额会快速地从2008年的1000亿扩大到2012年的10000亿。同时由于这个横向积累是很厚实的，纵向平台也有了强大的拓展能力，淘宝逐步从零售走到广告、营销、物流、金融等新的创新领域。淘宝能有这样的广度和深度，很大程度上是由于网络自己有很大的扩张动力。不同类型的卖家聚集在一起不但可以分摊各种基础服务的成本，也能分摊获取客户的成本。淘宝的核心是商品的丰富性，不是简单的规模。而Uber上的司机也好，乘客也好，都是相当简单和同质化的角色，这样的网络是缺乏自主生长动力的。Uber在打车之外一度被寄予厚望的快递服务、送餐服务的业务扩张并不顺利，根本原因在于这不是原有网络的自然延伸，而需要靠管理者去复制在原有领域的成功。当我们把Uber跟淘宝做了一个直接的对比之后，大家就能看到商业模式DNA的重要性。淘宝作为一个协同网，是在广度跟深度上不断快速自我扩张。在这个基础之上，又加入了数据智能带来的价值，所以淘宝带动整个阿里巴巴集团快速推进到了3000亿美金的市值。但回过头来看 Uber，可以说 Uber 在短短的时间内突破到 600 亿美金的估值，核心是数据智能这个引擎在出租车这个足够大的市场瞬间得到了爆发，创造了巨大的价值。但是 Uber 这两年发展停滞，没有听到它要上市的计划，原因在于不清楚下一个价值创造的源泉是什么。

8.4　S2B 模式

C2B（Customer to Business）模式是对传统工业时代 B2C 模式的根本颠覆，是真正客户驱动的商业。企业终于可以低成本的建立和客户持续的互动，并且在这个基础之上，通过不断的运营来优化迭代给客户的服务。只有当 C2B 大规模兴起的时候，整个商务的链条才会彻底地被互联网重构。B2C 和 C2B 不是看起来简单的字母顺序颠倒，而是整个商业逻辑的改变，也是整个商业网络从传统的供应链走向网络协同的全新的基本模式。但是通过这几年的观察，我们发现，虽然 C2B 在某些行业取得了一定的进展，但是整体上还是一个离我们比较遥远的目标。很现实的问题是，目前大部分行业的信息化、数据化、网络化程度还非常低。C2B 还需要漫长的孕育阶段，目前很难直接跨到协同网络阶段。

未来的四五年应该会有一个阶段性的创新模式，这个模式叫做 S2B。这个 S 是 Supply 的意思，也就是供给平台化，所以这个 S 是大写的 S。一个大的平台会逐渐形成，但它形成的过程或者它产生的最大价值，是对非常多小的 B（Business），就是各种各样小的创业者提供支持和服务，帮助他们更好地服务他们所能影响的目标客户。S2B 更精确的提法是 S2B2C，S2B2C 概念的核心：S 和小 B 一定是同时服务 C 的；小 B 一定要自己能够持续吸引到新的 C，它不能依靠 S 提供全部的流量，小 B 自带流量才有价值。所以，S2B2C 平台的核心是，在 2C 这个领域和给小 B 赋能这个领域，都要有自己独特的价值创造，这种价值创造本身就是最重要的进入壁垒。S2B 模式有几个跟传统模式很不一样的地方。首先，这个 S 跟 B 的关系是一种赋能的关系。S 是要提供各种各样的支持，让 B 要做的事情尽可能简化，享受平台提供的很多公共服务，但同时又要让 B 发挥服务客户的能力。换句话说，S2B 的模式不是一个传统加盟模式，因为加盟有两个重要的特征：第一，它本质是一个标准化的管理过程；第二，它还要通过统一的品牌管理，尽可能地给各个小的加盟店带去流量。S2B 模式当中最重要的一点是要充分地利用小 B 的自主能动性，小 B 最好能自带流量。其实现在一般的 B 都有自己的圈子和影响范围，它其实是不需要流量的，但它需要一个好的产品、一个好的服务体系，能够把它所能触达的目标人群服务好。所以，这是未来商业模式一个很大的不同点。

以服装行业为例，服装是一个快速变化的、先导性的行业。在服装行业观察到的很多趋势，往往会在未来的两三年成为很多行业通用的趋势。杭州的四季青是一个非常典型的服装批发市场。批发原来是一个很简单的、没有多少附加值的环节。但是这两年来，前端由于网红的出现，催生了后端批发环节的升级。四季青不再是一个简单的批发市场，而是变成了帮网红整合产品和供应链平台的市场。从某种意义上讲，四季青变成了一个草根的时装发布平台。四季青的档口越来越像独立的设计室，他们培养了更好的产品设计和选择的能力。现在他们大部分的货都是只卖两个礼拜的新货，大家比的都是谁的货新、谁的货好。绝大部分的小网红只有服务好自己那个小社群的能力，你要让她形成完整的产品设计、供应链管理、物流的能力，是很难的，而四季青作为一个平台，反过来支持了众多小网红的发展。我们可以看到，类似四季青这样的批发市场升级为一个供应平台，实际上是可以支撑前面几万个小 B 去更好地服务他们的目标客户，所以他们是一个新型的生态圈。其次，还有一个很有趣的变化，随着供应平台的发展，自然而然会演化出所谓的 O2O（Online to Offline）模式。当有了统一的货源之后，支持一个线上的小 B 跟支持一个线下小 B 其实成本是差不多的。由于过去这几年电商的高速发展，传统零售被压制得很厉害，线下的价格其实压得比较低。但是现在这些小的线下店铺突然发现能够依靠给电商提供同样支持的供应平台供货支撑他们的发展。他们的服务能力一点都不比线上那些淘宝店差，因此获得了新的发展空间。

对任何一个创业者来说，未来同样有两个选择。第一，你可以选择就做一个非常开心的小 B，充分利用好你原来的资源积累，服务好你能触达的目标客户。当然前提是你要判断谁是未来的平台，谁是未来的大 S，你要借力于他超越其他小的点，让自己有一个大的发展。有眼光的人，比如说最先看到的很多线下店铺的快速扩张，就形成了一种新型的小快捷连锁服务的模式。第二，对于另一部分人来说，可能更加向往的是大 S 的定位，也就是一个新型的供应平台。新型供应平台机会的确很大，因为原有的供应链在中国的发展还是比较浅的，服务能力也比较弱。对于 S 来说，最大的挑战其实是把原来线下完成的非常多的供应链上端的行为在线化、数据化，才能够逐步提供一个柔性的、灵活的大平台去支持前端非常多的小 B 发展。现在所谓的 C2M 的模式，下一步自然会演化到 S2B 模式。而当 S2B 模式发展到足够强的时候，供应的网络协同也会大大加强，整个协同网络会从广告、零售、品牌到供应面地互联网化。传统模式要演化到 S2B 要做到以下两点：第一就是在传统的供应链环节利用网络协同的概念，形成一个大的供应平台；第二是利用这个平台去驱动前端的小 B 自主发展，突破所谓的传统加盟模式，更大地释放前端的这些 B 利用互联网触达和服务目标客户的能力。这两者的结合会创造巨大的商业价值，推动未来五年的商业大创新。

8.5　智能生态：淘宝的演化

今天的淘宝已经是一个非常复杂的生态了，是通过网络协同和数据智能双螺旋循环上升快速演变而来的。短短的 14 年，淘宝经历了三个发展阶段：2003 年创立到 2008 年是第一个阶段，从社区发展成一个电商交易的平台；2008 年到 2013 年是第二个发展阶段，从一个简单的电商平台快速演进成一个智能生态；第三个阶段是从 2013 年开始全面向移动转型之后，带来一系列的变化，包括从 2016 年开始推动新零售。

回到 2003 年的淘宝，当时是用马云的信用卡贷款买了一个特别简单的软件，建立一个网开始的。淘宝早期的核心就是一个社区，之所以后来演进成一个协同网络，跟起点或者说它的基因是社区有很大的关系。早期的淘宝卖家和各方面的参与者，包括淘宝内部的员工，都把淘宝当做自己的，愿意去建立这样一个共同体，这是淘宝能高速发展扩张成一个网络很重要的原因。淘宝的起点是社区，是在线 BBS，京东的起点是线下批发商、零售商，所以两者的演进路径是完全不一样的。

由于有了社区认同感，很多卖家愿意去分享。很多人免费做淘宝讲师，把他们的淘宝经验分享给别的卖家，这个带动了卖家的快速增长以及整体卖家服务能力的提升。随着销售越来越复杂，淘宝店铺也需要变得更加复杂更加漂亮，原来简单的结构支撑不住了。那时候淘宝其实考虑过：是不是所有店家的店铺都由我们来做，然后我们还能靠这个挣钱。但是做了一段时间以后，淘宝很快意识到：如果你要服务海量用户的话，只能提供一个最简单的基础产品，对于大部分客户所需要的个性化产品，都应该交给别人去做，你没有能力为几十万级的卖家都提供服务，如果那样的话就不是一个平台了。在店铺装修这个重要场景下，淘宝第一次有意识地开始区分什么是平台该做的，什么是"面"该让利给"点"，来促进他们发展的。淘宝很早就形成了平台做基础服务，第三方做增值服务这样一个概念。从 2003 年到 2008 年，淘宝的增长就是网络的扩张。淘宝的第一个阶段就是从社区快速演化成了一个能不断自我扩张的电商平台，核心驱动是网络协同。

当这个网络发展到一定阶段，我们就发现，它的复杂程度已经超过了人能够处理的程度。正好这个时候淘宝完成了最重要的一次数据智能升级，也就是引入了搜索。从 2008 年到 2011 年，淘宝整个流量占比快速从类目转移到了搜索。当然，淘宝能够快速完成这个搜索技术的突破，很重要的原因是在雅虎两年多的积累，阿里巴巴把雅虎（中国）搜索的整个团队、200 号技术人员和产品人员全部搬到了杭州，来支撑阿里巴巴 B2B 和淘宝的技术升级。所以当网络协同发展到一定阶段的时候，需要数据跟智能手段来协调这个网络非常复杂的交互关系。淘宝找到了效果营销竞价排名的广告模式，也就是精准广告平台，把小广告主，也就是淘宝上的小卖家和淘宝搜索的流量以及站外很多小网站的流量全部接在了一起。这样的话，淘宝卖家愿意给外面的小网站主一定的分成，只要他们带来的流量能够促使成交。实际上在数据智能的基础之上形成了新的一轮网络协同扩张，海量的小网站主变成了淘宝生态圈的外围，他们直接给淘宝导流量，分出去的钱很快就超过了百度联盟的钱。淘宝提供了一个统一的商家服务平台，各种各样的软件服务都能够在这个平台上发布。商家可以整合不同的服务商，完成自己所要的服务。现在很多大的商家往往会在这个淘宝平台上买一到两百个服务插件，大部分都是第三方服务商来提供的。而每个服务商都代表了背后不同的协同角色，通过技术的手段，淘宝把这些多元的决策更有效地连接在了一起。

网络扩张带来新一轮的角色，网络的复杂带来了关键的数据智能技术的引入，提高网络的效益。而更广大的网络又有能力去吸引更多数据智能的应用，这样在一轮一轮的扩张中，淘宝就快速演化成了今天大家所熟悉的能够交易几乎所有商品和服务的智能生态平台，在这个平台上，各物种都有自己发展生存的空间。

淘宝的案例说明：不管多大的企业其实都是从一个很小的原型发展而来的，在建立商业模型的早期阶段，无论是因为命好还是因为有远见，最早的那个商业原型的DNA是不是正确，直接影响未来发展的空间。如果不是网络协同和数据智能双螺旋驱动的大平台，很难超过千亿美金这个坎儿，DNA很重要。如果淘宝在2008年的时候迫于盈利的压力过早地去卖店铺费、上架费、会员费，陷入传统的商业模式，很可能就会抑制了后面数据智能的各种丰富运用。淘宝正是由于看到了未来需要一种新的盈利模式的可能，而且等到了相应的技术，才带来了数据智能驱动的第二轮大增长，也就是淘宝从2008年的1000亿到2012年的10000亿交易额的大爆炸。平台不是设计出来的，平台是演化出来的。给业务一个足够好的DNA和初始化条件，它有可能演化成一个平台。

本章小结

1. 互联网的本质切入点就是联、互、网。第一个关键词：联。联就是联结，就是把人通过互联网联结起来。第二个关键词：互。互是互动，是海量的人同时互动的能力。第三个关键词：网。商业最重要的是结网。

2. 什么叫智能化呢？就是未来商业的决策会越来越多地依赖于机器学习，依赖于人工智能。机器将取代人，在越来越多的商业决策上扮演非常重要的角色，它能取得的效果远远超过今天人工运作带来的效果。

3. 智能商业双螺旋是网络协同和数据智能。

4. 数据智能简单来说，就是要做数据化、算法化和产品化这三件事情。

5. S2B模式：S是Supply的意思，也就是供给平台化。一个大的平台会逐渐形成，但它形成的过程或者它产生的最大价值，是对非常多小的B（Business），就是为各种各样小的创业者提供一种支持和服务，帮助他们更好地服务他们所能影响的目标客户。

复习思考题

1. 什么是互联网的本质?
2. 互联网发展的三次浪潮是什么?
3. 什么是数据智能?
4. 如何理解数据化、算法化和产品化?
5. 什么是智能商业双螺旋?
6. 请举例分析双轮驱动和单轮驱动的公司。
7. 什么是 S2B 模式?

第 9 章 互联网征信

【学习目标】

通过本章的学习，了解互联网征信行业发展现状，理解互联网征信业务的相关概念、互联网平台的征信模式和特点、互联网征信与传统征信的异同点，通过案例分析熟悉互联网平台的征信评价。

9.1 互联网征信业务的相关概念

征信，是指某一机构对企业、事业单位等或者自然人的信用状况和有关信息进行系统采集、整理和加工，并提供给信息使用者的活动。根据业务主体的性质，征信业务可分为个人征信和企业征信两类，各国对于这两类征信公司的法律制度和监管方式一般采用完全不同的体系。个人征信机构的管理重在保护个人隐私，促进信息共享；而企业征信机构的管理则侧重于相关资格的审核和认证，以达到客观、公平的调查和评价。

互联网征信业务就是互联网技术与征信业务的结合。如同互联网金融一样，目前互联网征信业务还没有一个明确的定义。"互联网征信"一词被市场广泛提及，是在 2015 年 1 月 5 日中国人民银行发布《关于做好个人征信业务准备工作的通知》之后，通知中指出八家机构进入个人征信业务准备阶段，具有多家互联网背景的企业榜上有名。尽管此前互联网企业和互联网金融企业始终在构建信用评价体系，但它只用于提高企业用户活跃度等目的，并未形成征信产品并进行市场化运作。此次国家面向市场放开个人征信业务，将使互联网企业在原有信用体系基础上开发出市场化的征信产品，为互联网征信行业注入了一剂强心剂，促进其呈爆发式发展。

互联网金融是当代金融体系的重要组成部分，而征信是现代金融的基石，在互联网金融背景下，征信体系的完善更是改善互联网金融生态的重要方面。互联网征信业务就是利用互联网、大数据等先进的现代科学技术实现的对个人和企业信用评估的一种新型业务模式，通过网络社交、网络购物积累的数据进行云计算、数据挖掘、数据应用从而展现的全方位的信用评估手段。互联网征信业务的发展，是对我国征信体系的补充和拓展，对以传统金融机构为核心的征信模式具有一定的影响，也将对以传统征信业务为基础的金融信贷业务产生一定影响。

互联网征信以多种类、数量多、全样本的异构数据为基础，原理是从各个维度对被评估主体的行为习惯进行收集、评估，同时建立相应的信用评估模型，由此推断出被评估者的信用状况，得到信用评估的结果。互联网征信的特点在于，用于信用评估的数据不限于传统的财务类信用数据，在网络信息时代背景下，从互联网平台中获取的个人消费数据、身份特质、社交数据甚至日常行为数据等都可以纳入到征信体系中作为个人信用评估指标。互联网征信是建立在传统征信体系基础上的一种更为快速全面的征信手段，征信数据主要来源于互联网平台，服务对象主要是互联网用户，也包括互联网企业和传统企业。

互联网金融征信注重消费数据、频率和地位。不同于传统的金融业，互联网金融公司，尤其是电子商务平台，拥有自主支付渠道和积累大量数据是它们的优势所在，以此来有效、快捷地对借款人进行资信评估，并快速发放贷款。基于电子商务平台的大数据金融，就是因为掌握了用户的交易数据才能为内部的商户提供融资业务，并借助大量的网络信贷业务发展壮大，同时将平台信贷的不良率保持在较低水平。如阿里巴巴网贷，就是利用其电商平台进行信用数据征集和使用，很好地控制了商户信贷违约的风险，进而实现稳定、可观的利息收入。再如，腾讯、苏宁、京东等电子商务企业，也是利用自身电子商务平台上的客户数据开办网络小额贷款或与金融机构合作开发金融产品。另外，P2P网络平台放款人通过数据来分析、评估借款人的信用，其实也是借助互联网数据进行征信管理。除上述电商大数据金融及P2P网贷平台，数据征信还可以独立开办业务，国外专门提供数据征信服务的公司就普遍存在，它们通过搜集、挖掘、加工数据，形成信用产品出售给需要这些征信数据的公司和个人。

9.2　中国互联网征信业发展现状

随着互联网金融的发展，互联网金融参与主体对用户信息挖掘、分析、共享有着迫切的需求，互联网征信应运而生。2015年，央行印发通知，要求腾讯征信有限公司、芝麻信用管理公司、深圳前海征信中心股份有限公司、拉卡拉考拉征信、北京华道征信有限公司、鹏元征信有限公司、中诚信征信有限公司、中智诚征信有限公司共八家机构做好开展个人征信业务的准备工作，表明这些企业即将成为我国首批商业征信机构。值得关注的是，这八家机构中有五家公司有互联网背景。芝麻信用是阿里巴巴蚂蚁金服旗下的产品；腾讯征信属于腾讯集团；前海征信中心是平安集团旗下的子公司，并为陆金所的P2P开放平台提供技术支持；考拉征信是由联想控股成员企业拉卡拉联合多家知名机构组建的商户征信平台；华道征信有限公司是由深圳市上市公司银之杰科技股份有限公

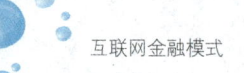

司联合北京创恒鼎盛科技有限公司、清控三联创业投资和新奥资本管理有限公司共同发起创立，这四家机构与征信业都有着直接或者上下游关系的业务。此次国家预备发放个人征信牌照，一方面是为了给阿里巴巴、腾讯这样的互联网企业一个开展征信业务的机会，拓展业务范围，丰富业务种类，另一方面也是为了融入全球发展互联网征信的浪潮，完善我国信用体系，丰富征信市场产品。这些拥有互联网背景的科技型企业为我国互联网征信的发展带来了无限的希望与可能。

2016年6月8日，央行征信管理局向各大征信机构下发了《征信业务管理办法(草稿)》，对征信机构的信息采集、整理、保存、加工、对外提供、征信产品、异议和投诉以及信息安全等征信业务的各个环节做出了规范。《草稿》强调，征信机构采集和使用个人信息应当经信息主体本人同意；个人财产性信息应当与其他个人信息相区分；鼓励征信产品应用场景的开发等。

9.3 互联网平台的征信模式

近年来，互联网应用商务化模式迅速普及，商业价值进一步提高，互联网平台是互联网产业中发展最快、影响最大、最普遍的模式之一。平台（Platform）是一种有形或无形的空间，是一种真实或虚拟的交易场所，平台本身并不生产产品，而是通过促成买方和卖方之间的交易来收取费用或赚取差价。平台涉及的关联方包括买方、卖方和平台自身，互联网平台由网络用户、互联网、相关的程序、对应的活动规则相互作用产生，也就是用户与互联网的交互。从这个定义出发，传统的商场、超市都属于平台，现在为人们所熟知的互联网平台企业有很多，比如淘宝是C2C（Consumer to Consumer）的第三方平台，为买家和卖家提供交易平台；陆金所是P2P（Peer to Peer）的网络投融资平台；新浪微博是SNS（Social Networking Services）平台，使人们可以在线上进行互动交流。平台实质上是一种第三方的中介服务，平台企业的主要特征是具有平台效应，平台的网络规模和网络外部性越大，平台中的用户越多，边际成本越低，价值越大，平台效应也就越强。

互联网平台不仅可以完成一定的功能，如购物、社交等。在用户与互联网的交互过程中，互联网平台提供了一个方便且低成本的沟通渠道，因此互联网平台的核心功能是信息沟通。由此，互联网平台衍生出信息平台、市场平台、物流平台、交易平台等功能，通过交互为用户提供了一个多功能的平台。平台征信信息主要来源于平台用户在使用平台过程中产生的行为数据，较全面地反映了用户的社会关系、消费、财务、日常活动、行为等信息，用户通过使用不同的互联网应用比如网上购物、观看视频、浏览社交网站等来满足自身需求，使互联网信息来源渠道相比于传统信用信息来源渠道更加丰富多样。

互联网征信即依托互联网服务平台来进行征信活动，目前互联网平台征信已经初步形成了三种模式：电子商务平台征信、第三方支付平台征信和网络借贷平台征信。

1. 电子商务平台征信。

我国电子商务平台从2006年开始就进入了高速发展期，并且交易额增长率一直保持着快速上升的势头。作为国内最大的直营类电商网站，京东是利用自身电子商务平台开展征信活动的企业之一。京东于2015年6月26日宣布投资Zest Finance，同时宣布成立名为JD – Zest Finance Gaia的合资公司，利用电子商务平台中的购物数据结合Zest Finance的技术，构建自有的互联网大数据征信模型和数据库。数据库和信用模型将首先应用于京东自身的京东消费金融体系，即京东消费金融的核心信用消费产品——京东白条，同时，京东还表示，在技术成熟后会将这项技术分享给征信行业的合作伙伴，共同开拓国内信用消费市场。

2. 第三方支付平台征信。

拉卡拉信用采用的模式是基于第三方支付平台的征信模式，第三方支付指通过与银行签约，利用银行卡和虚拟账户等网上支付工具与银行支付结算系统相衔接，第三方支付征信的优势在于公司可以监控用户在各家银行的每笔交易。第三方支付平台作为互联网金融领域的开拓者，最早开始给传统金融带来改变，平台依靠运营多年累积的数据和资源进行征信业务的延伸，具有一定的优势。随着移动互联网和移动支付技术的推广和广泛应用，第三方支付的规模也出现了快速增长，可以预见，第三方支付平台征信蕴藏着巨大的潜力。

3. 网络借贷平台征信。

前海征信是网络借贷平台征信的典型代表，网络借贷平台即P2P网贷平台，借助互联网信息技术的支持，P2P网贷得到了快速的发展，在资金融通中发挥了重要的作用。近两三年来，我国的P2P网络借贷平台迅速发展起来，截止到2014年底，提供网络借贷服务的网站达到1500家，但P2P平台跑路的消息也络绎不绝的传出，特别是在e租宝这一负面消息爆炸式散播后，舆论对P2P行业几乎形成了一边倒的负面评论，P2P行业面临着混乱的现状。P2P平台出现问题的很大原因是风险控制措施不到位，建立网络借贷平台征信将有效解决此类问题，征信系统的建立可以使借款人的信用信息得到共享，确认借款人的身份，合理评估借款人的还款能力。此外，通过负面信息的共享，可以对违约行为进行预警和惩戒，引领P2P行业向更正规的方向发展。

9.4 互联网平台征信的特点

1. **信用信息数据量大、种类多、价值密度低、更新快**

互联网数据在大数据的范畴内，因此拥有大数据的四个基本特征。大数据时代，高度发达的网络技术不断更改着数据的计量单位，从 PB 到 EB 到 ZB，目前互联网上的数据量仍保持着 50% 的年增长率，每两年数据量就会翻一番。在网络信息时代，信息数据不仅数量多，类型也纷繁复杂，不仅包括文本资料形式的结构化数据，也包括视频、图片等半结构和非结构数据。这些信息数据虽然蕴藏着巨大的价值，但由于数据规模巨大，所以数据的价值密度较低，因此需要先进的算法来挖掘数据的价值。在如此海量的数据中，数据更新频率大大增加，处理数据的效率成了互联网征信企业存亡的关键。大型互联网公司拥有个人和传统金融机构缺失的互联网原始信息，同时也掌握着先进的大规模收集、处理数据的技术，那些掌握着更多互联网原始信息同时拥有强大信息数据处理能力的互联网公司，无疑在互联网平台征信中拥有着不可比拟的优势，加之对评分模型和征信产品的创新，可引领行业发展。

2. **信用信息采集和处理成本低、时效性强**

随着征信对象数量的增加，传统征信手段的成本也随之不断上升。利用互联网平台采集信用信息几乎可以实现零成本。互联网平台具有环境透明、信息共享的特点，交易网络在运行的过程中直接产生和传播了有关信息，数据库在自动完成对信用信息的征集收录后，模型自动对信用信息进行分析。成本只包括前期设备购置和模型建立的费用，而且成本不会随征信对象数量的增加而产生明显的变化。大数据技术为征信提供了实时的数据，用户的行为特征可以通过网络反映出来，确保了数据质量的可靠性和数据内容的新鲜度，及时更新的数据提高了征信的效率，实时反映了用户的真实信用水平。

3. **信息处理难度大，技术要求高**

互联网平台虽然通过各种各样的产品和服务获取到了大量的多元化数据，但对这些海量信息进行标准化排序，将碎片化、难以量化的"软信息"转化为可量化、可传播的"硬信息"，从而挖掘出有价值的信息，考验了互联网征信企业的技术水平。

4. **征信结果应用范围广**

互联网征信模式多维度的信息数据来源决定了其征信产品多维的应用场景。传统征信体系中无论是征信数据来源还是结果应用都多局限于金融领域，而互联网平台的征信在生活领域有着更广泛的应用，从租车、租房、婚恋到银行、消费金融、P2P 等领域，互联网征信的信用产品可以渗透社会生活的各个方面。

9.5 互联网征信与传统征信的比较

1. 互联网征信相对于传统征信提供了更精确的风险定价

由于互联网征信的评估模型包含了更多的信息，使用了新型信用评级模型，能够更加准确的测量信用风险，进一步提高了信贷产品风险定价的精确度，从而降低了借贷中的交易成本，提高了资金的使用效率。另外，来源于互联网平台的数据更加真实可靠，例如第三方支付平台可以记录被评估者的每笔交易，杜绝了收入造假的可能性；电子商务平台中提供的收货地址准确记录了被评估者的租、住房条件，较传统信用数据具有更大的真实性。据相关数据显示，截至2015年上半年，阿里小贷贷款余额已经超过了4000亿，服务的小微企业超过了140万家，单笔贷款成本仅为2元左右，而传统的信贷，如银行信贷操作成本每笔达2000元左右。另外，与银行中小微企业2%的不良贷款率相比，阿里小微信贷仅有着1%左右的坏账率，可见互联网征信能够更加准确地识别信用风险。

2. 互联网征信与传统征信的服务对象不同

互联网征信机构多将目标市场定位于小额信贷和零售业务，面向小微企业和没有信用记录的个人提供征信服务，而央行征信系统面对的是大型企业和有信贷记录的个人，二者有着不同的服务对象。因而在覆盖人群方面，互联网征信较传统征信覆盖范围更广，为市场提供了多元化、多层次的征信服务。在征信产品方面，互联网征信体系与央行征信体系形成了互补关系，为更多的小微企业和个人建立起了信用档案，满足了信贷市场多层次的需求，与互联网金融的普惠理念相一致。

3. 互联网征信与传统征信的评价标准侧重点不同

传统征信更注重被评估者的资产债务水平和还款能力，根据被评估者的经济状况和历史信用记录对其信用状况进行评估，互联网征信则不拘泥于个人的财务数据，信用评估数据还包含被评估者的社交行为、消费偏好、交友情况等，具有非常强的社会性，能够更加全面的评估个人的身份特性。由于传统征信信用信息要求的局限性，相当一部分人因为没有信贷记录而无法进行信用评估，对利用新型征信方式开拓更多市场的需求十分迫切，互联网征信的替代数据评分成功地解决了此类问题。

9.6 互联网平台的征信案例分析：以芝麻信用为例

本文以阿里集团为例介绍互联网平台征信的模式，阿里集团是我国最具影响力的互联网企业之一，阿里巴巴已经拥有了8000万企业用户和5亿多消费用户，有着丰富的用户基础。阿里巴巴是我国互联网公司的第一批探索者，其发展历程代表了我国电子商务的发展。一直以来，阿里巴巴用前瞻性的战略和持续的创新能力发展布局，以电商为平台横向发展，用电子商务支付向金融领域发展，用累积近十年的交易数据和客户信息来拓展征信业务、获取数据价值，如图9-1所示。

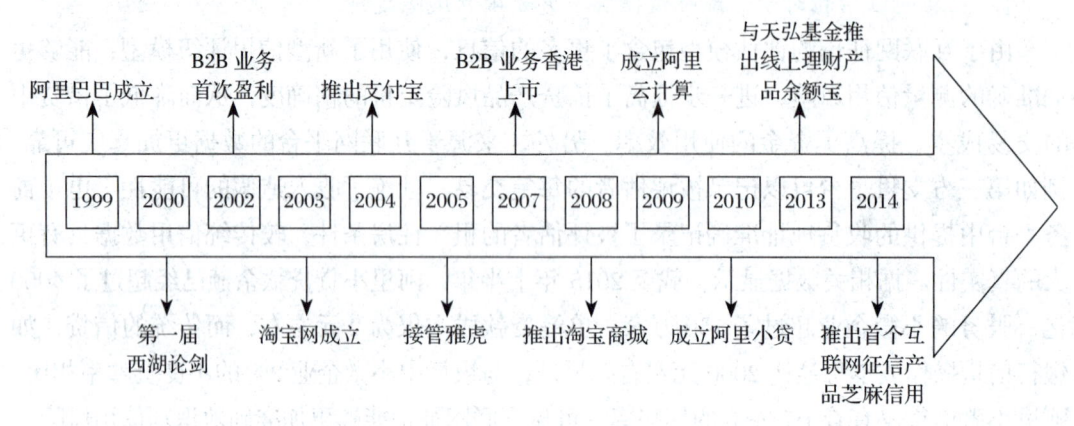

图 9-1　阿里巴巴发展历程示意图

9.6.1　芝麻信用

1. 芝麻信用概述

2014年，央行批准八家机构开展个人征信业务，阿里集团在逐步积累了海量数据和大数据技术被广泛应用的背景下，试图将这些平台上积累的数据应用于互联网征信领域。阿里巴巴集团旗下蚂蚁金服的独立第三方征信机构芝麻信用管理有限公司于2015年1月推出了国内首个个人征信产品——芝麻信用。

芝麻信用是在大数据和云计算技术的支持下，通过电脑处理包括互联网行为数据在内的多维度的因子和数据，使用复杂模型综合计算得出的，用分数来直接反映用户的信用风险水平。分数越离，代表信用风险越低。在评分模式上，芝麻信用采用的是FICO评分体系，评估得出的信用分数区间在350到950之间，用户的芝麻分可以通过打开支付宝钱包App或者通过与芝麻信用合作商户的网页查看，见表9-1，在未经用户允许的情况下，芝麻信用公司不会向其他人或机构透露用户的信用信息。芝麻信用试图通过自己设计的信用评估模型推算出用户的信用状况，为授信方提供征信数据，给金融交易营造一个有信用保障的交易环境。

表 9-1　芝麻信用分信用级别

得分区间	350–550	550–600	600–650	650–700	700–950
信用程序	较差	中等	良好	优秀	极好

2. 芝麻信用数据来源及分类

芝麻分根据五个维度综合评估而来，这五个维度分别是用户的身份特质、行为偏好、人脉关系、信用历史和履约能力。芝麻信用的数据主要来自三个方面，首先大部分数据是来自于阿里集团平台上自有的数据，如用户的消费、交易记录等；第二部分是来自于公开的数据和软信息，这部分信息主要来自于公共部门、金融机构、各大搜索引擎和社交平台；还有一部分数据来自于网上银行、社保信息、缴费记录等。阿里通过与众多企业及政府机构合作取得数据，保证了数据的全面性，如图9-2所示。

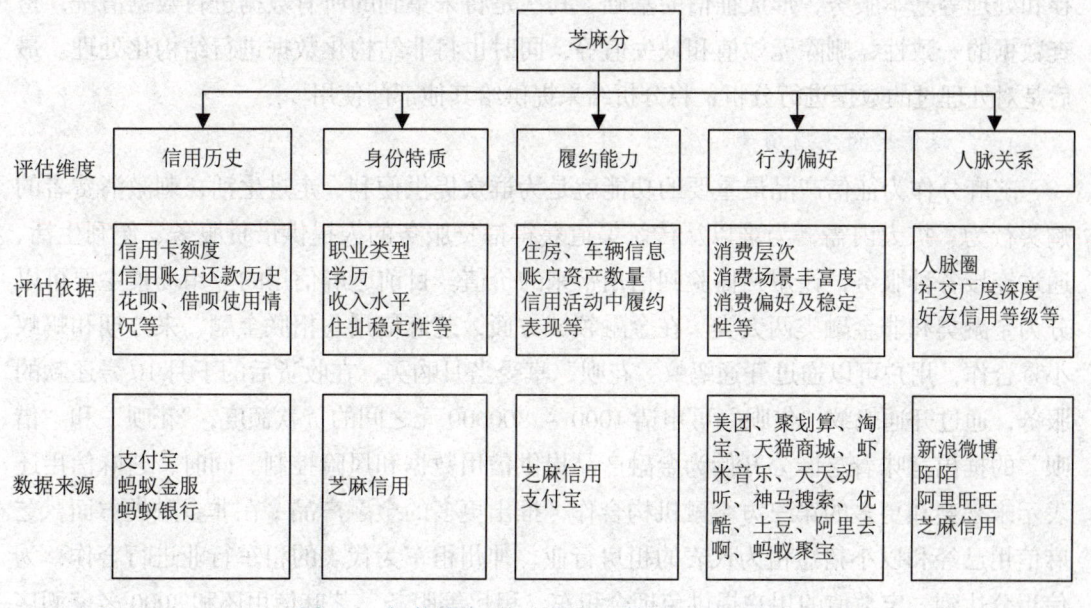

评估维度	信用历史	身份特质	履约能力	行为偏好	人脉关系
评估依据	信用卡额度 信用账户还款历史 花呗、借呗使用情况等	职业类型 学历 收入水平 住址稳定性等	住房、车辆信息 账户资产数量 信用活动中履约表现等	消费层次 消费场景丰富度 消费偏好及稳定性等	人脉圈 社交广度深度 好友信用等级等
数据来源	支付宝 蚂蚁金服 蚂蚁银行	芝麻信用	芝麻信用 支付宝	美团、聚划算、淘宝、天猫商城、虾米音乐、天天动听、神马搜索、优酷、土豆、阿里去啊、蚂蚁聚宝	新浪微博 陌陌 阿里旺旺 芝麻信用

图9-2 评估维度、评估依据、数据来源对照图

芝麻信用虽然参考了FICO评分模型的五类关注因素，但是作为基于互联网平台的新型征信模式，芝麻信用加入了很多评估维度和数据来源的创新。

（1）信用历史：涵盖了用户在过去信用活动中的表现，包括信用卡历史、车贷房贷还款记录，打车、预定酒店是否守信等。在自有平台中，这方面数据可通过支付宝、蚂蚁金服、蚂蚁银行等平台获取。

（2）行为偏好：指用户在购物、缴纳水电煤费、理财、爱心捐赠等活动中的偏好表现。这方面数据可以通过阿里集团旗下的各种应用，如美团等团购平台，淘宝、天猫、聚划算等购物平台，优酷、土豆等视频平台，虾米音乐、天天动听等音乐平台，阿里去啊、穷游网等旅游平台，蚂蚁聚宝等理财平台获得。

（3）履约能力：用户是否有足够的财富或综合能力履行约定或借还贷款。履约能力相关的数据可以通过支付宝和芝麻信用平台获得。

(4)身份特质：包含用户的身份信息，比如学籍学历、职业、消费记录、收入水平等。用户可以通过在芝麻信用中上传自己的个人信息进行身份验证。

(5)人脉关系：用户社交圈好友是否也有良好的信用记录，在社交平台上的影响力。这方面数据可以通过支付宝中的好友，新浪微博中的粉丝数、活跃程度获得。

3. 芝麻信用数据处理方式

芝麻信用所使用的数据从采集到储存到处理，使用的都是阿里巴巴的大数据平台，信用数据的生产主要包含三个层次的业务。首先是阿里云业务，阿里云可以进行数据储存和处理等基本服务，形成征信的基础。其次是将采集到的所有数据进行数据清洗，检查数据的一致性，删除无效值和缺失值等，同时也将非结构化数据进行结构化处理。最后是对处理过的数据进行分析，将分析结果提供给其他部门使用。

4. 芝麻信用的应用场景

芝麻分作为征信产品最重要的功能就是为群众提供便利、走进生活，刺激消费者的购买行为、扩大内需，为难以从传统渠道获得信贷服务的人提供借贷服务、便利生活，通过连接各种服务，让用户体验到信用带来的价值。目前芝麻信用的应用场景主要可以分为金融类和非金融类两大类。在金融领域方面，芝麻信用与招联金融、来分期和蚂蚁小贷合作，用户可以通过开通蚂蚁"花呗"享受当月购买，在收货后的下月10号还款的服务，通过开通蚂蚁"借呗"可申请1000～300000元之间的贷款额度，"花呗"和"借呗"的推出意味着芝麻分开始为金融产品提供信用数据和风险控制。同时，芝麻信用还表示未来会和更多的第三方金融机构合作，推出更多的金融产品；在非金融类方面，芝麻信用已经和以小猪短租为代表的租房行业、神州租车为代表的租车行业进行合作，为信用分达到一定数值的用户提供免押金租车、租房等服务，芝麻信用还和3000多家酒店进行合作，为蚂蚁信用分用户酒店住宿提供免押金和先住后付等便利。在实名社交方面，芝麻信用与珍爱网、世纪佳缘等婚恋网站合作，通过实名认证来诚信交友。芝麻信用曾在2015年6月与卢森堡大使馆签约，芝麻分750以上可以无需办理签证材料，直接在线申请卢森堡签证，传统办理签证加上准备材料一般需要5天以上的时间，而使用芝麻信用申请签证仅需两三天。新加坡也与芝麻信用合作通过芝麻分申请签证的事宜，芝麻信用还在与日本、韩国、澳大利亚等旅游热门国家商谈合作事宜。此外，芝麻信用还将涉足代驾、网购、二手交易等领域。

芝麻信用积极与传统金融机构合作。2015年6月25日，芝麻信用首次和北京银行展开合作，双方表示将会在信息查询、产品开发、信息应用等多方面展开合作，这次合作代表着互联网征信获得了传统金融机构的认可，开启了互联网征信与商业银行合作的首例，为互联网征信应用于传统金融做出了积极探索，也意味着在互联网平台中拥有良好的信用可在传统金融领域获得更多的便利。

9.6.2 互联网平台征信评价

1. 互联网征信机构不具备第三方资质

阿里巴巴等互联网企业开展征信业务存在的最大问题就是缺少独立于金融交易双方的第三方资质，无法保障征信过程的独立性。与美国不同的是，中国首批获准开展征信业务的企业大部分本身就是数据制造者。按传统，征信机构应该遵循"两个第三方"原则，即数据来源于第三方、使用于第三方。在当前情况下，这成了八家企业难以解决的问题，非独立的征信机构是否愿意在任何情况下都给出客观公正的信用分值，保持公允性和客观性，第三方问题构成了监管层目前迟迟不肯发放征信牌照的顾虑之一。

我国大多数互联网企业在参与到金融交易的同时从事了征信工作，也就是所谓的"自征信"模式。以国外的征信模式为例，企业一般不会参与到征信环节中来，互联网企业如果想从事征信方面的业务，就需要对外提供自有平台上积累的数据，而数据作为互联网企业非常有价值的财富，必然不会向外界提供所有的数据。例如阿里的网购数据、腾讯的社交数据和平安的金融数据都具备在各自领域的垄断优势，各家之间信息共享的意愿不强烈，领域中其他规模较小的平台也不愿意向垄断企业提供数据，未来各征信机构之间的数据共享存在着很大的困难。但假设这几家互联网企业都没有征信牌照，而是让一家不存在竞争关系的独立的第三方征信机构去整合各家的数据，会更加容易获得完整的征信数据。

Zest Finance 的 CEO 格拉斯·梅瑞尔针对我国存在的非独立第三方这一问题表示，"第三方"不应该成为阻止征信业市场化的原因，可以允许非独立的第三方机构使用自有数据对用户的信用打分。征信数据的原始状态即为一个个分散的数据孤岛，美国征信业在 20 世纪 80 年代年至 21 世纪期间的发展，就是将征信数据从孤岛逐渐聚集汇合成一个统一的数据池，这会是征信行业自然的演变过程。我国的监管机构只是站在了一个很有预见性的角度，提前对征信数据的独立性和客观性提出了要求。梅瑞尔指出：由于中国市场经济的高速发展，中国的征信业越过了主观评判信用风险的阶段，直接从企业自身对信用数据进行评分。因此，本文认为，目前我国互联网征信机构只是依托互联网集团已有的平台优势使用数据和技术来探索发展征信业务，随着征信模型和产品成熟，外源数据的不断丰富，征信机构会出现与互联网集团逐渐剥离的趋势，作为独立的第三方来获取各家平台的数据，但仍然可以获得集团提供的数据并为集团和其他企业提供征信服务。

2. 互联网征信符合市场经济发展的需求

虽然基于互联网平台的征信方式还处于起步阶段，发展得不够成熟和完善，但是新型征信模式的出现对传统征信体系的挑战和积极促进作用不容忽视。

互联网征信覆盖了数量众多的网民群体，据统计数据显示，截止到 2014 年末，虽然央行征信系统为 8.5 亿自然人建立了信用档案，但是有信贷记录的人数仅有 3.5 亿，只有总人口的四分之一，而美国信贷记录的覆盖率达到了 85%。传统的征信模式无法对没有信贷记录的人进行信用评级，这些人包括学生、蓝领、个体户等，而互联网征信可以通过他们的网络行为数据对他们的信用等级进行评价，让征信尽可能多的覆盖到传统征信未能覆盖的群体，打破了原本没有信贷记录会被限制参与金融交易的门槛，让更多的群众参与到信贷活动中来，符合互联网金融的普惠性质。以芝麻信用为代表的互联网征信企业以普惠金融为切入点，希望让更多人感受到信用的价值，让信用等同于财富，在全社会建立起信用文化。

建立完善的征信体系是市场经济的必经之路，也是构建互联网金融时代的重要基础设施之一。我国的人口数量、市场体量等都表明了我国不适合由政府直接主导的征信模式，仅仅依靠政府来推动征信业的发展，无疑会导致效率低下且不能满足市场需求。因此，政府主导和市场化相结合是符合我国经济社会现状的理想模式。

个人征信制度的建立和完善可以进一步带动企业信用和政府信用建设，信用体系的建立不仅有利于建造一个公平的市场经济交易环境，也有利于提高用户自身的市场价值。个人征信的市场化是对央行征信体系的补充，为征信提供了更多维度的判断标准和更丰富的应用场景，推动了信用和社会生活的对接，将信用转化为财富，提升了群众的信用意识。

3. 互联网征信企业面临着数据孤岛问题

就所有互联网用户来看，由于一些互联网平台的功能有一定的重叠，用户使用了不同的互联网应用，导致用户的信用数据分散在不同的互联网平台中，如果消费者只使用京东等网购平台而不是用淘宝，那么阿里就无法采集到他的数据。芝麻信用的数据大部分来源于阿里集团自有的平台，对其他平台上的数据仍存在一定的阻碍，很难获得完整的信用信息。就阿里体系而言，在社交数据方面仍相对缺乏，虽然已有的几家互联网巨头通过兼并、收购、投资等手段尝试构建完整的互联网应用体系，但是各家独立的系统仍然不能对用户的信用信息进行全面搜集。就开放性和统一性这两个角度来评判征信体系，当前我国的征信行业面临着高度分割和封闭的现状，信息搜集和信息共享现状亟待改进。同时，我国政务信息开放程度较低，互联网企业面临着无法获取工商、税务、环保、传统征信信息等问题，信息征集渠道相对单一，各大互联网征信产品也尚未和央行的征信系统对接，对用户的信用评估没有涉及到个人信用信息基础数据。

相对于传统的征信体系来说，互联网征信覆盖到了更多的参与者，数据生产方、信用评级机构、云平台等各个参与者之间的合作和共享对互联网征信业的发展具有重大的作用。因此，对于互联网征信而言，非常重要的一点就是信用数据的共享。

9.6.3 政策建议

1. 引导互联网企业建立平台信息共享机制

数据孤岛问题严重制约了互联网征信机构征信业务的发展，成为了束缚征信业发展的瓶颈。因此应尽快建立完善的信息共享机制，并设立相应的部门来进行监督和激励。个人征信市场化的前提必须是政府主导，由公共部门来协调征信机构。由于信用信息有一定的垄断性，因此必须对征信机构实施适当的监督和激励，或者对信用信息进行定价，使信用信息有偿传播，以此促进机构之间的合作，实现征信信息在征信行业的共享，达到信息的有效传递，使信用信息产生规模效应。

在以美国为代表的市场化征信模式下，信用信息的采集和公开有着严格的法律法规进行限制，政府部门的基础信用数据对市场上的征信机构有偿开放，征信机构可根据自身产品需求选择是否购买额外信用数据提供数据库增值服务。美国有着良好的信息开放环境，征信机构在法律允许范围内可以对市场中的企业和消费者信息任意收集和使用。完善的法律保障了美国征信业的信息共享。在以欧洲为例的政府主导的征信模式下，所有的金融机构都必须定期向公共征信机关提供借款人的信息和贷款数据，即一种强制性的信用信息分享。在我国已经将征信业市场化开放的前提下，我们可以学习美国模式，由央行建立基础信用信息系统，保障信用信息的基本供给，建立信用数据共享机制，联合行业内机构建立黑名单公开共享；市场中的征信则采取民营模式，促进竞争，提供信用信息增值服务，满足多种程度的信用信息需求。

2. 保护个人信用信息隐私，注意互联网征信过程中的网络信息安全问题

传统征信模式的征信范围比较狭窄，加之央行直接对征信机构实施监管，能较好地保障个人隐私权，而互联网征信对个人信息的采集涉及到个人在互联网上的所有痕迹，征信企业对信息的过度采集或滥用都会侵犯到被征信个体的隐私权。

信用信息的数据显然会牵扯到隐私，个人隐私是一种具有财产性质的信息权利，个人对自己的信息有支配权、知情权、更正权和救济权，而征信过程中对个人信息的采集、使用、共享不可避免地会与个人的隐私权产生冲突。互联网精神就是开放、平等、协作、分享，获取信息并加工成有价值的产品的前提是用合法合规。征信用户的哪些信息可以公开，哪些信息可以转让、以什么代价转让，哪些信息必须公示，都还没有明确的法律规定。信息采集机构可以搜集哪类信息，是否可以将所有信息提供给信用评级机构，也没有相关法律界定。法律中隐私定义的缺失导致个人信用信息中的隐私部分无法界定。互联网征信既要保证数据的完整和信息的开放，还要保证信息的利用和共享不以伤害他人隐私权为代价，急需用法律条文的形式明确规定，确定数据采集范围和公开的限度，明确数据所有权，维系个人隐私保护和征信业发展之间的平衡。

据中国互联网信息中心发布的《2013年中国网民信息安全状况研究报告》显示，我国面临着严重的网络诈骗和信息泄露问题，2013年有近75%的网民遇到过网络安全方面的问题，被安全问题影响到的总人数达4.38亿，全国因为信息安全问题遭受的经济损失达196.3亿元。互联网征信活动在采集和处理个人信用数据的过程中，也会像其他互联网活动一样，面临数据安全、隐私保护、运行环境安全等方面的问题，互联网信息安全意识的普及是构建互联网征信体系的重要任务之一。

云计算和大数据采取的是云储存方式，数据保密技术要求高，数据泄露的潜在风险也高。为防止信息被窃取，应采取加密技术等安全防护手段来保证信息的完整性和保密性。

3. 完善互联网征信法律体系

在网络信息这一时代背景下，发展中的征信业机遇和挑战并存，互联网征信行业的健康发展还需要在完善的法律顶层设计和有效的监管中进行。征信法律体系的构建是重要主线，可对互联网征信业的发展起到原则性的指引和规范作用。以美国为例，征信业经过上百年的发展，征信法律体系几乎涵盖了征信的所有过程和内容，从基本法规到具体法律细则，在各个方面对征信进行了规范，让征信机构的行为都有法可依。我国也应该加快立法，完善互联网背景下的征信法律体系。

就2012年12月出台的《征信业管理条例》(下简称《条例》)和2013年12月颁布的《征信机构管理办法》(下简称《办法》)而言，《条例》及其配套制度中已经初步构成了征信法律框架，标志着我国征信业进入了有法可依的阶段，《条例》明确了使用互联网数据的三大原则：首先，建立数据库要有目的性；其次，信息采集和采集目的要对应，对数据的采集要适当；最后，对数据的采集和使用要经过本人同意。《条例》确立了个人信息数据的保护原则、征信业监管部门及职责、国家金融信用信息基础数据库等方面的内容，但在网络信息背景下，征信与互联网平台相结合，信用信息的搜集、处理和共享日益网络化，尚未有专项法规对其进行支撑。同时，因为信用评级存在较大的主观性，与信用报告反映了用户的客观信用信息不同，因此，与信用评级相关的法律条文没有纳入《条例》中。对信用评级活动的监管还尚未确定，导致了征信体系法律中的盲点。《办法》是《条例》的重要配套制度，规定了征信机构设立、变更、终止的条件，还规定了征信机构应具备健全的公司治理和风险防控。《办法》的出台进一步完善了征信业管理制度框架，但《办法》和《条例》是基于传统征信模式而制定的，难以完全适应网络信息条件下征信业发展新需求，因此要充分明晰互联网平台征信的新特征，提升对互联网征信业的监管能力，推动互联网征信业的规范发展。

4. 加强信用文化建设，提升群众的信用意识

征信体系建设归根结底还是为群众提供更便利的生活、建立守信的社会氛围，因此要加大宣传力度，使群众认识到信用的重要性，树立守信的观念，重视正面信用记录的

积累。我国市场经济是由计划经济转轨而来，征信体系建设相对较晚，征信市场发展处于起步阶段，有很多人不了解信用对个人经济生活的影响，从而造成了个人信用中的一些不良记录，即通常所说的"非恶意个人征信不良记录"，因此要帮助群众提升信用意识，使群众认识到个人在信用体系中的权利和义务。一般而言，只有在有抵押品的情况下银行才愿意发放贷款，但良好的信用信息是个人的信誉财富，信誉在信贷社会可以当作一种抵押品，来帮助用户获得贷款和其他更优惠的金融服务。

政府作为国家公共权力的行使者，可利用公共权力来引导群众在市场中的策略选择，通过大众媒体、有关职能部门和舆论或教育机构来向社会进行信用意识的教育和宣传，帮助群众培养信用意识，从个人利益出发珍爱自己的信用记录，养成守约的习惯，抵制违约失信行为，构建一个诚实、守信的社会，让市场经济迈向更高级的阶段。

本章小结

1. 征信，是指某一机构对企业、事业单位等或者自然人的信用状况和有关信息进行系统采集、整理和加工，并提供给信息使用者的活动。

2. 互联网征信是建立在传统征信体系基础上的一种更为快速全面的征信手段，征信数据主要来源于互联网平台，服务对象主要是互联网用户，也包括互联网企业和传统企业。

3. 互联网平台征信的特点：①信用信息数据量大、种类多、价值密度低、更新快；②信用信息采集和处理成本低、时效性强；③信息处理难度大，对互联网征信企业技术要求高；④征信结果应用范围广。

4. 互联网平台征信已经初步形成了三种征信模式：电子商务平台征信、第三方支付平台征信和网络借贷平台征信。

5. 互联网征信与传统征信的比较：①互联网征信相对于传统征信提供了更精确的风险定价；②互联网征信与传统征信的服务对象不同；③互联网征信与传统征信的评价标准侧重点不同。

复习思考题

1. 什么是征信？
2. 什么是互联网征信？
3. 互联网平台的征信模式有哪些？
4. 互联网平台征信的特点是什么？
5. 互联网征信与传统征信比较有什么异同点？
6. 请举例分析如何建立互联网平台的征信评价机制。

第 10 章　创业哲学

【学习目标】

通过本章的学习，了解什么是创业行动、如何发现、面对和创造机会；熟悉在创业中面对危机如何行动；理解什么是创客机制、如何在创业中进行微创新；掌握什么是知行合一、如何打造百年老店；理解在创业中什么是有智慧的行动和共赢行动；了解在创业中挫折、成功和冒险有什么价值和意义。

10.1　创业行动

不论在什么年代，都会遇到对成功不屑的人。中国早年开放，一些人迫于生计闯了出来，成为中国第一批富豪（万元户），但是，他们的老朋友中会有 90% 的人都认为自己如果做肯定比他们强，其意思有两个，一是对方不是靠智力，也不是靠本事，而是靠胆子大；二是自己的能力很强，但不屑于做。里面也包含着两个思考线索，一是对成功缺乏认同。在评论者看来，致富并不算什么有意义的事情，不值得追求。二是致富不是靠能力，而是靠胆量，而有意义的事情不能靠胆量，必须借助能力。

后来，社会慢慢开始接受了致富也应该成为一种追求，不仅因为致富者们已经摆脱了财务不自由，形成了消费行为的示范效应，也因为在他们的带动之下，一些行动之人也开始了自己的致富之路。但也会有人评论说这些致富是靠关系、靠脸皮、靠营销得到的。这些也是他们不屑的，他们不愿意与之为伍。

再后来，致富演化为社会的唯一追求了，但此时市场机会基本上已经没有了，所有地方都充满了竞争。那些"有本事"的人开始想起自己来，但当他们尝试着进入市场时，却发现自己那些本事或过时，或没有太多的用途，需要与其他的本事配合才能发挥作用。

方向的选择是一个人的人生战略，不论从政、从学、从商都是如此。你如果有选择的机会，你做了某个方向的选择，就意味着你认同了那是你价值最大的方向。如果违背了时代潮流，即使你有兴趣，也做了许多努力，其结果可能都会很窘迫。

我们需要掌握主旋律，因为它决定了个人价值的大小，也决定了个人在社会中的作用与地位，所有人都必须意识到，时代才是决定个人价值大小的最重要影响因素，而非个人天分与努力。在社会大变革时代，人们往往不容易做到独善其身，会形成随波逐流的价值观，因为多数人的价值观都处于过去时，缺少对新时代到来的警觉和预料。个人的行动很容易受到这种价值环境的影响，即使有了结果，也不为社会所理解，特别是亲近的人，他们对你的行动干扰最大，资源上不给予支持，精神上给予持续的瓦解，虽然失败时会给予同情，但面对风险却经常采取规避的态度。

不论是改革开放初期，还是现在的互联网时代，都存在着这样的现象。换言之，大变革中的最大机会来自于你价值观的率先转变，它取决于对价值环境的率先突破。但问题在于你如果转变了，或者你真的相信会出现新的价值环境，你是成为一个传播者，还是成为一个行动者，也是成功与否的分水岭。

行动是思想验证的根据。不少人可能会教育别人去做，而自己却没有认真的行动，其实是因为他们并不真正相信。而有的人并没有讲一番大道理，而是行动了，我们就有理由相信他是真正相信了那些新思想的人。行动才能证明你信了，其他的都很难说是真相信。

10.2　创业机会的发现

机会的本质是什么？机会到底是怎么来的？对这两个问题，因国家经济、科技、国际地位不同，给出的答案也不大相同。其实，关于机会的认识是经济学和创业理论的重要进展，100多年来持续取得进展，但直到最近几年才获得人们的重视。它正在成为一个新的领域的核心变量。

机会是以对人们面临问题认识为背景的解决方案和条件，或是营造出对新产品、新服务或新业务需求的有利环境。

从后面这个定义中你可以看到，以前没有机会这个概念。在传统经济学中，以需求和供给作为基本概念，以静态方法认识市场，认为需求是自然的，因此，顾客是先知先觉的，供给也是自然的，两者间的配合是天然的。所以，这种认识问题的方法是创业的结果，而不是形成市场的过程。

机会不是人们的不满，也不是人们的需求。人们经常会有不满，但是人们总不会把它集中于一个问题，更没有提出一个可靠的解决方案。前面我们说过，顾客是上帝，但作为上帝的顾客，只会恍然大悟，只会说"正合朕意"。上帝没有智慧，他只会发难、骂人、发牢骚，甚至连问题都不会提，但他的地位无法动摇，企业只能接受。天下最好的事就是当上帝，因为只有上帝才有权挑剔别人，因为现金在手中，买与不买都是上帝说了算。

上帝存在着不满，上帝甚至都不会说他自己有了不满，原因很多，一个重要原因就是他缺少对自己体验的敏感性。如果你遇到这样的上帝既是你幸运，也是你走向厄运的开始。他不说，你还以为上帝很满意，但是上帝们在走掉、在消失。你得学会察言观色，使用许多方法发现上帝们的不满，而不是等待上帝说话。这些发现确切地证明了的确是上帝的不满，才进入机会发现的流程。

因为乔布斯的苹果理念，人们又强化了一个新的上帝概念。上帝并非是不满，而是全部都满意，有点感受不到世间的进步。结果是一样的，你给他一件新鲜的东西，上帝恍然大悟，这个东西挺好玩。事后，我们发现，这在本质上仍然是不满，因为上帝使用了苹果手机以后，发现它能够解决许多问题，而以前那些问题似乎不是问题。这些新鲜的东西给他的那瞬间之前，他很满足，他没有觉得有什么不满，这时，提供给他的是挑逗、是刺激，是让他发现一个新的世界。在乔布斯看来，你给上帝什么样的新鲜东西，上帝都会接受，因为他满意的实在无聊，需要所有新鲜东西。

机会的本质是什么呢？就是发现人们的不满，然后用一套方案将其解决，一旦合理解决，上帝便称"正合朕意"，机会便出现了。上帝有很多，因为有一些上帝消费动作迟缓，但在前导消费行为带动之下，会被刺激的纷纷过来大喊"正合朕意"。一个巨大的机会便到来了。

是谁启动了机会？不是上帝，而是上帝的子民，那些立志为上帝服务、讨好上帝的人们。不论哪种不满，上帝骂出来的或是上帝闲出来的，都是子民们发现并解决的。

机会到底是不是等来的？到目前为止还没有明确答案，原因是有人认为机会是等来的，而另外一些人认为机会是被发现的，也是等来的。

柯兹纳就是这样的观点。他认为机会分散且弥漫在市场之中，发现机会的人是具有特殊才能的，这个特殊才能也不是别的，就是对机会的敏感性。柯兹纳认为企业家的本质特征是"警觉"或"发现"市场中存在的，但还没有被人发现的机会。

在他看来，企业家才能是没有机会成本的，不是投资形成的，这和任何要素都有本质区别，企业家才能是完全主观的活动，后来，在他1985年出版的《发现与资本主义过程》一书中，他区分了"单时期"的企业家警觉和"跨时期"的企业家警觉，认为单时期的企业家警觉主要是发现迄今被忽视的机会，而跨时期的企业家警觉则需要构造未来交易行为的创造性想象。在他1992年出版的《市场过程的含义》一书中，他甚至更为明确地指出，"发现"即为"创造"。

当我们认识机会窗口时，那个窗口是别人打开的，事后你会发现，它早已打开，只是你没有想到市场会这么迅速地做出反应，而你还在那里坐而论道，到处听讲座，在听别人的评价是否可行。那条产业业绩曲线噌噌地窜到了饱和区，这时你反应过来了，但是市场已经相当成熟了。那个窗口曾经是为你打开的，只是你没有行动，它就关闭了。虽然说机会是别人创造的，你发现的，因此，也可以认为是等来的，但是没有行动，没有发现，机会就是别人的，而不是自己的，更何况还有伴随着机会利用的行动。

什么人会有这种本领呢？这种本领是否可以训练出来呢？柯兹纳认为，这个本领是天生的，是一种稀缺的能力，他称其为警觉。在他的体系中，有警觉的人会发现机会，他利用机会获得收益是这种稀缺资源的租金，他的创业活动只不过是将这种稀缺资源投入后套利行为。这种理论阻碍了许多人进入创业状态，所以特别希望有边干边学的理论，使一些人想做，通过学习就可以获得能力，并且取得比较普通的成就。

初步的警觉是可以训练出来的。比如警犬，经过训练，它们的警觉性会高很多；人也是一样。比如长期做保安的，会有很好的警觉性，不然他一定会出现工作失误。在创业课堂上，用一些方法训练机警，应该是可以做得到的。

有了机警素质，他们发现市场中存在的机会，才有可能有创业行动。机会是被发现的，缺少警觉之人，不会发现机会，也无法获得创业成功。

10.3 如何面对和创造机会

戴尔是世人所熟悉的企业家，他读大学期间有一件事情发生了，他警觉以后立即停止了学业，抓住了那个机会。

20世纪80年代初，IBM和王安公司竞争。王安作为华人，在美国这样全西化的国家，东方人想出人头地有多么的困难，但是王安博士凭借其在博士期间发明的存储器创办了一家公司，在20世纪80年代横扫美国。一方面IBM作为传统商用机械公司有经营的压力，另一方面，美国公开和民间舆论认为公司如果再不奋起直追，就可能把一个新产业让位给华人了。

IBM头悬梁、锥刺骨，卧薪尝胆了一年的时间，开发出一个拥有巨大市场的电脑–PC机，IBM拼命了，他们的打算是即使不做商用机器，也要把这个市场抢回来。他们拼命的第一点是花了巨资，跑到山里去做研发，而且要求时间短；第二点选择了开放型设计，不仅公布了自己的设计，还公布了自己的供应商和商业模型，微软是他们的供应商，英特尔也是；第三点是动员了所有美国企业资源来对付这个华人企业，怎么动员的呢？用标准，因为标准是市场概念，一旦在市场上普及了，就成了标准。

开始王安还坚持自己的标准，但不久，王安公司宣布接受IBM公司的标准，再不久，王安得了重病，儿子接班以后又不断地失误，王安的公司倒闭了。

这场商战谁是胜者呢？英特尔和微软，尤其是后者，但大家都忽略了一些搭便车的企业，包括戴尔。

开放型设计带来了什么？一个全新的概念，叫组装机。这个概念的形成，让许多人挣了二十年的钱，但在戴尔和联想看来，那都是小钱。既然设计是公开的，供应链也是公开的，为何不做品牌呢？先是戴尔，然后是柳传志，率先明白了这个道理。什么是品牌？就是把所有供应链固定下来，形成高的保障。高保障是根本，因为品牌一定要价格相对较高，这个价格是否用来创造利润呢？有些商业设计原则不是这样，他们的商业理论把利润当作成本返还给顾客，而不给投资者。

以品牌为例，投入于品牌的高保障，用投入成本的方法获得顾客的充分信任，也可能投入于供给链的保障之中，通过优化和充分选择让供给链成为高保障的后盾。戴尔用比组装机高的价格优化了自己的供给链，固定了自己的设计，传播了自己的品牌与理念，在众多组装机市场中选择一部分想对未来省事的顾客作为消费领袖，再扩大影响力。

试想，戴尔如果还在读大学，大学毕业以后再去做，也可能还有机会，但与他决策的时候相比，机会也许就没有了。戴尔从来没有意识到他的行动具有的内涵，我们看材料也没有发现有人从这个角度分析戴尔。戴尔是搭载了这波浪潮发现了类似陈生做成的土猪一号一样的问题——为什么这个行业没有品牌？

面对机会，你要行动，但是行动有两种，一种是简单模仿，一种是略加改进的模仿，学习了戴尔的例子以后，各位就应该知道什么是利用所发现机会的商道了吧。

创业教育要求学生学会观察，以发现机会以后创业，做水到渠成的事情，但同时也赞成乔布斯的精神，创造一个未来的世界。

首先一个逻辑是，如果大家都在等待，那么谁来做机会的开创者呢？这会变成一个逻辑难题，即使柯兹纳活着，他也会承认这也是他的难题。

许多人以为做一个新产业是一件不得了的事，开创性与风险并存。因为大家惧怕风险，希望得到低风险回报，所以谨慎之后再谨慎，那么做一个新产业需要一些英雄。做开创性的事也没有那么不容易，因为产业概念可大可小，大到国家管的不到30个产业，几乎没有什么可以制造这样的产业概念，小到市场概念，一个产品，一个服务，只要有别于探亲假的产品或服务，就是一个新的产业。这些人谨慎的原因是他们把国家管理的产业概念与市场概念混淆了，怕做了会有许多企业跟随，与其如此，莫不如跟随战略更优。但是，逻辑上谁来做这个领头者呢？

如果没人来做领先者，那么跟随战略也无法奏效，因此，需要一些领先者。但是如何产生领先者和如何激励领先者以及领先者对创业机会形成的影响却是今天的大问题。

大家知道盖茨吗？这是一个聪明绝顶的大学生，上课爱听不听样子，老师一提问他全知道。他因为对大学失望，所以到目前为止，还没有捐赠过一所大学。他妈妈是IBM公司职员，当她听说IBM与王安公司竞争希望有一个操作系统时，回家告诉了她的儿子，盖茨利用自己掌握的信息，知道在西雅图有一个软件持有人，因为决斗死了，软件版权给了他的家人。

他先是答应了IBM，一个星期可提交一个操作系统，成交价格3万元，然后就去了西雅图。3万元不容易谈下来，他为了信守承诺，给了5万元美金一次性成交全部产权，然后回到IBM告诉他有多么难，订立了一个双方承担风险的销售合同，IBM每出售一台电脑就要给微软 100 美元。这个合同成就了盖茨，他很快就从销量扩大上获得了巨大的收益，成就了绿色巨人。

就此产生两个话题，一是盖茨是科技企业家，还是一位商人？二是机会是什么？本书的答案是，盖茨是科学企业家，因为他把那家企业的软件给盘活了，而且利用这个软件成就了自己的事业。他利用信息不对称做了一个合理更合法的签约，在承担了一些风险的前提下，获得持续收益。二是该出手时就出手，虽然大多数人会劝其坚持把大学读完，但是我却认为，如果你看准了一个项目，那么就全力投入，不要顾及短期利益。机会就是行动，要有肯于舍弃的决心。

没有人会知道未来是什么样，这就是市场。市场如果是确定的，就不叫市场了，人们怕它，是因为它的不确定性，人们认为它有魅力，是因为它总是会给人们提供机会，而机会有可能就是一个小人物发现的。

中国的微信现在已经走遍了全球，我不知道其他国家的公众是否会使用微信，但是华人社会都在使用，并且我听说，国外并没有一个类似的工具，比如据说 QQ 模仿的 MSN 是中国独立开发的。

微信的许多概念来自 QQ，比如群或者社区的概念，但它将其进一步扩大到方便建群，并且一开始就可以达到 500 人，形成移动社区。许多朋友都在群里，甚至家人也用这个来联络，微信也成了朋友的名册，一个共享的平台。微信里面有笑话、段子，也有转来转去的一些评论和短文，成了一个社交工具。微信还有一些 QQ 不具备的功能，比如公众号，只有发布功能，是短信群发的变种，甚至超过了短信群发，而且是公共信息发布。

在支付方面，微信设计了红包功能，这是华人社会极重要的特征；在安全上，微信设计了二维码，使用了扫一扫就可以加好友的新方式，扩大了交友的手段，并且扫一扫可以用于公众帐号，这种功能使二维码快速得到了普及，其隐私、勿扰等功能方便实用；微信还有寻找附近朋友和摇一摇的交友功能，通常人们用它是为了好玩，但有时却会成为一种刺激活动。

春节许多人摇手机摇得胳膊发酸一是为了红包，二是因为摇更快。在实际交流功能方面，微信设计了小视频、多语言、高速录音、视频聊天、语音输入以及其他 QQ 上都有的比如漂流瓶。此外还有字体大小变化，与 QQ 连接的 QQ 邮箱提醒功能，语音记事本功能，可能还有许多没听说过的功能。

现在全球应该有十亿级的微信用户量了，微信还没有收费，但很明显，如果手机方便使用微信，手机就会好销售，如果微信自己生产手机，其他手机无法使用微信，不知道其他手机是否受得了，因为几乎所有用户都已经为微信的强大功能所征服。

中国为了 3G 标准费了许多年的周折，但因没有开发出适用于这些标准的独立技术的手机，失去了一波机会，在这波机会中，连前一波产业浪潮中抓住了机会的世界级手机企业——诺基亚也被 3G 浪潮推倒。

人们没有见过 3G 手机，但是，微信却比较彻底地理解了 3G 手机，也理解了中国人会将固定通信概念与习惯移植到移动通信之中，他们与苹果公司一样具有充分的想像力，几乎把 3G 手机的社交功能发挥到了极致，并且成功地引导了电脑通信客户转移到移动通信。

想像力是资源，一个富有想像力的人或企业，他们极有可能超过上帝的想像，为上帝提供耳目一新的产品或服务。但提供全新的产品或服务并不容易，在已经发生的市场变化的理解上延展出新的服务，这种想象力更值得推崇，因为它通常最为可行。

不能把创造机会看得太过神秘，也不能把创造机会看得太过随意，机会可以创造，借势发挥最为重要。

史玉柱 1992 年在珠海曾经辉煌过，因为邓小平去了他们的公司，所以史玉柱把公司推向了一个新高潮，一下子加高了巨人大厦，没有赚钱，却欠了珠海公众许多钱，他的汉卡也开始走下坡路，走投无路，他躲到了江苏农村。他手里除了汉卡技术，还有一个生物技术，他卧薪尝胆，开发了一款给高中生高考用的保健品，叫脑黄金，一时热闹却不挣钱，但他特别有创业者气质，重新振奋，把脑黄金变成了脑白金。

脑黄金到脑白金有技术变化吗？没有。但是众所周知，脑黄金没有成功，脑白金却大获成功。为什么？很多人都说是广告起了作用。但也有许多做广告的企业，为什么他们没有如此盈利？

中国有一个特殊的国情是历史上从来没有过的，也许未来也不会有，只在众多人口工业化初期才会出现的一个国情，叫游子社会。这个概念描述了子女主动与老人分离去谋求自己的事业，以图未来给老人们一个美好的前景。

不少故事就此结束了，但史玉柱并没有停止，他还欠着珠海人民许多钱要还，他必须励精图治，竭尽全力地挖掘脑黄金技术为市场服务，除了叫脑白金以区别前面的产品外，他们做了一则反复投放的广告："今年过年不收礼，收礼只收脑白金。"它的意思有三个，第一，谁送礼？子女要送，原因是你们在外面打拼事业多年，现在可以回报一点，来表征你事业已经成功。事业成功的古人是回家修房，现在不让你修房，只送点脑白金以尽孝可以吗？没有人说不可以。这个市场在他的号召下开始启动了。第二，老人们喜欢相互攀比，他们攀比是因为广告"教育"的结果，如果谁的孩子没有寄，那么他就没有面子，他就会暗示，获得以后还会高高举起，让大家看到他们家并不落后。第三，只有脑白金才值得送，因为广告说"收礼只收脑白金"，不管是子女，还是替子女尽孝的别人。

本来技术上什么都没有进展，却找到了一个特殊的市场，这个市场有中国传统作为基础，有中国当代游子社会作为背景，有一个很有刺激作用的广告，就把本来老人也不会买（他们没有钱）、年轻人也不会买（他们觉得里面有忽悠的成分）的商品，变成了双方都有积极性的行动。礼作为中间工具，让客户群一起努力为这个产品提供支持。

有人认为他们的广告很花钱，但是如果你仔细研究他的广告，会发现最费钱的那部分让他们给省掉了，因为他们策划了一个没有代言人的广告，然后把广告投入密度加大，形成了铺天盖地的营销效果。

机会从何处来？不完全是技术，而是重新定义产品为谁服务。

在对"商"字的分析中，门是企业的招牌，是创业者设想的产品或服务，但在我看来，它更是一个寻找机会的窗口。

其实发现机会的理论并没有办法给出发现机会的方法，不论是从分散的资料中分析，还是偶然遇到，都是一件十分困难的事情，因此，发现机会变成了一种很神秘的活动，仅仅与人的素质有关了。但是，一个人开了一个店，他就有了一些吸收信息的机会，这样，他如果有警觉，就可以创造出机会了。

曾经有一位大学生，毕业以后做服装饰物设计，她的表妹鼓励她创业，她办了一家服饰店。有一天，她店里来了一位中年女人，转了一圈又一圈，她发现此人可能有不满意之处，便上前询问。那女客人问她，怎么没有玉饰出售，并且给她讲了她所去的其他国家有多少人佩戴玉饰。她认真地听，关了店以后，她去查阅资料，发现真的是中国人与国外在佩戴玉饰方面还存在差距，她觉得这里面有机会，就找来一群朋友商量。

大家觉得她的发现有道理，但是大家又担心，这种产品有采购、生产诸多方面的困难，头脑风暴以后，她决定去云南。因为中国云南曾经是玉器的生产基地，她的目的是使用玉器厂加工后的边角余料来生产玉饰。没有任何关系就贸然前去的结果是找到了许多家工厂，但没有人理她。后来有一家工厂的副厂长接待了她，向她索要合作协议书，她觉得有门，就撒谎说忘记带来了，连夜写一份计划和合作协议书，第二天就签定了合作协议。

那家工厂利用自己的边角余料和微缩的玉品式样为她加工玉饰，她在家乡收货，她订购了多种式样，顾客可以有多种选择，策划了一个概念叫玉饰小超市，生意火得不得了，不断开分店。

应该说，她不是信息的提供者，却是信息的发现者。她认真地听取了顾客略带不满的建议，提炼成问题和思考线索。接着她查找资料，询问周围的人，并且立即放弃眼前的生意，前去与可能的合作者洽谈。如果她不行动，也不会有后来的红火。她的一系列行动发现了机会，也创造了机会。

这个故事隐含了一个创造机会的方法，不管怎么样，先把店门打开，让顾客进来，他们有可能提出建议，让你去创造那个机会。为什么顾客会这样？因为顾客有自己的事业追求和生活态度，只要你对顾客好，就有可能听到这样的建议，你如果要有捕捉意见的能力，你的事业可能就开始了。

因为机会被发现了，如果你有行动能力，机会就被你创造出来了。开门有益，但是如果能够把门开到给你提建议的顾客到来，你就必须得能活下去，所以，你开的那扇门仍然很重要，如果开的不好，也不会有可能给你建议的顾客登门。但是，先行动再边运行边发现机会应该成为一种方法，用这种方法发现机会更可靠，因为你有机会接近顾客，比关起门来，凭借自己对生活接触来发现机会要可靠得多。

不信你环顾周围，差不多所有的成功企业家现在的事业与当初创业时都有极大的差距，这正说明了行动本身是在发现机会的原理。

10.4　面对危机如何行动

面对危机企业做何种选择，是被动挨打，是随大流地得过且过，还是主动行动，在既有的道路上做的更好？也就是面对危机，企业要不要主动行动起来？

星巴克是许多人熟悉的企业，2008年许多企业面临着危机，星巴克的危险更为严重，因为除了经济形势整体不好外，20多年的经营已经吸引了许多类似的咖啡店参与到市场中与其竞争。星巴克推出了公司的一个策划，借助于互联网发布了第一个社会化媒体网站，叫"我的星巴克点子"（简称MSI）。

其初衷是为了营销，但作为流程，该网站是一个即时、互动的全球性客户意见箱，消费者不仅可以提出各类针对星巴克产品和服务的建议，对其他人的建议进行投票评选和讨论，而且可以看到星巴克对这些建议的反馈或采纳情况。他们的目的是通过MSI网站与消费者进行交流，强化了广大消费者，特别是一些老顾客与星巴克的关系和归属感。

但是，星巴克必须从听取一些顾客意见入手进行经营，没有想到公司真的从消费者那里获得了一些极具价值的设想和创意，用来开发新的饮品、改进服务体验和提高公司的整体经营状况。策划的主观效果是提高星巴克在顾客中的地位，而客观上却找到了自己改进消费者进一步信任的办法，而这种方法给这家公司在广大消费者心目中塑造了关注消费者和悉心倾听消费者心声的形象。

在创建的头6个月，MSI网站共收到了约75000项建议，很多建议后面可以看到成百上千的相关评论和赞成票。在MSI网站上，星巴克派驻有大约40名"创意伙伴"，他们是公司内咖啡和食品、商店运营、社区管理、娱乐等许多领域的专家，负责在线听取消费者的建议、代表公司回答提出的问题、交流星巴克采纳的消费者建议和正在进行的其他项目。很快，星巴克就甩掉了那些跟随的竞争对手。

面对危机，最经常听到的是抱团取暖，现金为王。很多人到处讲课，并且使这些说法变成了一些流行语和社会观念。但是，星巴克的例子并不是这样。首先，他们希望改进自己，只是在此前没有如此大的动力，现在有了。其次，他们充分地利用了当时的技术，因为2008年互联网已经有了"脸谱"这样的社交网站的成功案例，初步在试探众包的商业模式，而星巴克无疑是看到这里面先机的企业；第三，尽管他们的初衷并不一定是真正想改进企业，但是这种姿态以及他们所做的各种资源投入获得回报说明了，不管怎么样，有方案我们就可先行动，而后会发现这些行动会带来意想不到的结果。

行动的意义在于发现这些改进的意见和改进意见的人，让他们成为企业支持者，有了他们，企业就可以立于不败之地。谁先行动，谁的行动更真诚就更有效。让有效的企业活得更好，对顾客、对社会没有坏处，因此，社会制度应该支持这种行动。

10.5　行动的积累

水滴石穿。一滴水的力量并不大，但是当这些水滴汇集起来持续不断做一件事情，会带来什么结果呢？

从社会角度看，一个产品不断地出售，会从一个、两个以及众多消费者接受产品并使用这个产品的过程改变整个市场，也通过改变人们的消费行为改变人们的生活，这个改变是一点点形成的。

从企业角度看，企业持续出售某种产品，市场就会给企业做出定位，相当于企业对市场做出承诺，市场逐渐会依赖这个企业，企业在市场中慢慢地树立起品牌。

所有这些都不是一天完成的，都需要一点点积累，而积累的背后需要的是行动，是持续的行动。

1998 年腾讯成立，在此后六七年时间里，马云在到处讲课，他已经成为一个商业人物，一个互联网的宠儿。马云也从来不会低调，大家记得马云，却不知道腾讯的马化腾是谁。相比马云，他太年轻了，他太低调，他的竞争对手，也是他的模仿对象，有 MSN，也有越洋的电话公司，但是在中国加入 WTO 前后，中国人对模仿创新还有着很大反感，一些来自国外的中国人也认为这是中国人抄袭。

许多人第一次听说 QQ 的时候，都把它看成打便宜的国际长途的工具，用 MSN 时旁边的人偶尔会说，中国也有一个类似的，叫 QQ。但打国际长途毕竟是偶然的事情，激励的强度不太够，只有那些有亲人在国外的的人才会有足够的热情使用这些工具。后来听说 QQ 可以用来聊天。许多人都受到正统的教育，认为人的天性是工作，聊天会耽误工作，无聊之人才会总在网上聊天呢？

所以，许多人并非不知道 QQ，而是不屑于参与 QQ，虽然基础设施，比如网速具备，但对 QQ 的认知，即人们的知识水平，比如下载 QQ 软件及其渠道，QQ 有什么功能，给人们带来什么好处，都存在一些障碍，这些都成为一个个的小门槛，积累起来让许多人十分缓慢地接受着 QQ。

2003 年，腾讯已成为被深圳市领导关注的重点企业，当一些国家领导来视察时，他们的高峰点击率已经达到 400 万。据腾讯里面的员工说，他们对未来可以说明白了。在此前五年多时间里，腾讯根本无法风光，据说他们的前身是 OICQ，后来或者被挤出了市场，或者演变成了 QQ 的一个组成部分，QQ 艰难地一边扩大着教育着市场，一边应对着竞争对手。

而事实上，许多类似的软件开发者并不知道未来会有如此庞大的财富在等待着他们，他们有的放弃了，只有 QQ 在不断积累。当他们的用户点击率积累到 400 万时，他们说，可以盈利了。

人们很不愿意做这种积累性的行为，因为实在太慢了。但是，这个慢常常是必需的，因为这个市场的规律就是这样，必须从慢开始。

当达到一定数量时，你想让它减速，也无法做到。这说明什么？行动本身可能具有很大的盲目性，就如同中国工农红军在雪山、草地里坚苦地跋涉，只有行动，因为不动就意味着死亡、放弃。何况商业中，只有行动才会形成积累，没有行动，什么也不可能有。

10.6　创客机制

在很大程度上讲，摸着石头过河就是行动哲学。行动哲学更加强调行动的意义，认为探索、发现、认识以及未来都来自于实践，它是实践哲学的一种，但更加强调行动本身的意义，而不是强调实践与认识的联系。行动哲学强调即使没有理论指导也要先行动，行动具有探索价值，通过探索发现正确、发现未来，通过持续发现积累成一种能力。

行动哲学还强调及时纠正、及时控制、及时调整，以避免犯错，并通过这种纠错获得经验积累，减少甚至避免个体和社会犯整体性、持续性错误。因为行动哲学不依赖于先验知识，可以由人们的直接体验完成，它对人们前期的知识积累没有过多的要求，因此具有社会的广泛性和普及性。

创客（Maker）是指出于兴趣与爱好，努力把各种创意转变为现实的人。这些人不基于物质资产，也不基于个人利益动机，只基于创造性行动获得满足。创客的行为是人类善良行为中的一种，因为人类对未知世界探求与改造的愿望需要一种没有功利的精神，但其结果却可能带来世界的巨大变化。社会应该对这种行为给予鼓励和赞扬。为此，社会不仅需要形成相应的文化，还要帮助承担相关行为的成本，以此来激励更多的人参与创造和投入更多的时间用于创造，这些构成了创客机制，创客空间是创客机制中的重要组成部分。

创客机制是国家和社会代表人类诱发人们参与创造的机制，它有别于传统的知识产权这种利益机制，也有别于基于组织的技术创新机制。这意味着它是一种全新的机制，是社会性机制，而非经济性机制。它的这种性质决定了它的组织活动并非要借助于现代商业制度，同时对社会制度提出新的要求，在这样的制度下形成了新的运行机制。

创客机制的前提是人人都有可能参与创意，正如英国创意经济之父霍金斯所说，"人人都有创意，只是没有表达"，同时也以人人都有动力让自己的创意变成行动为前提，因为人类除了探索自然的愿望以外，还有利用自然、让自然为人类服务的潜在愿望。探索知识并非人类的全部文明活动，也不是所有的人文精神，而让自己的发现发挥作用、产生效果，为人类服务的追求可能更具有根本性，它构成了人类文明活动的重要组成部分。创客以创意为基础，而非以特别的专门化知识为基础，其体验性更强，人们的参与性更强，对人们的限制也更少。

显然，人们只有体验到生活，才有可能参与体验性的创意，同时，也只有愿意把创意共享，通过自己或者社会的努力行动才能将其变成现实，行动在其间的作用决定了全部活动的内容与质量，行动的重要性不言而喻，先有行动，而后有体会和认识。

10.7　微创新

人们都说这个世界没有最优，只有更优；没有最好，只有更好。但是如何才能实现更优和更好呢？如果一步到位并且不允许改变，还有更优、更好吗？除了基础设施，几乎所有东西都应该有不断完善的机会。

有没有这种可能呢？我们观察到，许多创业项目都是在前人的基础上不断完善的结果。MSN 比 QQ 进入中国早，却没有取得真正的成功，原因是 QQ 在其前身 OICQ 的基础上不断完善，更加贴近人们的上网需要，而 MSN 改进的却没有那么及时。

前面说的星巴克也使用了一种持续改进的方法，只不过是把顾客的意见和建议疏通成企业的改进动力，但并没有转换为创业行动。出现这种原因的可能在于，凡一个产品、一款服务最初进入市场时人多只完成了基本功能，而人们在使用过程中会体验到许多问题，这些问题没有妨碍基本功能，却影响着人们的感受，这些感受会转换为人们的"痛点"。本来这些痛点并不存在，是因为人们使用了这些产品或接受了服务才出现的，才感受到这些问题。

在这里，发现问题的起点是使用，而不是生产，发现问题的过程是消费，而发现的人是消费者。这是以体验和感受找到问题的，所发现的问题并不一定是原创，但却是真正的问题，因此，这样的问题改进极其容易为市场所接受，同时这样的改进所要求的技术通常并不是很高，甚至可能很普通，只是生产企业没有注意到或者不想改进。

什么是微创新呢？就是以小的改进让人们满意的创新，它具有技术低、体验性强、问题真和需求明确等特征。

人们可能以为生产企业的小改进也是微创新，这不一定。如果生产企业的改进并非针对体验性问题，没有找准痛点，就不能算是微创新。只有针对消费者使用过程中感受到的难题才算微创新。生产企业不一定会感受到这种需求，其固化了的生产体系也可能让微创新无法实现，有些企业总是把基本功能看得很重要，忽略了更好是改进出来的，而不是事先确定出来的这一事实。

人们在生活中的消费与使用产品过程中所产生的不满变成顾客痛点，在一些人手中会转变成为改进点，如果他们能够设法改进，他们就成为创客了，也可能成为创业者。从消费者转变为创业者需要有四个行动能力：一是体验能力。许多人即使同样消费，却看不到消费给他们带来的不便，比如厕所人人都上，但是有的人没有觉得坐便有什么问题，即使反感，也多采取个体方法解决，更不要说厨房里的火炉、蒸笼让做饭的人大汗淋漓。这是一种来自消费者的麻木，也是社会性的麻木。如果一个人想通过改进型创新成为创业者，先要当好消费者。二是问题提炼能力。就是把消费中感受到的不便概括为明确的问题，例如厨房热的原因是什么？如果找不到关键，就解决不好这个问题。这需要思考力，也需要行动力。三是设计能力。发现关键问题后，从原理上改变或者从局部上纠正，仍然可以完成原来的功能，却是否定之否定的全新产品，如放弃抽排油烟机向上抽的原理，改为向下抽。四是生产经营的组织能力，即创业行动能力。如果你同时具备这四个能力，那就快点行动吧！如果你不同时具备这四个能力，也开始行动吧！用团队的力量把欠缺的能力补足，开始行动！

10.8　行动哲学与知行合一

到目前为止，除了毛泽东的《实践论》强调实践的作用之外，也只有阳明先生和其继承者陶行知先生强调了行，而且提倡知行合一。什么叫知行合一呢？是指客体顺应主体。知是指科学知识，行是指人的实践，知与行合一既不是以知来吞并行，认为知便是行，也不是以行来吞并知，认为行便是知，而是认识事物的道理与在现实中运用此道理是密不可分的。中国古代哲学对认识论和实践论的命题的认知主要是关于道德修养、道德实践方面的阐述，他们认为，只有把"知"和"行"统一起来，才能称得上"善"，才会致良知，此为知行合一核心含义。

阳明先生止于善的知与行关系讨论足以让国人警醒并产生教育作用，因为中国求善以至于极致，因此，以善诱导，诱导作用足矣。然，善并非有持，经济学认为，人之初，虽有性本善，但也有性本恶，且性相近，习相远，所以向善是一种号召。如何建立一些制度把持人类向善的行为呢？仅有知行合一的一般号召并不够，还应该有更明确的"到底是知为先，还是行为先"的哲学理念。

我认为行为先。几乎所有人都接受了下意识，这种东西是遗传的。猴子是聪明的灵长类动物,当一群猴子抢香蕉的时候,先有利己行为——"谁先看到了就是谁的",但是当它们受到惩罚以后,会变得十分老实并遵守规则。实验将 10 个猴子关在笼子里,把香蕉放在笼子顶上,并在上面放一桶热水,哪个猴子去取香蕉就会让它和其他猴子淋到热水,其他猴子们打它,它可能也很自责,但总有一些猴子记不住教训,还会去取,结果是一样的,循环往复以后,再也没有猴子敢去取香蕉了。

实验人员看猴子们不再动作了,就换了一只猴子进来,这个不懂规则的猴子上去取香蕉时,上面已经没有热水了,但是所有猴子都来打它,就怕上面的热水淋下来。实验人员再换猴子,换到第二十一只猴子以后,所有经历过热水淋湿的猴子都不在了,但新进入的猴子只要去取香蕉就会挨打。

大家知道这个故事的意思了吗?猴子在动作时并不知道猴子群体的感受,但猴子群体因感受到自身利益,感受到所承担的成本,进而形成了惩罚机制,寸步难行就开始了。许多中国人并不明白这个道理,在起步时不断利用规则的漏洞,以为自己聪明,但是一旦触犯了人们的底线,人们就会警惕并立即采取惩罚措施。行在前,进行试错和探索,错了重新建立规则;体会在后,体会就接近知了,如果许多感受进化到知一样的道理,可能会形成一套与规则并行的潜规则,使知上升一个层次。

如何建立潜规则并允许潜规则运行下去呢?就是"不能触犯社会底线",以此建立新的行为规则。

知的最高境界是规则,但这个境界是拿猴子被热水淋换来的,规则不能被践踏是人类文明持久的底线,中华文明几千年历史,如果不知道底线,这个文明还可能传承吗?先行而后知,或曰先知而后行,何也?

10.9 行动哲学与百年老店

"到底是培养一时辉煌的公司,还是培养百年老店",这是研究管理和创业的人长期深入思考的问题,最近有了答案。

我们的答案是培养百年老店,甚至是千年老店。因为对社会来说,无形资产也是一种重要的资产,只要不在竞争中失败,那么百年老店无形资产就不会损失,社会损失也不会太多。社会得到了进步,而不会以牺牲为前提。

其他任何方式都不比这个方式更优,比如在激烈竞争中的你死我活,必然会损害品牌,死的企业的前期投入就算白费了,这让社会进步的代价过高;在没有竞争的经济形态,比如计划经济或垄断保护社会中,社会进步无从谈起,有无牺牲更没有意义,即使没有牺牲,但社会没有进步,这种没有牺牲的稳定也是没有意义的。

但问题是,百年老店从何而来?我们的答案是从不断改进中来。只要没有中断进取的基因和持续进步的动力，它就比外部企业有更强的发展可能。

能够成就百年老店的关键并非是企业老板素质、能力水平和行为，而是能否建立起一种不断纠正自我的机制，让自己真正成为顾客伙伴的制度与办法。如果没有建立起规则，就没有保障，最后的结果仍然是一时进步或者短期进步，不可能形成持续进步，更不可能建立起持续不断进步的制度。

一个好的企业制度的标准是什么？我们认为，是可以让企业成就百年老店的制度，这样的制度让大家不断进步。许多人并不清楚这个原则，他们用劲骂自己的受雇机构，但是缺少有意义的制度建设之骂和文化之骂，最后，机构被这些不作为只会骂的给搞散伙了，他们这才明白，原来能够自我改造才是最根本性的行为，但后悔已经来不及了。

按这样的标准去考核企业，优秀企业应该能建立起能够吸收顾客建议、重视顾客意见的制度。企业如果没有精力建立和运行这种制度，可以请外部公司来管理，规模达到一定程度以后再实行内部管理。

评价企业行动的优劣，一是是否建立这样的运行规则，或能否进行自我顾客管理，或是否允许外部第三方顾客管理；二是是否按顾客管理企业的建议真正兑现面向顾客的承诺。这两种行动如果能够基本实现，百年老店的基础就具备了。

这就是行动哲学最根本的含义。不怕慢，就怕站——怕改和不想改。慢慢改，动作小一点，但却持续改进；不怕最初设计有问题，就怕不听顾客劝告而停止转型。

10.10　行动哲学与坚持

不管怎么样，坚持往往是产生结果最根本的办法。许多时候，人们并没有想好，只是从新问题出发，并且把它做了出来，但是当发现销售出了问题时，已经投入了许多，时间和资源都消耗掉了，这时你会被牢牢地困住，但这时的你不是要进一步地把东西做好，而是需要重新回头想想，到底给客户带来了什么。此时你才有了巨大的压力，也让你自己的行动有了一个指南。换言之，坚持就是等待着这一天，你终于明白了，你需要重新想一下，你的价值主张是什么，然后才回到原点，重新开始。

为什么不能一开始就把价值主张设计好呢？因为你根本不知道什么是价值主张，真正的顾客是谁，他们的体验到底是什么。比如，你本来做的是A，想给甲类客户，却不成功，没有想到乙类顾客却特别需要，但他们需要的并不是A，而是与A有关的B。市场的奇妙在于有心栽花花不开，无心插柳柳成荫。

这并不是说开始的设计不重要，恰好相反，开始的设计特别重要。也正因为开始的设计特别重要，达到目标并不容易。如果一件工作十分重要，你却无法真正做到，你该怎么办呢？反复求真，直到觉得可以达到目标的境界了为止，这很重要，它需要思考力，也需要坚持与周围的人，特别是顾客讨论。虽然这会投入许多时间，但仍然是十分必要的。还有一种办法是求其次——先行动，再边行动边寻找或明确意义，关键要马上行动，即使你没有那么深刻而清楚，也要开始行动，在行动中坚持思考，坚持寻找。

在这种情况下，坚持的价值在于找到意义。因为你还没有找到意义，你需要时间，但仅仅有时间是不够的，你还需要增加信息量，而行动才是最根本的获得直接信息的方法。

有的人很认死理，他们认为，坚持就是坚持自己的价值主张。其实，人们经常会错误地认识自己的价值主张，认为那是正确的，但经营业绩会证明你的坚持是否正确。没有业绩的经营情况都需要反思，而不是简单地坚持你先前的设计，不是以形式来重新明确意义，反复宣传以前确定的意义，让顾客接受你的意义。

创业者需要不断反思，一边行动、一边思考。如果你有思考力，你会变得很机警，从一些顾客行为中发现新的意义，根据意义调整、转变。这意味着你要否定原来定义的意义，实践新的意义，当在新的意义下的行动获得了业绩时，你就可以肯定这个意义，并且逐渐稳定下来，将其变成未来相当长时间的企业宗旨。如果你没有转变，仍然坚持原来的意义，等于绕过了机会，让机会与你擦肩而过，原因在于你坚持的不是行动，而是一些可能没有什么价值的意义。

创业者的两难在于你到底是否坚持意义。如果有业绩，多数人也许会认为他所做的已经十分有意义了，不需要再思考了，这是否正确，对企业来说也是一个考验。一般来说，停止思考多会让企业停止进步，未来可能是危险的。但是，如果企业没有业绩，可能会使企业对原来意义产生怀疑，并导致放弃。但事实是，也许那个意义正在慢慢变成共识，正在为市场所接受，再坚持一下前途就光明了。这种情况让企业的前景变得扑朔迷离，而不是有着绝对肯定的前途，随时都在考验着企业家们的思考能力。

不论如何，企业都需要坚持，边行动、边思考。只行动不思考，会变得盲目；只思考不行动会使思考虚假。

10.11　行动哲学与顺应潮流

行动起来凭什么？有人行动凭资源，他们认为资源多者不怕损失，损失是积累经验的必要条件，不能接受损失就无法行动，也不可能积累经验，更不可能找到成功之路。但也有人说，没有资源，只有一身力气，也不怕损失，原因是没有什么可损失的。革命党人用的就是这种理论，其含义是革命。两种说法都能成立，原因是一个事物有两个方面，而目标也有多种实现方法，有资源的行动与没有资源的行动可能目标一样，但方法并不一样，可见它不是行动的前提。

有人行动是凭自然规律、本能或直觉，周围人行动了，他也觉得应该行动，或者年龄到了就行动了。周围人行动刺激他行动是攀比心理的正向效应。人是社会人，面对社会人们的反应并非都那么消极，如果是积极行为，就应该鼓励、赞扬、促动。这也是一种教育方法。年龄到了就要行动是自然的反应，因为说来说去，历练就是经历，虽然年龄并不等于经历，但年龄与经历有极大的关系。到了某个年龄就去做应该做的事情，也是一种积极和稳妥的行为，值得鼓励。

所谓拔苗助长是超越，而想超越并不超越，最后的结果多会很悲惨，企业家应为本人负责，也应为人类整体负责。总体上说，最好少一些超越，多一些按部就班的成长。

还有一些人的行动受到潮流引导与激励。有些人会选择特立独行，专门逆潮流而动，事实证明这种行动多是没有意义的。今天主题是讨论如何顺势而动，成大事者为时势所造，并非靠个体的聪明或者匹夫之勇。

为何要顺势而为之？古人把道理已经讲透了，但我们还是要强调它对行动效果的影响特别重要。许多人的行动是盲目的，不论从资源出发还是从自然规律出发，都是在讲一句话：我该行动了。但行动是否可以有结果呢？其行动并没有这个方面的依据。顺势可以提供这个方面的依据。第一，顺势可以节约成本。在经济学家看来，逆者要支出额外的能量和消耗，还不一定有结果，除非这个逆有着重要的意义，否则就不要做这种无谓的投入。这个结论不是经济学的，但分析方法是经济学的。相比而言，顺者可以省力，可以减少自己的投入，如果顺并发扬之，就可能会昌盛、会繁衍、会发展。你可以坚持原则，不去顺应，但是应该顺的时候，你却在沉睡、逗留、徘徊、犹豫，应该行动的时候，你却没有行动，能怪别人吗？第二，势者在于强加，而不在于削弱。你不借势，就失去了力量，你借助于势，成为势的一部分参与其中，会让势更加浩荡。不论停顿还是逆势而动，都会遭致损害。许多人在势面前往往表现得十分麻木，经常用"没有什么""可能失败""等等再看""不值一提"等来延缓自己的行动，把自己标榜成"众人皆醉我独醒"的典型。不论曾经的电子商务大潮，还是现在的互联网大潮，许多人有否定议论或论证之高明之见识，独缺少行动，即便现在的"互联网＋"也在受到一些人置疑。应该尝试着相信这些趋势，不要做观望者，更不要做阻碍者。

10.12　有智慧的行动

有一则故事，讲的是一家出售苹果的公司是如何借助苹果公司来做生意的。故事中讲，伦敦的博罗市场有1000年的历史，快到它1000岁生日的时候，许多人都在打它的主意，认为这个意义非凡的日子蕴含着巨大的商机，策划各种促销活动以吸引人们的眼球。

博罗市场位于英国伦敦的伦敦桥下，有上百个店面，主要出售水果、蔬菜、肉类、海鲜、红酒以及各种餐具和相关物品，每周四到周六开放，是历史悠久、广受赞誉的专业食品市场，吸引国内外游客前来观光，成了一个富有特色的旅游景点。

博罗市场的食品以新鲜、优质而出名，每家店的食品都经过严格的品质测试。它们依靠的是专业精神，店长和店员必须是对食物有深入研究的专家、达人。

有一位叫马切特的人，是博罗市场里一家苹果店的老板，对每种苹果的脆性、风味非常熟悉，称为苹果专家，他掌握了每种苹果的含糖量、酸度和丹宁含量等数据，能够解答顾客提出的所有问题，也会给顾客提供一些非常棒的食用建议。

正是因为他的博学和风趣，面积并不算大的苹果店里常常人流如织。他深入研究过英国人的饮食习惯，知道英国人钟爱苹果，除了最常见的直接食用，英国人还喜欢把苹果当食材，制作成点心馅、烤饼馅等，炸苹果常与香肠、猪排等菜肴。英国人也喜欢喝苹果酒，有很多品种的苹果专门用于酿酒。

马切特想借市场的 1000 岁生日让自己的店更加突出、鲜亮，独树一帜。

偶然的一天，马切特在手里把玩着刚刚从"苹果"零售店里抢购来的"爱疯6"，心想，如果店里的苹果能够跟手里的这个"苹果"一样，引起顾客的疯狂抢购，不仅可让自己赚翻了，也让自己更加知名，想到这里他觉得真是太爽了，好像看到众多疯狂的"果粉"在自己的苹果店里玩命抢购的场景。

一个美妙的灵感从他的心底迸发出来。于是，他把自己的构想画在了图纸上，同时给装修公司打了电话。他让装修公司仿照"苹果"零售店的风格和布局把自己的苹果店重新装修了一遍。不久，苹果店装修一新，从外到内洋溢着浓郁的"苹果"气息。

他觉得还不够，他将店里 1000 多个品种的苹果进行了分类整理，把苹果像"苹果"手机那样摆放在展示台上，在每个苹果的前面都放了一张制作精美的卡片，详细地介绍了这种苹果的口味、历史以及食用建议等信息。他还特别标注了那些濒临消失的苹果品种，以唤起人们保护苹果的意识。更让人叫绝的是，他还仿照着"苹果"手机的说明书，设计了一张苹果的说明书，上面有印着苹果的图片以及发展史、品种、营养价值等文字信息以及苹果被人们赋予智慧、创新、平安等象征意义的诠释。

苹果和"苹果"的珠联璧合，为博罗市场打造了一道独具特色的风景。很快，马切特的带着浓郁"苹果"烙印的苹果店火了，如潮的顾客蜂拥而至。

许多人都知道这个道理：会利用车马的人，才能抵达千里之外；会利用船只的人，才能横渡江河。懂得借助外物之形，或者借助外物之力，才会离成功更近。这种行动就叫有智慧的行动。

10.13　共赢行动

一个人的创业，只能去摆个摊。在电子商务时代，一个人的创业可以不在大街上摆摊，而是在电脑和网络上摆摊,但本质仍然如此。如果你有一技之长,比如会写字,你可以给人们写对联;如果会画画,也可以给人们画像。在有些年代,这样的技能有可能养家糊口,但现在恐怕难做到。电子商务活动的背后有大把物流、生产等环节,并不是将这些艺人连生产带销售全包了。这说明什么呢?说明没有共赢根本无法行动。

但是,这并没有成为所有创业者的基本理念,甚至可以用这个理念来评价创业者。对于一个没有共赢理念的创业方案,最好不要理它,因为这样的方案通常不会有什么好结果;而那些只想到自己盈利的创业者也同样不用关注,因为他早晚会把你给害了。

能够做到共赢行动并不容易。一要训练人格。你愿意为他人做嫁衣吗?如果不愿意,多不具备共赢的人格。只有愿意为别人做嫁衣,别人才肯为你做嫁衣。主动、诚恳、自觉地为他人做嫁衣,这种境界真的不是自然而然的,必须不断地自我训练。幼儿之始,就有护物之意,欲夺则哭,甚难。一个不贪之人多是后天反复教育的结果,更何况共赢比不贪须多出几倍的智慧,而不是简单地舍弃。二要筹谋策划,运筹帷幄。与人为善还不能实现共赢,零和博弈的结果是你赢我输,除非你肯让步,为了表现大度,图谋立足长远或者其他,否则你很难持久接受这种结果。多数情况是你能够找到一些剩余资源,让你的资源与对方的需求,或者你的需求与对方的资源配合起来,双方的合作可以实现增益,在打破了零和博弈的前提下,大家都可以得到收益,何乐而不为呢?以这种标准衡量,参与筹划者越多,谋划的内容会越复杂,许多人看不到,能够实现多赢者并非是以其他方法取胜,而是以这种筹划能力取胜。这种筹划还需要持久化,能够在循环之中,参与者多获得发展,积累资源,也不会受到资源限制。三要行动。筹划方案再好,缺少行动也没有意义,越是复杂的商业方案,越难以控制。

行动的第一步往往是签定合同。这需要先谈判,在谈判中把人格魅力表现出来,要舍得投入、舍得利益,还要考虑周密,不留陷阱,也不留漏洞。签约以后,就得马上行动,在技术允许的情况下快速完成。两种行动都非常重要,没有签定合同,就盲目行动,或者签定了合同却迟迟不见行动,遇到困难就推迟或修改时间表,不仅会失去商机,也会失信于合作的人。这是实现共赢的三个基本条件。

分众传媒曾经给媒体界带来了冲击。有家公司给自己的定位是新型传媒企业,而不是广告公司,开始时注意到人们乘坐电梯很无聊,眼睛无处可看,设计了公共品——一面镜子,而他们注意到如果换成一个电视画面,就可以将电视广告引入。此时,广告还不能通过这种电子方式以分散的布点播放,而这家公司却注意到电梯间是很好的广告安放点。他们发现写字楼有此需要,显示屏生产企业有足够的产能供给,广告公司有动力,或者广告公司没有动力,他们可以自己成立一家广告公司,专门设计适用于电梯间的电子广告。

他们发现其他都是市场性资源,相对比较容易获得,一旦运行,他们自己可以获利,写字楼可以获利,并且他们甚至不需要投入就可能会增加顾客满意度(在等待电梯时减少了无聊),又美化了墙面和电梯墙壁,是一个多赢方案,也是一个商业模型创新。由于缺少足够的门槛控制,所以他们在方案实施之前与写字楼先签定合同,把上海的写字楼签了大半以后才开始安装和投放广告,一举获得了成功。该公司的老总曾位列中国 2006 年的财富榜前十名。

商业名家或者在商场上摸爬滚打二十年创业者无不有着共赢的心态,他们的人生经历多有着合作共赢的体验或教育,把自己定位为好人,用好人的标准去参与商业,特别是在做大了以后,这种心态更加重要,这样的企业就可以持久。

10.14　创业成功需要持久努力

罗马不是一天建成的。这是人们经常说的谚语,起源于一个古代传说:原意是"罗马不是在一个白天建成的",即 not "in a day"。后来,随着时间的推移,这句话的意思慢慢转变了。由于古罗马城建筑先进、繁复、建筑技术高超、设计精湛,后人用"罗马不是一天建成的"表示很多先进技术、物质文明,甚至一个成就,都不是轻易就能达成的,而是经由很多人或者通过很多努力才能够完成,以此告诫人们做事必须持久。

如果用这句话来告诫创业者,或者用来说明创业,其含义是创业不是一代人的事,创立事业是几代的事。世界知名的大公司无一不是经过了许多代人的持续努力。当乔布斯去世的时候,人们很担心苹果公司是否会坚持下去,但是,现在看来,乔布斯的继任者似乎并不比乔布斯干得差。到目前为止,苹果公司已经经历了四代,乔布斯创业时算是一代;他被同伴挤出苹果十几年,但苹果仍然坚持了当年的传统算是第二代;乔布斯回来后成为第三代领导人,继续将传统发扬光大,并且将他自己在外部经营的成果与理念整合到新的苹果公司;乔布斯去世到今大算是第四代。

与许多家庭企业相比,苹果公司作为一家公众公司,其领导人的更迭是由董事会决定的,每次更迭就代表了一代。但是反复更换领导的企业是否意味着不断换代呢?不尽然。这要看企业经营者的在职时间,以苹果公司为样本,从 1976 年开始,9 年以后乔布斯离开,12 年以后他又回来,又过了 13 年他在任内去世,平均 10 年至 12 年算一个周期。这个周期与家族企业相比可能会短一些,但应该足以将一位领导人的作用发挥出来。如果这些领导人既能够发挥自己的风格又能够坚持企业的传统,不论现代制度式的企业还是家族企业,都是在继承中创业。

在这里,我们把创业的概念扩大了,把创业成功放大为创立事业,按这样的标准,创业成功的表现应该是企业真正成为伟大的公司,家喻户晓、深入人心。做到这种程度,需要对市场有益,也需要业绩,使之保持增长和规模,更需要时间,使之持久地影响市场。

能够做到这一点，需要创业者做好观念上的准备。所谓观念上的准备就是一定要意识到，伟大的公司需要几代人的持续努力，如果仅靠一位杰出的创业者，那么他的离任将会给公司带来灭顶之灾，那么这家公司就不能算做是成功创业。

许多创业者不以为然，特别是企业进入稳定经营以后，创业者开始享受自己作为一个机构——一个巨大的行政体系的权力满足，以为这样的企业会永远存在下去。我可以肯定地说，这家企业正麻痹着自己，用不了多久，这家企业可能就会消失。也就是说，在创立事业的标准下，创业将是一个持续永远的话题。

如果去一家企业求职，你应该具有创业者的心态，理解这家企业的基本精神，并用创业者心态和行动去改造这家企业，让这家企业能够保持创业状态，事业才能得以创立。

10.15　挫折的价值

在《企业家》杂志的封面上，有一段写了八十多年的话，大致是"我要做有意义的冒险，我要梦想，我要创造，我要失败，我更要成功"。这段话作为一个经营了八十多年的杂志的封面语，说明杂志的经营风格八十年没有改变。杂志经营八十年还有生命力，这已经是一个奇迹了，更为神奇的是它的封面语也没有改变过，这让那些经常以变求生的企业不解。这句话是否有着如此生命力，成为杂志八十多年的灵魂。是不是这句话让杂志找到了自己可以多年不变的精神和方向呢？一个重要的解释是，封面语恰好体现了美国人的精神。

美国因其在教育、科技、经济、军事上的实力雄居世界老大，而不得不让人们学习其精神。其精神是什么？虽然层面很多，但核心应该是创业精神。那句话能够作为杂志的封面语八十余年不变，正是因为号召了这种精神，也可能反映了这种精神。

人们可以从不同角度理解这句话，也由此理解什么是创业精神。这句话有一个最显眼的地方，就是对挫折有着极高的重视，强调从挫折走向成功的过程。

人们渴望成功，拒绝失败，但是那句"失败是成功之母"究竟是一句激励，还是一种规律的表达呢？或二者兼而有之。

没有失败便没有成功。几乎所有成功人士的个人经历都可以证明这一点，这样它就变成了规律，如果有人举出了反例，相信这句话的人们还会继续观察，并且用"成功"的重新定义来说明，没有失败的成功是脆弱的、缺少根基的；而经历了失败以后的成功，则会被认为是坚实的、有根据的。相信它会成为规律的人占大多数，并且多是先入为主的认识，然后用这样的规律去激励自己。

就人类整体而言，失败是成功之母也是一条重要的规律。因为人类积累失败的经验，让人类不再重复过去的失败，人类的传承主要传承的是成功的经验，它叫知识或规律；

同时人类也不自觉地在传承失败的教训，使之成为法律、道德，甚至是人类的基因。那些还不能确认的因果关系，变成了科学问题，让人们探索。

这句话作为规律已经成为人们的信条，人们相信，失败、努力，再失败、再努力，直到成功可以成为规律，一代不行，还有下一代，成功总会到来的，由此激励人们不怕失败。它是一句激励语，更是规律的总结，人们认为它可以成为规律，并因为可以激励人们努力下去而成为一种特殊的规律。

为什么这样讲呢？因为的确有许多人一生都在努力，却总是没有达到他所期望的结果，相反，他却不断地面对失败。这种反例到处可见，但正因为有这样的规律做激励，他才不肯降低成功的标准，最后却并没有把失败变成成功。临终时，他没有什么可以交待的，只留下一句话："我的一生是努力的一生，却是失败的一生。"人们在解释这样的事例时，通常把成功目标设置过高作为理由，或者偷换概念，从人类角度看待他的失败，目的在于后人可以继承他的教训。也有一种解释是，从失败到成功需要机会的配合，时势造英雄。努力固然重要，但没有机会，仍然无法产生伟大的成功者。

把它作为一个规律，其重要的原因是，它是一个积极的人生哲学，可以激励人们。如果接受了这个哲学，人们就不怕失败，甚至主动寻找失败。

有人会主动寻找失败吗？人们都在追求成功，但是成功并不是财富的继承，拥有财富与成功没有关系。成功是指人们付出努力后的结果。然而，努力并不一定会成功，努力的结果可能是失败，这样，"我要失败"的根本含义是"我要努力，不怕失败"，其主动寻找失败的过程是努力。正因为不怕失败，敢于努力，才可能在成功与失败几率各半时获得成功。

创业精神是不怕失败、不怕挫折的精神，挫折的重要价值在于其行动具有极大的或然性，利用这种努力以后的或然排除了许多规避风险的人。从竞争或进化的角度说，主动寻找失败的努力精神是一种优势，这种优势可以让一个人，也可以让一个种群处于竞争优势。

科学史上有许多以数字作为产品名的故事，那些数字大多很大，它表示科学实验有了那么多次的失败。给小学生讲的时候，多是讲科学家们有多么的不畏失败，科学多么来之不易，让科学家们的形象高大起来。而他们实验背后的活动大多没有变成故事，因为那些失败的活动是简单枯燥的，只有那些恍惚间的成功才变成了后人传颂的故事。比如有人不小心把硫磺掉到熔化的橡胶中，又硬又脆的橡胶有了弹性；做胶水没有成功，有人将其开发成了不粘帖。

人们以为那些失败的商业故事多会为人们所传颂，其实，如果不是成功，他们的失败、挫折和苦难就不会被记载。这是人类的毛病，人类在传颂时，往往做出故事性的选择，而不是传颂失败本身。不论何时、何事，人类所遇到的失败，都是大量的和经常的。人们没有做记载，是因为人类建立了一个准则，把失败后的结果归于一个知识，让人们走向正确。但是，这样做却带来了一个损失，就是人类缺少了失败的记载。

然而，在失败记录消失面前，人们是如何走向成功的呢？先看科学家的工作，他们必须把自己的失败记录下来并加以分析。科学家有一个习惯叫记录，记录他们所有看到和听到的，仔细观察、留心所有的事件，然后才有发现。这种习惯会带来什么呢？会带来积累，数据的积累，也许还会带来故事的积累和情景的积累，但是他们专注于观察和记录，不苟言笑，严于律已。

至于他们的家庭生活，除少数人被曝光（比如一些获得诺贝尔科学奖的科学家）之外，其他科学家的故事大多不会被记得。但是，这些科学家以其严谨的科学态度记录着自己科学生涯，将失败变成了私人记录，而且是以非情节的方式。

而企业家们则经常以情节的方式反思自己，他以私人方式让周围的人知道什么是正确的方式，什么是错误的方式。然而，人的基本特征是张扬正确、成就，隐藏错误、失败，所以失败的信息仍然是以私密信息为主，挫折的价值主要以私人经验方式存在于组织内部甚至只局限于私人。

因此，挫折的价值只对一些人有意义，他们是偏爱分析、发现失败的原因并从反向获取新的可能的人，也是善于从不利中寻到有利的人。不直接行动往往不能获得这种信息，因为坚持行动，从行动的结果中获得经验和教训，挫折才变得有意义。

我要失败，是因为可以从失败中获得知识，这是成功者的基本素质之一，挫折的价值在于给那些善于利用失败的人以新的机会和资源。换言之，如果不具备将失败转换为知识的智慧，你最好不要去寻求失败，因为失败对你没有价值。在这样的前提下，教育所起的作用并不仅仅是从规律中获得应用的认识，更为重要的是掌握从失败中概括知识的方法。比如记录失败、分析失败、从失败中提炼成功的思维。

10.16　成功的含义

追求成功几乎是人类全部行动的动力，除非是看破红尘的人。但也许他们也有一个战胜自我的成功追求，比如信奉伊斯兰教的人追求一生终于去了麦加，那就是他的成功的。所以，对人来说成功几乎是不需要激励的，但"我更要成功"这种口号为什么还能够激励美国人呢？

我想可能有下列一些原因：第一，虽然追求成功的动力人人都有，但是差异还是存在的，如果缺少外部的鞭策，也许人们也不会那么持久地保持动力。用那样的话激励人们，就是为了让社会持久地保持追求成功的动力。第二，人各有志是说成功的说法相同，但是方向和内容却不尽然。激励大家追求探索中的成功，就要允许人们的志向存有差异。

这就意味着，对不同的人，不同社会导向，成功的含义也有所不同。成功的含义是有许多许多的钱吗？不论什么人都不会这样去讲，但却会这样去做，特别是当社会缺少正确金钱观的时候，炫富、比富、斗富变成社会常态，不论媒体还是文艺作品都不能对这种行为给予抑制，个人也会被这些社会思潮所裹挟，甚至不自觉地成为其中一份子。

成功应该是有益于人类。乔布斯性格暴戾，但他去世后，没有人骂他，因为他的追求是社会。盖茨把财富中的大部分都奉献给了基金会，他本人也花了许多精力做慈善，但这并不是他伟大的原因，人们称颂他不是因为他是世界首富，而是因为他获得这些财富的过程推进了社会的进步。

成功也不是自我评价，自我评价有时会得过且过，自得其乐，没有固定的准则，而且自我评价多是自利性评价，缺少外部约束，无法让社会真正接受。

成功更不能让子孙去评价。虽然中华民族有一些优良传统，但从孩子们身上你会发现，给他们金钱获得的正面评价不及给他们以做人道理的评价。

成功可以由朋友评价，其标准是"取义"，一个人不论挣钱多少，官有多大，如果朋友不认可，就表示活的很没意思。当你退休了，没有多少力气了，你抬起头，发现没有什么人理你，你不应该反思你在辉煌之时做人的刻薄、小气、残暴吗？

成功更多是要由社会评价，例如做教师的主要由学生来评价，而且时间不能太短。

10.17　有意义的冒险

我要做有意义的冒险，在《企业家》封面上存在了快一百年了。什么叫做有意义的冒险呢？

先有意义，还是先有临危冒险的行动呢？尽管我提倡行动，但是意义还必须为先，没有意义的行动是疯子和傻子的行动，一个有理智的人都把意义放在第一位，把行动放在第二位。行动哲学强调的不要瞻前顾后，不是舍本求末。人之本，是善，是关爱，它应该变成人类的普适价值。与之对立的有阶级斗争学说，并且用斗争学说统治人类，几乎没有人同意。因为人类多数的世界情况是和谐，而不是斗争；如果斗争，人类就不是现在这个样子。

人们行动的意义是推动人类进步，不论是科技进步、文化进步，还是人类和谐以及取得的哪怕一点点和平的进展，都算是对人类做了贡献，行动因此才有了意义。斗争是唯恐天下不安，唯恐天下不乱。然后又出现一个哲学，你怕乱，阶级敌人不怕乱，结果就得更不怕乱。斗争让世界遭到破坏，让人类遭遇挫折，斗争并不是有意义的东西，相反，不斗争而争取到结果才是好方法。

人生价值需要追求，但是，什么是人生价值呢？做有意义的冒险是其中的一种。所谓"人生自古谁无死，留取丹心照汗青"，冒险的代价是什么？最大的代价是死亡，能够以性命去冒险，冒险的意义就会变得无穷大。

这里面最重要的是对意义的认识。有人活着是为传宗接代，并且是相当一部分人，当代人应该没有多少这种情结，但是从行为上看只增未减。

为了孩子教育而牺牲乡情，奔走于他国、他乡，为了孩子就学而不惜血本购买学区房，为了孩子所谓不再受他所受的苦去贪腐，为了孩子忍受病痛坚持打工，少数是为孩子娶妻生子，但更多是为了教育。其实，这在当今的年代多是没有什么意义的。试想，一个家庭，一个民族，只会索取，不会奉献，只会享受，不知担责，这个民族还有希望吗？如果还要把这种行为看成是有意义的，那么我们不是在纵容这种行为吗？

冒险最大的意义在于推进人类进步和民族生存与发展，后者通常比前者更重要。人类世界经常有敌对，也有民族世代冤仇，还有文化冲突、经济利益之争，虽然民族内部会有一些矛盾，但民族存亡之际，内部矛盾就不算什么。所以，意义的第一位是让民族站起来，有志向地生存和发展，从而才能为人类做更大的贡献。从这个意义上说，民族利益处于第一位。

中华民族的利益是国家统一、民族和谐，为富者施仁，而不是为富者只知自己享乐，或者是让其子孙不再奋斗。应该在这样的前提下提倡致富，而不是先致富，而后建立均贫富的制度。

在计划经济时期，大锅饭让中国人受了几十年穷，总结教训时认为再有均贫富的制度就会挫伤致富的积极性，并导致国家挨打。其实，真正的致富制度是市场经济，人们有了可以致富的自由，可以用小政府、低纳税解决致富的动力问题，而不是彻底否定计划经济中均贫富制度的积极方面。

尽管国家没有这样的制度，甚至致富者扶贫和做慈善也不为人们理解，但仍然需要明确致富意义的主流，特别是用创新创业的方式致富。如果人们在致富之后能够自觉地将财富投入到有效率的慈善和公益事业，就做到了有意义。

10.18　创造是成就事业的基本方法

事业能够建立，在于其对人类的意义，用商业的方法惠及百姓，获得百姓的认可。最初的汽车只是用于娱乐的跑车，福特是汽车修理工，他意识到汽车只有走入寻常百姓家，这项技术才能为人类服务。当时的美国人多是农民，为农民开发用于运输的汽车成了他的梦想。作为修理工的他，钻研一个阶段后，开发出在功能上比较适合农民使用的汽车，起名叫"T"形车，但是成本要上万元，而农民能够接受的价格只有800美元。如此巨大的差价使当时的汽车只能供富人使用，无法真正进入农户。

福特为了他的梦想，两次创业失败，在第三次创业时，找到了合作伙伴库兹恩，他们合作在生产工艺上进行管理变革，建立了后人大量使用的"流水线"概念，用部件标准化扩大部件生产规模，用操作强制化提高效率，用渠道分销降低营销成本。福特成功地将汽车引入美国市场，为美国人民提供了全新的生活方式，美国迅速进入了汽车时代。福特开创了福特时代，而他们开发的"福特制"成了管理的典范。

福特的成功并非产品开发的成功，他两次创业失败，但产品没有改变，改变的只是他的管理理念与工作方法。许多人把创造等同于发明，将硬件的技术作为创造的全部，这是十分有害的，大部分的创造是日常的、微小的，这样的技术不仅可以解决成本问题、渠道问题，从根本上还经常决定着一个硬的技术是否具有市场竞争能力。所有创业者必须看到，创造的意义在于解决问题，对创业者来说根本是解决市场问题。

创造随时随地发生，这是创业者的基本态度。首先，问题随时都在发生，创业者不能轻易放过问题，得过且过容忍问题的存在是不负责任。灵活地利用手边的资源、条件去解决问题，通过创造获得领先优势，使问题迅速转变为企业竞争能力。其次，许多问题长期存在或者人们以固有的态度认为无法解决。麻木地面对长期存在的问题是缺少责任，即便所有人都认为不能解决的问题也不能回避。从新的视角、新的定义、新的途径提出解决问题的思路，跳出习惯思维的循环是创业者获得快速发展的根本办法。

创业者经常使用模仿的方法，它可以让创造活动变得简单。但是要知道，简单的模仿会让市场变得竞争激烈，你的加入会让这个产业利润下降，但是如果你在模仿下进行了改进，或许你可以摆脱竞争，更为重要的是你可能获得多次利润。通信产业特别是移动通信设备不断更新，有的是向对手学习，也有的是向自己学习，模仿了前面的技术但有所改进，形成了新一代产品；在汽车、白色家电、厨房设备中，改进模仿创新的现象十分普遍。一项技术形成初期，创业者层出不穷，原因是他们可以通过模仿创造获得优势。

一些根本性的创造并非是技术性的，也不是管理上的改进，而是改变或者明确了价值主张，这是商业模式上的调整。海尔曾经注意到农民用洗衣机洗地瓜和土豆，他们就生产了专门的洗瓜机，在技术上没有太多的变化，却大大地扩展了市场。

创造力是人们生存和发展的基本能力，创业者是人类的优秀分子，更需要这种能力。正因为创造是创业者的核心能力，创业者才要经常训练自己这个能力或者突出这种能力。

10.19 未来的商业发展

今天，我们生活中每一项显著变化的核心都是某种科技。科技是人类的催化剂。因为科技，我们制造的所有东西都处在"形成"的过程中。每样东西都在成为别的东西，从"可能"中催生出"当前"。万物不息，万物不止，万物未竟。这场永无止境的变迁是现代社会的枢轴。我们完全无法预测30年后身边有哪些产品、品牌和公司，但产品和服务的总趋势已清晰可见。新兴技术正在席卷全球，这股迅猛的大潮会潜移默化且坚定地改变我们的文化，下述力量将会得到凸显。

1. 形成（Becoming）

升级=方式变化的演进。世界上所有文档都是其他文档的注脚，计算机只是让这些联系变得清晰了。奇迹在一点点积攒出来。2015年每分钟都会发出300个小时长的视频，制作它们的时间、能量和资源从哪来？来自受众。40%是商业制造的，其余则是激情创造的，不是责任使然。

互联网处于开端，到2050年，人类将生活在伟大的产品中，那时人们会回忆2016年有多棒，随意找一个东西加上人工智能传到云端都是一片处女地。2016年是创业的最佳时机，没有哪一天比今天更适合发明创造，没有哪一天比今天更有机会、更加开放、更低壁垒、更高利益和高回报，环境更积极。

2. 知化（Cognfyjing）

很难想象，无处不在的人工智能可以改变一切，它可以让没有生气东西变得好处很多。

（1）人工智能不只在电脑上，而是在云端与网络间的互动。

（2）《科学》杂志有篇文章，一款游戏会学着自己不断提高分数，进步速度惊人，300局后做到零失误。如同电气化时代让所有东西都有了动力和控制，现在的机器有了学习能力。①虚拟实验：化学（找更希望成功的配方）、语言学（创造新词，用于商标设计）、法学（证据、案件矛盾、适用法律）；②知化投资（智能运算）、避税方案、投资组合；③知化音乐（个性化音乐）、洗衣、营销、房产、护理、建造、伦理、玩具、体育……

（3）三大变化：廉价的并行计算（神经网络）、大数据、更好的算法（学习能力）。

（4）新的心智模式，有25种之多。

（5）社会问题：机器会巩固自己的地位，如在仓库中、农田里、药剂房，会通过不断学习提高自己地位。比如，谷歌的网上可视机对网上图片会自动给出说明，不知疲倦地夜以继日地工作，类似的，律师、建筑设计和记者都可以用这个工作原理减轻工作量；避免碰撞的机器人可以环境化——反馈力，价格已经大幅下降，从50万美元下降到2万美元，这意味着机器人驾驶更安全。机器人更佳的表现体现在人不能从事的工作、人没有想到的工作、人类想做却还不知道做什么的工作上。未来（就现在来看），人类只能做那些人类需要做的工作：数学家、职业音乐家、运动员、设计师、瑜伽大师。

3. 流动（Flowing）

流动—数字经济，就是信息在运转，复制技术普遍化，让复制品在河流之中。这就是流动。

工业时代，公司通过提高自己的效率和生产力来使利益最大化，它们的目标是节省自己的时间，但今天，他们还要节省顾客与公民的时间。当你的复制品上传到云端，就可以大幅度节约顾客的时间了。第一个被破坏掉的是音乐产业。把云端的音乐符号整合起来，就是新的音乐，就有可能流动起来。智能化的音乐创造是因为智能化过程知道人们会在什么场合喜欢什么，然后提炼一些元素，再整合一下。如果第一款不那么让人喜欢，就换第二款、第三款……

经济学有一条颠扑不破的定理，一旦某样事物变得免费，变得无所不在，那么它的经济地位就会下降，但是同时会出现突然反转，如同电力照明是罕见的新生事物时，只有穷人才会用蜡烛，此后，当穷人大量使用电力的时候，在某些商店里蜡烛变成非常昂贵。免费让人们的喜好快速翻转，烛光晚宴反而成为奢侈的标志。

复制可以达到免费的程度，但人类创造财富的方法有所改变，大约有八种比免费更好的原生性特征或者盈利构造原则。第一，及时性。先睹为快是人性决定的，先后消费存在着价值差，可以借此获得财富增加，让人感觉到物有所值。第二，个性化。每个人体验不同，期望不同，效果不同，因此，总有一些特效的预期，就是根据个人的需求进行订制，那就要交费。第三，实体化。也许下载软件是免费的，但是，那个手册是很贵的。有个笑话说，软件下载免费，但用户手册要1万美元。第四，可靠性。许多产品可以免费，甚至不需要看说明书，但是你要考虑这个软件有没有缺陷，是不是恶意病毒或垃圾软件，你需要为可靠性服务付费。第五，获取性。有人帮助你照料，比如对一本书目做解释后，让别人方便掌握。第六，实体化。实体化是真切的。音乐免费，但看现场演出却很贵。所谓耳听为虚，眼见为实，这个可以增加财富。第七，可赞助性。你对倾慕的对象，想建立联系，不论是网上还是私下约会，都希望通过花钱解决。其商业条件是，支付超级简单，支付金额比例合理，可以看到支付后的收益，也能够让捐赠者看到创造者获益。第八，可寻性。那事从哪里来，人们的好奇心也是一种需求。这些可能是免费时代最重要的财富创造原则。

4. 屏读（Screening）

传统的书籍是规范的，无论是行、页，还是书，但是现在呢？书可以用自动的方式生成一本全新的书，比如一本万能的书。书的性质一是边缘作品，因为你有猎奇需要；二是线索链接；三是权威指导；四是阅读工具。屏幕可以按你指令改变内容。屏幕在移动化，屏幕正在变得更大、更轻盈、更强大。不仅如此，你能读这本书，这本书也能读到你，所有无处不在的屏幕形成了互动，你每天、到处都会遇到这种环境，当你到办公室里，椅子或房间就会回应，它们认出了你，为你准备好了一切，包括前天工作的文档、饮料，即使在马路上，对面一栋大楼也会因为认识你及你的汽车而改变广告内容。你到厨房时，也差不多是这样的结果。那些屏幕可能会劝你不要太累，不要太沉迷，不要太纵容自己。

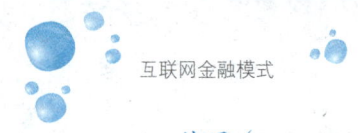

5. 使用（Accessing）

对事物的占有不再像曾经那样重要，而对事物的使用却比以往更重要。第一，减物质化。减物质化已经成为趋势，许多东西都在变轻。比如现在人们频繁使用的电脑，已经非常轻便。在150年当中，人类产出一个单位的GDP所需要的投入量一直在减少。在1870年需要花费4公斤重的物质才能产出一美元的GDP，最近每公斤的物质投入所产生的GDP价值从1977年的1.264美元，增长到2000年的3.258美元。现在进一步的方式是减量，不需要你拥有，人类正在从拥有所购买的向使用所订阅的转变，这推翻了一些传统，特别是所有权，如果有更好的东西出现，那就抓住新的、丢掉旧的，它不需要所有权。订阅，提供了一个有关更新发布和版本的永不停歇的服务流程，促使生产者和消费者之间保持永久联系，服务不是一次性事件，而是一种不间断的关系。在最近几年，我们将旅店做成了服务，将工具做成了服务，将衣服也做成了服务，其他还有玩具服务、家具服务、健康服务、收容服务、度假服务、学校服务。第二，按需使用的即时性。使用性也意味着在使用新事物时要做到近乎即时的传递，这就是精确，精确到位置，精确到时间，精确到内容。共享与租赁没有太大的不同，在租赁关系中，租赁者可以享有所有权人的部分权益，而不用去承担昂贵的资产购置费用或维护费用。对于短期行为来讲，分享所有权真是明智之举。第三，去中心化。现在我们正处在长达100年的伟大的、去中心化进程的中点。各种机构正在进行大量的去中心化工作，将这些机构与进程连接起来，则是更便宜也无处不在的通信技术。去中心化的组织更为扁平化的互联网世界转变的后果是，每一个事物无论是有形的还是无形的，都必须更快地流动起来，以保证整体移动。包括货币在内都在去中心化，它不再需要一个中央银行，类似比特币，只要一个区块链，便可以借用点对点系统建立了货币信任，从对政府的信任，转变为对数字的信任。没有人真正拥有它，因为人人都拥有它。第四，平台协同。平台是一个由企业创建的基地，使得其他企业可以在共同基础上创建产品和服务。第一代是微软，第二代是苹果。供应商可以在虚拟货架上销售自己的App，而苹果公司负责调节这个市场，会淘汰一些垃圾的、占用资源的或者无效的应用程序。第三代平台进一步拓展了市场。已经不是双边市场，今天最富有破坏力的组织机构几乎都是多边平台，比如苹果微软、谷歌脸谱，这些企业巨头都借用第三方供应商来增加其平台价值，并且通过普遍开放来促进和鼓励他人参与，如优步、阿里巴巴、安卓。他们都是各自一家公司运作，促进生成由衍生但相互依赖的产品和服务构成的强劲的生态系统。在一个平台的几乎各个水平上共享，都是默认设置。这是竞争的规则，你的成功取决于他人的成功。平台是提供服务的工厂。第五，云端。由于云端的核心是动态分布的，所以一个云端要比一台传统的超级电脑更为强大。云端的优势变得越来越大，我们的设备变得越来越小。

在未来的30年里，减物质化，去中心化，即时性平台系统和云端，将继续强劲发展。

只要科技进步使得通信成本、计算成本继续下降，这些趋势都是必然的，这是通信网络扩张到全球的每一个角落所带来的结果，会随着网络的加深而加深。

6. 共享（Sharing）

共享被嘲笑成共产主义，但这本书里讲的是数据共产主义。分享是数字共产主义中最温和的表现形式，也是整个网络世界的基本构成部分。当个体为实现一个更大目标而共同工作的时候，群体层面的结果就会涌现出来，这就是合作。数以千计的聚合网站都会采用类似的社交模式以实现三重收益。首先，面向社交的技术可以帮助用户根据自身的需要来为他们所找到的东西分门别类评价和收藏；其次，这些标注可以使其他用户获益，帮助他们更方便的找到相似材料；第三，集体行为可以创造出只有群体作为一个整体时才会有的附加值，比如大量由不同游客在不同时间、以不同角度为埃菲尔铁塔拍摄的照片汇聚起来，并且每一张照片都有详细的标注，那么就可以将这些照片整合出令人惊叹的 3D 全景和全景结构图。这远比个体拍摄的照片更为复杂也更有价值，这也远远超出了社会主义许诺的各尽所能、按需分配，因为它做到了对付出有超额回报。

协作是有组织的协作取得的成果，要超出临时合作。一位热心参与者可能要花几个月来为项目的子程序写代码，而项目的全面应用则是几年以后的事。事实上，以自由市场观念看，这种劳动报酬是不正常的。网上的工作者做出了巨大且市场价值很高的工作，却不索取任何报酬，这种工作方式为资本主义所不能理解。人们为激情工作，而不是为了钱。集体主义观念，大多数西方人包括我自己，都被灌输了这样一种观点，个人权力扩张必然会削弱国家权力。第三条道路就是企业的员工，就是企业的主人。

去中心化以后的写作。跟踪研究开源产业的开源中心表示，大约有 65 万人在做至少 50 万个项目工作。尽管他们并非全职工作。这个数是通用公司职工总数的 3 倍，如果通用公司全体雇员得不到报酬，他们还能继续生产汽车吗？这样一种趋势会把开源的大众生产的社会拉得多近？不仅是照片，甚至是病历、教材也将共享。谷歌之所以击败了当时搜索引擎行业的领头者，就是利用了业余网页制作者所创建的各种链接：每当有人在网站上添加超链接时，谷歌就会把这一链接记作被链接网页的信任票，并根据这一票伸向网络所有链接赋予的权重，那么该页面就会获得较高的可靠性排位。这一神奇的循环并非由谷歌建立，而是由数百万个网页上共享的公共链接所构成。谷歌是第一家从消费者点击共享搜索结果中获利的公司。其他的如脸谱网是构建朋友圈，鼓励人们共享；推特仅用 140 个字符把最新状态推送给老相识。

在过去，构建一个既能充分利用等级制度，又能最大化集体主义的组织几乎是不可能的，因为管理事务的成本是巨大的，今天数字网络为我们提供了廉价的点对点通信，网络使得专注于产品的组织能够以集体化方式运作，同时保留一定的等级制度。再微弱的等级制度也会让某些人受益而让另外一些人受损，像脸谱、互联网或民主这样的平台

183

旨在生产商品和提供服务大厅。当有强势活动者在这些系统中占据支配地位时，整个系统就会遭殃。另一方面，那些旨在制造产品而非提供平台的机构则往往需要强势领导，以及构建在时间尺度上的等级结构。

虚拟、陌生人、跳蚤市场本不被人看好，尽管不算完美，仍远远超出了人们的预期。优步的点对点按需出租车服务也比预期的发展好得多。只要给予足够的时间，那些去中心化的、相互链接起来的愚笨的事物终将变得比我们预想的更为聪明。即使这种完全去中心化的力量不能解决我们所有的问题，但它几乎总是解决问题的最佳方式。它快速廉价，却不为所有人所控制，其中一个新的众包服务的门槛很低，而且还在变得更低。

我们生活在一个黄金时代。未来10年的创造创作量，将会超过前50年的总和。例如，韩国流行歌手，被观看了24亿次。每一个类似的例子，市场都是小众的，但是存在着数千万个不同的利基市场，在这海量的利基市场中，即便每一个小众爱好只能吸引几百个粉丝，而一个潜在的新粉丝只要"百度"一下，就能找到组织。

在共享经济下，谁支付给创作者们报酬呢？当中介机构弱小的时候谁来出资支持他们的创作活动呢？答案令人惊奇，是另一种新的共享技术：众筹。一家众筹企业7年来已经有900万粉丝资助了88000个项目，它是遍布世界的450个众筹平台之一。追加的第三方担保服务保证所有筹款只有在达到募集目标以后，才会被转交给创作者，在第30天募集期结束，哪怕只差一美元，所有筹款都会立即返还给资助人，发起人得不到一分钱。这样的保护使粉丝成了营销主力，他们一旦参与进来还会拉着他们的朋友也参与进来，以确保自己目标的实现。照顾粉丝将成为一项全职工作。到2050年，最大、发展最迅速、盈利最多的企业将是掌握了当下还不可见、尚未受到重视的共享要素的企业，任何可以被共享的事物、思想、情绪、金钱、健康、时间，都将在适当的调节和适当的回报下被共享，任何被共享的元素都可能被分享上百万次，我们今天尚未实现的共享方式会更好、更快、更便利、更长久。

这是一种事物增值的最可靠方式。我们共享的不仅是最终的成品，还包括整个过程以及我和其他想要做好工作的人所有不成熟的想法。尝试过的痛、跌倒和爬起都是有价值的，把整个过程都开放以后，你想自欺欺人都很难。未来科学研究也会采取这种方法。

以摩拜为代表的"共享单车"，由公司投放车辆，打开手机APP就能查看附近的车辆，看到有合适的还可以提前预约。不用停车桩，不用办卡，二维码扫一扫就能开锁，不用的时候停在任意合法非机动车停车点即可，半小时收费一元，用车成本低到可以忽略。而且简单方便易用，几乎彻底、完美解决了城市"最后一公里"的困扰。

空间盈余"共享"的潜力也很大，空置的楼房、空余的房间，甚至是客厅里的一处沙发都可以短期出租，既满足游客、商旅人士的住宿需求，又为希望获取收益的房主减少不动产长租或交易带来的"伤筋动骨"，这类业务受到欢迎也在意料之中。"小猪短租"

等对盘活房产资源功不可没。

资金融通支撑了商业经营的顺畅运转，缩短了创新产品和服务推向市场的周期。与传统大金融机构不同，在互联网平台的支撑下，私人金融盈余得到了快速"共享"，"微金融"让经济迸发了新活力。"淘宝众筹"等显著降低了创新产品进入市场的门槛。

城市是生产要素聚集之地，对于国家乃至世界经济的走势具有举足轻重的影响。城市的公共空间与资源的"共享"具有得天独厚的条件，"共享"的成本低、形成的效果也更为理想。以互联网为依托的众创空间的推广、数据资源的开放，引领了城市公共资源的"共享"浪潮。

对新时期经济发展来讲，只有对私人资源、公共资源的"共享"还不够，准公共资源，即强大的商业基础设施能力的"共享"才是关键，这个意义上的"共享经济"规模更大，对人类生产、生活方式的塑造也更具有变革性的影响。新信息基础设施包括"云、网、端"三个方面。"云"是指云计算、大数据基础设施；"网"不仅包括原有的"互联网"，还拓展到"物联网"领域；"端"则是用户直接接触的个人电脑、移动设备、可穿戴设备、传感器，乃至软件形式存在的应用，是数据的来源，也是服务提供的界面。我国在云计算、物联网、智能设备上的突出技术优势和广泛服务共享，正在转变为新时期中国经济的优势。先进的云计算、大数据、人工智能服务等，通过阿里云、百度、科大讯飞等领军厂商的网络化共享输出，加速了在全社会的安装周期。

中国物流成本常年居高不下，削弱了在企业在设计、制造端的优势，而依托互联网，智能化、数据化、社会化的发展之路势在必行，而物流基础设施能力的"共享"成为关键。"菜鸟"促成的物流企业间信息透明、仓储共用和社会化配送，将实现中国物流面向未来的跨越式发展。

互联网金融作为小额信贷的有效补充，契合了众多中小型用户的金融需求，有利于实现普惠金融。以互联网为依托的金融基础设施能力"共享"，更紧密地结合了实体经济，作用更加突出。"芝麻信用"为代表的网络信用服务被广泛认可，为创新服务的快速扩散奠定了坚实基础。

7. 过滤（Filtering）

每年都有如雪片似的大量新事物被创造出来。每年我们发布八百万首新歌，出版200万本新书，上映1.6万部新电影，发出30亿个博客帖子、1821亿条推特。我们需要借助各种眼花缭乱的选项进行选择，需要守门人如父母、牧师和老师进行教诲，需要出版商和电影工作室制作否定掉了的一些项目，我们还需要通过管理者、零售店、博物馆、图书馆过滤，还需要品牌的过滤以及文化过滤，我们需要通过朋友过滤，还要通过自身的喜好过滤。过滤之后呢？是重混。

我们试图将大量丰富的信息缩减到令人满意的程度，首先，人们会查收认为喜欢的东西，这种个人过滤器早已经有了，比如亚马逊。其次，我想知道我的朋友喜欢什么，还有哪些喜欢的，还有哪些我不了解的。推特和脸谱网，它们的服务可以帮助你通过关注自己的朋友，毫不费力地获取你朋友的状态和更新信息，通常是他们认为酷炫到足以飞翔的事情。理想过滤器的第三代将是一种会向你建议某些你现在不喜欢，但是想尝试着喜欢的东西的信息流。

现在没有人会注册申请任何类型的过滤器，因为这些过滤器已经内置到各个平台里了，网上每个用户平均有 200 个关注的朋友，而这些朋友会发布状态，更新大量心情以至于脸谱网认为这些信息需要提醒、剪辑编辑、收藏并将收到的信息进行过滤，以达到一个更容易管理的状态。亚马逊会使用过滤器来优化销售方式，以便实现销售额最大化。谷歌是最主要的过滤器，会对你看到搜索结果进行复杂的判断。比如，我的档案跟我的化身一样，必须得有一个管理系统。这个系统当然知道我在度假旅行时喜欢预定便宜的旅社，又要带有私人浴室和最大的网络带宽，而且永远都要在城镇中最老旧的地区，否则就要紧靠公交站。它还会与人工智能系统配合为我安排行程，预定最佳的国际机票。

我们的注意力是唯一有价值的资源，是我们每个人无需训练就能产出的资源，它的供应是短缺的。每个人都是独立的，你可以完全停止睡眠，但你每天只有 24 小时的简单注意力。尽管它是那么昂贵，但是我们的注意力却是相当的廉价，从某种程度上讲，我们每天不得不花掉它，无法节省，无法将其储存起来，我们不得不把它交出，也不得停歇。

一个完全去中心化的、对等网络的用户制作的众筹广告网络，将会允许用户创作广告，然后让作为发行方的用户来决定，他们想让哪一个广告放置在他们的网站上。你想雇佣昂贵的工作室，让其利用最佳猜测来构想一个活动方案，还是找一千个类似的呢？

8. 重混（Remixing）

罗默这些经济学家认为，经济增长并非新的资源的发现和利用，而是源于已有资源的重新安排后产生的更大价值。创新者将早期简单的媒介形式和后期复杂的媒介形式重新组合，产生无数新的媒介形式。媒体形式越多，我们就越能将他们重混更多的新型的方式，促使媒介形式生活方式增长。我们生活在新媒介的黄金时代，在过去几十年里诞生出数百种新的美剧形式。媒体的发明不仅执着于制作，还使得任何一个识字的人可以剪切并形成各种观点，用自己的想法去组合这些材料，将他们的相关的观点联系起来，在浩如烟海的作品中检索，迅速浏览主题、重排文本、提炼材料、重混观点，引入专家的观点和喜欢的艺术作品的片段。如果读写流利，意味着一个人可以理解文字并灵活运用。那么新媒介流就意味着一个人可以同样轻松地理解动态影像并灵活的运用。但到目前为止，用于可视化阅读的工具还未能推广到大众拥有可用的成熟的可视化技术，比如为一部电影中的任何画面或者场景添加注脚素材。可视化的窍门在于可检索性，也就是我们有能力像谷歌搜索页面一样搜索电影，并找到某个具体的镜头，和书签一样。

谷歌的云、人工智能正在快速的提升可视化智能水平。几年以后，我们将能随意地通过人工智能搜索视频，比如找到"孩子在泥泞道路上骑摩托车"的片段。媒体中正在发生的另一项变革可总结为可回放性。现在我们的视频新闻不可避免地具有了回放功能，电视新闻作为短暂视频流人们不曾指望记录和分析他们，现在也可以被回放。

重混就是对已有事物重新排列和再利用，对于传统的财产观念和所有权概念产生了巨大的破坏，如果一段旋律是你的财产，就像你的房子一样，那么未经授权或支付相应的报酬的话，对它的使用权就会产生极大的限制。现行的知识产权法律与未来网络这一实际特点不完全相符。全球都在远离物质世界，向比特世界靠拢，也在远离所有权，向使用权靠拢，也在远离复制价值，向网络价值靠拢，同时奔向一个未必会到来的世界。

9. 互动（Interacting）

完全逼真可信的虚拟现实即将实现。人们现在追求的是现场感和互动效果，这是推动虚拟现实的基本动力。现场展示虚拟现实技术每一周都会进步，屏幕的分辨率在增加，帧数率在提升，对比度在加深，色彩空间在拓宽，高保真的声音在变锐，所有的提升速度都要比大屏幕上的变化快。第二代虚拟现实的设备或依靠一种新研发的投射技术呈现。这种场景的叠加会"增强现实"。因为人工场景是添加到你通常看到的现实世界中，比起先前将这些场景放在眼前的屏幕上，让你的眼睛更深层次聚焦，以至于这种技术引发的错觉有更强的现场感，你会发誓说那些东西真的在那里。

不仅是电脑，所有的设备都需要互动，如果什么东西不能适应互动，人们一定会认为它已经"坏了"。一位朋友把照片放在桌面上，他两岁的女儿努力想把它放大，尝试着拖放几次都没有成功，然后困惑地看着她爸爸说："可能是坏了。"即使我们能够想到的最死气沉沉的设备，为它们加上感官功能，使得它们变得可以互动，就会获得巨大的改善。无论是监控燃气炉，或是其他的什么设备，在未来的几十年里，我们将继续拓展更多可以与之互动的事物。

人类将沿着三个方向推进，第一、我们会继续给制造的事物添加新的传感器和感光功能；第二，互动发生的区域将会继续向我们靠近；第三，最大的互动会要求我们进入技术本身，这也是虚拟现实技术允许我们实现的。

最近参加了一个无人机爱好者活动。他们在无人机前头加装了一个小摄像头，观者戴上眼罩来虚拟现实，这些人如同飞行员一样穿梭在各种各样的建筑物之间，像星球大战一样。现在如此众多的电子游戏是这种探索型互动方式的先驱，没有无际的事业带来的互动自由只是一种假象，游戏设计者负责调整这种平衡，但真正玩家推向某个方向。无形的力量也是一种人工智能。

在人类短短几十年的寿命中，就能经历扰乱社会发展的第一个技术平台——个人电脑，移动电话是第二个平台，他们都在短短的几十年里引发了社会事物的变革。下一代颠覆的平台就是虚拟现实，它已经到来了。虚拟现实为顾客带来了以下好处，使得原本相互矛盾对立的特征放大，可以现场试试看，使我们可以在虚假的世界找到真实的感受。也许没有那么可怕，这正是游戏和电影的目标，同时它又支持了虚构，将假想发挥到极致。这会引发一个问题，那就是想要确定网络上一个人的真实性别变得很困难。

10. 追踪（Tracking）

我们已经进入用数字而不是文字表达的时代，这叫量化自我。有人追踪自己的习惯，如拖拉行为、喝咖啡的量、打喷嚏的厕所，进行追踪在不久的将来会变成常态。又如一个极其个人化的身体记录数据库，可以用来打造个人治疗方案和个人需要，如个性化医疗。长远来看，我们身体传感器中许多数据流将不再是数字，而是新的身体感觉，它涵盖了我们的生活，微型可穿戴的数字"眼睛"和"耳朵"能够记录我们一天中，每分每秒的所见所闻，从而帮助我们记忆。收发的邮件、听过的音乐、读过的书和文章以及去过的地方，我们的走动和会面，非常规的时间和经验中的重要细节都可能被数据化。事实上，我们已经在使用一款生活流产品，就是脸谱网，你的脸谱网流包括照片、新消息链接提醒，以及生活中的其他文件在内的流动信息，都被作为新的内容不断添加到流的前端，如果你愿意，你可以在脸谱网中加入能捕捉你正在听的音乐或正在播放的电影的小控件。

生活流是一种主动且有意识的追踪。无意识且不主动的追踪同样重要，它成为小生活记录，也就是简单机械，不动脑筋完整记录下一切或者不偏不倚地记录生活中所有可以记录的事物。创建完整的回忆是生活记录的重点，生活记录记载了生活中的每件事情，可以帮你恢复那些大脑可能忘记的事件。实用生活记录有四点好处，一是能一年365天、一周七天、每天24小时全时段监控身体测量数据。二是能提供包括你遇见的人、和他的对话、去过的地方、有我的事情、内在的互动记忆等全部记忆。三是能提供包括你所生产的东西、写下的文字和说过的话在内的完整的存档，提升你的效率和创造力。四是能提供一种组织构造以及自身独立生活的方式。

互联网的设计是用来追踪数据的，这也是它所处的云端的本质属性。以美国人生活为例，如汽车活动、高速公路交通、拼车软件、长途旅行、邮政信件、公共设施、手机位置和通话记录、商用和私人空间、私人家居、家居监控、互动设备、商场、会员卡、电子零售商、国家税务局、信用卡、电子钱包和电子银行、人脸识别、网络活动、社交媒体、搜索浏览器流媒体服务、读书、健康，所有这些都涉及数据追踪。但是还不够，我们将不断追踪自己、追踪朋友以及被朋友公司和政府追踪，最终会产生不常见的昂贵学费，因此给公民带来深深的困扰。

本章案例　这 50 家创业公司真正改变世界

2016年最有前景的50家创业企业主要集中在技术领域和互联网领域。

1. Docker：创造了一个全新的行业

企业名称：Docker，总部地址：旧金山，迄今融资：总共 5 轮融资，1.8 亿美元。

Docker 出现于 2014 年，一经出现就展现出了惊人的影响力，到 2015 年更是一发不可收。只因 Docker 创造出了一个新的行业——"containers（容器）"。有了 Docker，程序员可以直接把代码放到"容器"里面，然后方便地在各个云端或者设备上运行。几乎所有的大型云服务供应商都支持 Docker。继 Docker 之后，"容器"行业突然就火了起来，大到 Google 小到各种不知名的创业公司都想在这个全新领域分一杯羹。但是 Docker 的地位依然无人可以撼动。

2. Cloudera：企业最爱的大数据软件

企业名称：Cloudera，总部地址：加州，帕洛阿尔托，迄今融资：总共 8 轮融资，10.4 亿美元。

Hadoop 是大数据领域中一个十分热门的开源框架，优势在于低成本存储大量的数据。Cloudera 是该领域中的佼佼者。Cloudera 最近的一次融资在两年前，由 Intel 公司以近 50 亿估值投资了 7.4 亿美元。2015 年，该公司依旧发展得如火如荼。在其他投资者摇摆不定的情况下，Fidelity Investments 毫不犹豫地提高了对 Cloudera 的估值和投资。

3. Nutanix：颠覆了人们购买数据中心硬件的方式

企业名称：Nutanix，总部地址：加州，圣何塞，迄今融资：总共 5 轮融资，3.122 亿美元。

Nutanix 2015 年估值 20 亿，创造了一个新型的硬件市场——"高聚合基础设施（hyperconverged infrastructure）"。它把计算、存储以及所谓的"虚拟软件"结合在一起打包成一个简单易用的大型数据中心硬件产品出售给其他企业。起初 Nutanix 与虚拟软件巨头 VMware 合作紧密。但是渐渐地 VMware 感受到了来自 Nutanix 的巨大竞争压力。虽然这对 VMware 来说有点糟糕，但是 Nutanix 却是求职者的福音。

4. Docusign：取代了纸质签名

企业名称：Docusign，总部地址：旧金山，迄今融资：总共 14 轮融资，5.081 亿美元。

如果哪天你的公司变成了一个常用动词，那就说明这辈子真值了。Docusign 就是这样一家"这辈子值了"的公司。在电子文档领域，Docusign 已然成为一个常用动词。当我们搜索的时候常说 Google 一下，同理，处理电子文档时就可以说"Docusign 一下"。说来简单，Docusign 就是让在线文档签名变得简单安全了。如今它的应用领域十分广泛，从房地产到汽车保险到技术和旅游服务等，需要 Docusing 的地方就有它。如此成功的公司投资者也竞相投资，仅过去两年内，Docusign 就融资 4 亿美元。

5. Mirantis：云操作系统巨头

企业名称：Mirantis，总部地址：加州，山景城，迄今融资：总共 4 轮融资，2200 万美元。

Mirantis 是热门云计算 OpenStack 领域的软件与服务供应商。因 OpenStack 不易处理，

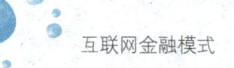

好的OpenStack开发者又很稀缺，Mirantis便成了这一领域的咨询专家，并提供自己的商业软件版本。2015年，该公司与Intel达成了一项前景不错的合作协议。

6. Zuora：云计算计费服务产品领导者

企业名称：Zuora，总部地址：加州，福斯特市，迄今融资：总共6轮融资，2.425亿美元。

Zuora主打云服务中订阅收费这一块。Zuora的联合创始人也是公司首席执行官Tien Tzuo是Salesforce的前明星高管，当他决定离开公司创业后，Salesforce首席执行官Mark Benioff大方地为其提供了种子轮资金。

随着云计算市场的发展势如破竹，Zuora搭着顺风车一路走来，如日中天，因为越来越多的云服务供应商需要给订阅客户开具收费账单。2015年年初，该公司单轮融资115亿美元，过10亿的估值使其跻身独角兽行列。

7. Tenable：打破融资记录

企业名称：Tenable Network Security，总部地址：马里兰州，哥伦比亚，迄今融资：总共3轮融资，3.0984亿美元。

2015年11月份Tenable成功完成2.5亿美元的一轮融资，打破了网络安全公司有史以来的最高融资记录。自2002成立以来，该公司一共融资3亿多美元。Tenable提供的服务被称为"持续威胁监测"，并且公司宣称拥有超过2万多客户，其中包括微软、IBM、苹果和Addidas。

8. Okta：云计算时代密码与安全服务领导者

企业名称：Okta，总部地址：旧金山，迄今融资：总共8轮融资，2.3亿美元。

Okta提供的云服务旨在帮助企业安全管理其员工的其他云服务账号。Okta的两名联合创始人同是前Salesforce的高管——Todd Mckinnon和Frederic Kerrest。风投公司Andreessen Horowitz于2010年在云服务领域的第一笔投资就给了Okta，自此之后，Okta的发展再无人能挡。今年秋季Okta再融资7500万美元，以12亿估值跻身独角兽行列。

9. Slack：迄今为止成长最快的企业应用

企业名称：Slack，总部地址：旧金山，迄今融资：总共7轮融资，约3.4亿美元。

Slack的发展震惊了整个硅谷创业圈，两年内公司估值迅速攀升至28亿美元。Slack的工作交流应用不仅仅用作同事之间的信息传递，还兼容了各种不同的应用功能，比如Twitter的自动推送和Lyft订车或者查找附近的餐馆等。目前Slack的日活跃用户有170万。

10. GitHub：软件开发者的必备网站

企业名称：GitHub，总部地址：旧金山，迄今融资：总共2轮融资，3.5亿美元。

只要是个软件开发者，就会用GitHub。GitHub不仅是一个软件工程共享网站，也是程序员眼中的LinkedIn——一个可以展示自己作品、技能和兴趣的地方。要找程序员，GitHub再合适不过。2012年，GitHub首轮融资获1亿美元，打破有史以来单个风投公司

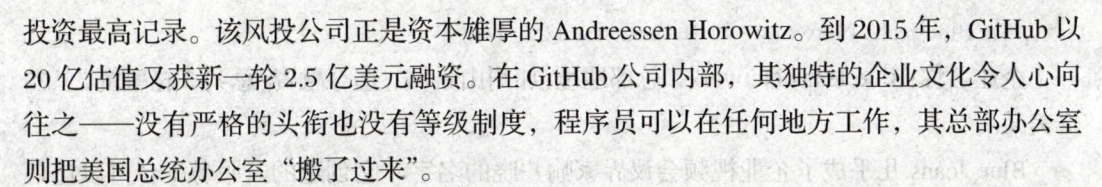

投资最高记录。该风投公司正是资本雄厚的 Andreessen Horowitz。到 2015 年，GitHub 以 20 亿估值又获新一轮 2.5 亿美元融资。在 GitHub 公司内部，其独特的企业文化令人心向往之——没有严格的头衔也没有等级制度，程序员可以在任何地方工作，其总部办公室则把美国总统办公室"搬了过来"。

11. Databricks：十年来最重要项目的守护者

企业名称：Databricks，总部地址：旧金山，迄今融资：总共 2 轮融资，4700 万美元。

2015 年 IBM 砸了 3 亿美元在 Spark 项目上之后，IBM 表示这个被称为 Spark 的新生技术项目将会是"未来十年里最具有意义的开源项目"。Spark 可以有效快速地筛选大量数据，也可以用来存储各种形式的数据，有替代 Hadoop 的趋势。然而开发这个重要项目的并不是 IBM，而是 Databricks 的联合创始人 Matei Zaharia（也是公司首席技术官）。目前，Databricks 为 Spark 提供商业支持。它的 4700 万美元融资分别来自 Andreessen Horowitz 和 NEA。

12. Checkmarx：帮助开发人员撰写更加安全稳定的应用

企业名称：Checkmarx，总部地址：纽约，特拉维夫市，迄今融资：总共 3 轮融资，9200 万美元。

Checkmarx 主要帮助软件程序员检查应用的安全漏洞。今年 6 月份，该公司融资 8400 万美元，Salesforce.com、SAP、三星、可口可乐和美国军队都是其客户，该公司在全世界拥有 130 名员工。

13. Illumio：最令人放心的数据保护专家

企业名称：Illumio，总部地址：加州，森尼维尔市，迄今融资：总共 3 轮融资，1.425 亿美元。

2015 年初 Illumio 的估值达 10 亿美元，刚好成为独角兽创业公司，此时距公司首次公开露面 6 个月不到，距种子轮融资 27 个月。Illumio 开发的安全保护产品可以在应用内部的数据中心网络受到黑客攻击时依然死守数据安全的阵地。公司背后的金主有 Salesforce.com 的首席执行官 Marc Benioff，雅虎创始人 Jerry Yang，Box 的首席执行官 Aaron Levie，Andreessen Horowitz 的 Ben Horowitz 等。

14. MuleSoft：干掉了大块头

企业名称：MuleSoft，总部地址：旧金山，迄今融资：总共 7 轮融资，2.59 亿美元。

你知道创业公司通常是怎么对付行业内实力雄厚的竞争对手吗？虽然难度略大，但 MuleSoft 做到了，2015 年这家公司连续杠杆收购了两家强大的竞争对手 Tibco 和 Informatica。MuleSoft 的主要业务是提供简化企业间交流和数据分享的技术。随着两大竞争对手相继离开公众市场，投资者把更多的目光聚焦在了 MuleSoft 上。今年 5 月，MuleSoft 以 15 亿美元估值获得 1.28 亿美元融资。

15. Blue Jeans Network：让在线视频会议更加简单

企业名称：Blue Jeans Network，总部地址：加州山景城，迄今融资：总共 5 轮融资，1.75 亿美元。

Blue Jeans 几乎成了企业视频会议界家喻户晓的名字。它创造的云服务平台可以让来自不同在线视频服务的人们共同对话。除此之外，它还有自己的基于浏览器的服务，以及最近刚扩张的广播服务。在线视频会议可能不是技术领域的热门词汇，但是 BlueJeans 正成为越来越多投资者的宠儿。

16. Qualtrics：商业云调查平台

企业名称：Qualtrics，总部地址：犹他州，普洛佛市，迄今融资：总共 2 轮融资，2.2 亿美元。

Qualtrics 为在线员工或者客户调查提供服务。最近这家公司突然火了起来，过去三年里一共融资 2.2 亿美元。Qualtrics 最初的目标用户主要瞄准学术圈，特别是商学院。这些用户在毕业后又把 Qualtrics 带到了自己的新工作中。现在 100 家顶尖商学院中 99 家是 Qualtrics 的用户，并且全球有数千家公司也在使用 Qualtrics 的服务。Qualtrics 的首席执行官 Ryan Smith 对公司的未来尤其有信心，曾经拒绝了 5 亿美元的收购条件。如今该公司的估值已经过 10 亿。

17. Insidesales：销售人员的预测引擎

企业名称：Insidesales，总部地址：犹他州，普洛佛市，迄今融资：总共 4 轮融资，约 2 亿美元。

Insidesales 造福了千千万万的销售人员。通过机器学习和数据智能，它可以预测销售电话的最佳时机和最佳人选。公司在销售加速软件领域一直名声大噪，过去两年里融资 2 亿美元，如今估值在 15 亿美元左右。曾经还有人将 Insidesales 与 Salesforce 作比较，因为许多前 Salesforce 的高管最后都去了 Insidesales，而且 Salesforce 也是该公司的投资方之一。

18. Tanium：黑客发起攻击时第一时间发出警报

企业名称：Tanium，总部地址：加州，埃默里维尔市，迄今融资：总共 5 轮融资，3.02 亿美元。

2015 年，投资者争先恐后地想给这家父子创业公司 Tanium 砸钱。凭借不足 100 万美元的种子轮资金，Tanium 已经建立了盈利业务。紧接着公司创始人遇到了现在 Andreessen Horowitz 的顾问、前微软元老 Steven Sinofsky。今年夏季，Andreessen Horowitz 在多轮融资中给 Tanium 投资了 1.42 亿美元。9 月份，Tanium 又以 45 亿美元估值获得新一轮 1.47 亿美元融资。Tanium 打动 Sinofsky 之处在于 Tanium 能在黑客发起攻击时立即发出警报，而不是事后再做修补。

19. Optimizely：让优化服务更简单

企业名称：Optimizely，总部地址：旧金山，迄今融资：总共 6 轮融资，1.462 亿美元。

Optimizely 并不是发明创造了 A/B 测试法，只不过让这个测试法对每个人来说都变得更加简单而已。虽然大多数人觉得 A/B 测试法是一个常见的工具，但是资源限制和专家缺失常常让许多公司难以实现最基础的优化职能。Optimizely 开发的软件似乎正是为了解决这些问题。随着销售业绩逐年翻倍，投资者对其越来越有信心，显然 Optimizely 已经大获成功。

20. Xamarin：快速简单制作企业移动应用

企业名称：Xamarin，总部地址：旧金山，迄今融资：总共 3 轮融资，8200 万美元。

Xamarin 为开发企业移动应用提供工具，去年迅速蹿红。它的联合创始人在突然遭到原公司解雇后愤然创办了这家创业公司，结果大家都懂的。Xamarin 最值得引人注意之处在于它和微软以及微软的云服务 Azure 之间的紧密合作关系。不过 2015 年年初 Xamarin 又与 Oracle 及其云服务建立了强大的伙伴关系，Oracle 的巨大 Java 开发者网络同时也对 Xamarin 开放。

21. CloudFlare：互联网的"数字保镖"

企业名称：CloudFlare，总部地址：旧金山，迄今融资：总共 4 轮融资，约 1.82 亿美元。

CloudFlare 是一家网络安全公司，一直以来扮演者全球数以万计的网站的"数字保镖"角色。最初 CloudFlare 主要为中小型企业服务，但是现在 CloudFlare 打算进军大企业市场，已经签下 Goldman Sachs、Salesforce 还有美国国务院等大客户。

22. Apttus：简化销售报价流程

企业名称：Apttus，总部地址：加州，圣马特奥市，迄今融资：总共 5 轮融资，1.08 亿美元。

Apttus 是简化销售报价市场的领导者之一。通过一系列自动化操作并兼顾其中的文书工作来简化销售报价流程已经成为多数企业不可或缺的一部分。事实上，Apttus 先前曾表示，到 2015 年底公司预计达到 1.2 亿美元的利润运行率。而最近一轮融资让 Apttus 得以跻身估值 10 亿的独角兽创业公司行列。部分大企业如通用电气、惠普和 Salesforce 都是 Apttus 的客户。

23. Stripe：主宰在线支付的隐形公司

企业名称：Stripe，总部地址：旧金山，迄今融资：总共 7 轮融资，2.8 亿美元。

Stripe 的软件让网站或者应用接受付款变得尤其简单，它支持多种支付方式，比如信用卡、比特币、Apple Pay 等，而且它特别容易嵌入到在线支付服务或者应用内部，因此 Stripe 常被称为"主宰了在线经济的隐形公司"。虽然 Stripe 没有消费者应用，但如果你用过 Lyft、OpenTable 或者 SurveyMonkey 等服务的话，你必然会用到 Stripe。从 Y

Combinator 到 Peter Thiel 还有 Andreessen Horowitz，几乎所有在硅谷响当当的风投公司都投资过 Stripe。

24. Gainsight：让企业更了解客户

企业名称：Gainsight，总部地址：加州，雷德伍德城，迄今融资：总共 6 轮融资，约 1.04 亿美元。

GainSight 以提供帮助企业追踪他们的客户从而确保用户忠实度的解决方案而获得硅谷投资者的青睐。惠普、Workday 还有 Adobe 都在使用 Gainsight 来管理他们的客户合同，使得不同的部分如产品部、销售部、市场部等更好地了解自己的客户特点。2015 年 11 月，Gainsight 在新一轮融资中获得 5000 万美元。

25. Adaptive Insights：取代 Excel 电子表格

企业名称：Adaptive Insights，总部地址：加州，帕洛阿尔托市，迄今融资：总共 7 轮融资，约 1.76 亿美元。

Adaptive Insights 的发展在企业绩效管理（CPM）市场上备受瞩目。简言之，Adaptive Insights 就是要取代传统 Excel 电子表格在金融领域的地位。2015 年 6 月该公司融资 7500 万美元。据报道，该公司过 10 亿的估值已经使其跻身独角兽行列。

26. DigitalOcean：与 Amazon Web Services 分庭抗礼

企业名称：DigitalOcean，总部地址：纽约，迄今融资：总共 3 轮融资，1.23 亿美元。

DigitalOcean 位于纽约市，是一家成功与云计算巨头 Amazon Web Services 分庭抗礼的创业公司。2015 年，DigitalOcean 管理运行了超过 163000 个网站，成为世界第二大托管公司。当然，第一是亚马逊。2015 年 7 月份该公司融资 8300 万美元。

27. Tidemark：让海量数据条理清晰

企业名称：Tidemark，总部地址：加州，雷德伍德城，迄今融资：总共 8 轮融资，1.18 亿美元。

Tidemark 首席执行官 Christian Gheorghe 是硅谷行走着的传奇，90 年代独闯美国，不会说英语，名下只有 26 美元。如今 Tidemark 已是他的第四家公司。Tidemark 允许用户就他们的数据进行提问，各种问题都可以，然后可以在任何设备上查看答案。2015 年 Tidemark 又获得 2500 万美元投资，公司前途无限。

28. Sprinklr：帮助企业管理社交媒体

企业名称：Sprinklr，总部地址：纽约，迄今融资：总共 5 轮融资，1.235 亿美元。

Sprinklr 服务于大公司，帮他们管理各大网络上的社交媒体。2015 年 4 月，Sprinklr 以 11.7 亿美元的估值融资 4600 万，无可非议地成为了技术独角兽创业公司中的一员。然而公司最瞩目的成就还要数 2014 年 4 月份公司被报估值 5.2 亿美元，也就是说，仅仅 12 个月，Sprinklr 的估值就翻了一倍。

29. AppAnnie：把应用分析提升到一个全新的水平

企业名称：AppAnnie，总部地址：旧金山，迄今融资：总共 5 轮融资，9400 万美元。

别看公司名字好玩，AppAnnie 可是一家正儿八经的应用分析公司，它提供的服务平台被来自世界 60 多个国家的应用开发人员广泛使用。从某种程度上来说，App Annie 已然成为跟踪应用使用情况的标准。AppAnnie 在全球范围内的成功可能还应归功于其多样化的背景。公司首席执行官 Bertrand Schmitt 来自法国，公司一开始起步于中国，之后又搬到了旧金山。如今，该公司仍在中国保留了较大的工程师团队，子办公室也在其他 11 个国家相继成立。

30. Tintri：为大企业提供更快的数据存储解决方案

企业名称：Tintri，总部地址：加州，山景城，迄今融资：总共 6 轮融资，2.6 亿美元。

Tintri 以构建"存储应用"而声名远播。所谓"存储应用"其实就是一种特殊的计算机存储设备，企业在他们的数据存储中心安装了该设备之后可以使其他服务器的运行速度大大提高。通用电气、Toyota 和 NASA 都是 Tintri 的客户。今年，该公司融资 1.25 亿美元，未来大有看头。

31. Udacity：只要有决心，人人都可以成为程序员

企业名称：Udacity，总部地址：加州，山景城，迄今融资：总共 4 轮融资，1.6 亿美元。

这是一个程序员稀缺的年代。Udacity 从中看到了商机——颠覆传统大学教育模式，提供一系列在线编程教育项目，通常这些项目都由大型技术公司比如 Google、Facebook 来设计。2015 年 11 月，Udacity 融资 1.05 亿美元，毫无疑问我们真的需要这样的项目来"生产"更多的程序员。

32. Bracket：帮助企业管理多云端平台

企业名称：Bracket Computing，总部地址：加州，森尼维尔市，迄今融资：总共 3 轮融资，1.317 亿美元。

Bracket Computing 三年磨一剑，一年前正式进入市场后立即获得广泛认可。Bracket 提供的软件服务可以帮助企业在多个云端安全运行应用和数据，且把管理麻烦降到最低。

33. Qumulo：让大数据尽在掌握之中

企业名称：Qumulo，总部地址：西雅图，迄今融资：总共 3 轮融资，6680 万美元。

Qumulo 的首席执行官兼联合创始人 Peter Godman 原先是 Isilon 的顶级工程师。Isilon 于 2010 年以 22.5 亿美元被 EMC 收购。另外一位联合创始人 Neal Fachan 也曾在 Isilon 工作，后来又在亚马逊的数据服务中心待了一段时间。俩人之后又回到了存储技术领域，一起创办了这家创业公司，专为大数据开发软件，帮助企业确保数据不冗余且易于管理。Qumulo 去年春季一进入市场就获得了 4000 万美元投资。

34. Hedvig：Facebook 数据开发者的数据存储公司

企业名称：Hedvig，总部地址：加州，圣克拉拉，迄今融资：总共 3 轮融资，3050 万美元。

当 Avinash Lakshman 还是 Facebook 的一名工程师时，他设计过一个名为 Apache Cassandra 的"大数据"数据库，原本打算用于帮助实现 Facebook 收件箱内的搜索功能。但是 Facebook 把 Cassandra 变成了一个免费的开源软件项目，如今被许多公司使用。之后 Lakshman 成立了自己的公司 Hedvig，为企业客户提供软件解决方案，让他们公司的计算机存储系统可以像大型硬盘那样高速运作。

35. Cumulus Networks：改变计算机网络行业

企业名称：Cumulus Networks，总部地址：加州，山景城，迄今融资：总共 2 轮融资，5100 万美元。

Cumulus Networks 为数据中心搭建合作网络开发软件，一定程度上推动了"软件定义网络"的发展新趋势，改变了企业构建关系网络的方式。虽然该市场上竞争者繁多，但 Cumulus 的亮点在于其创始人是前思科工程师 JR Rivers，戴尔的首席执行官 Michael Dell 曾特地致电给他寻求合作机会。年初，Rivers 与惠普也建立了类似的合作关系，而且他也是 Facebook 计划成为通信网络设备行业巨头战略中重要的合作伙伴之一。

36. CrowdStrile：提供更智能的企业网络安全

企业名称：CrowdStrike，总部地址：加州，欧文市，迄今融资：总共 4 轮融资，1.56 亿美元。

CrowdStrike 成立于 2011 年，创始人为两名前 McAfee 高管。该公司旨在为企业提供更加智能可靠的网络安全。网络安全问题远比想象的更难以解决，通常黑客攻击一眨眼就发生了。然而 CrowdStrike 凭借其独创的智能技术为其在通信行业、石油业以及金融服务业等领域赢得了良好的口碑。事实上，该公司的潜力还远没有被完全发掘。2015 年夏，CrowdStrike 获得了由 Google Capital 领投的 1 亿美元投资。

37. 6sense：精准预测谁会买你的产品

企业名称：6sense，总部地址：旧金山，迄今融资：总共 2 轮融资，4100 万美元。

成立于 2013 年，6sense 为销售人员提供"预测分析"服务，帮助他们找到最有潜力的客户。它通过分析"B2B 网络"来找到对某一产品有兴趣的人群，并且分析显示他们的购买行为——而这些人一般都不在零售商的数据库里。6sense 一经推出后市场反响出奇的好，以至于思科、NetApp、VMware、NetSuite、联想、ADP、Blue Jeans Network 等都成为了其客户，2015 年年初，6sense 从 Salesforce 那里拿到了不少投资。

38. Confluent：实时的大数据决策

企业名称：Confluent，总部地址：加州，山景城，迄今融资：总共 2 轮融资，3.09 亿美元。

当 LinkedIn 打算搞一个大数据项目用来读取自己网络中的数据并用这些数据做实时

决策时，他们的工程师团队不负众望地开发出了公司想要的技术解决方案。之后，这个方案以开源项目发布，名为 Kafka。而开发了这个项目的工程师们后来也离开了 LinkedIn，自立门户创办了 Confluent，专门提供商业版本的 Kafka。

39. Interana：用 Facebook 管理好友的方式帮助企业管理数据

企业名称：Internan，总部地址：加州，门洛帕克市，迄今融资：总共 2 轮融资，2.82 亿美元。

Internan 的两名联合创始人——Bobby Johnson 和 Lior Abraham 夫妇曾是 Facebook 的员工，为 Facebook 开发过极其热门好用的数据分析工具。开源工具 Scribe 和 Haystack 就出自他们之手。对于这家创业公司，他们的愿景是用 Facebook 管理好友的方式帮助每个企业管理数据：在几秒钟之内通过分析大量事件来获得相关信息。

40. Twillo：应用交流背后的神秘 API

企业名称：Twillo，总部地址：旧金山，迄今融资：总共 6 轮融资，约 2.33 亿美元。

如果你用过 Uber，那么很有可能你也用过 Twillo 的服务。其他的应用比如 Lyft、Airbnb 等也一样。这些应用内置了 Twillo 的服务来提供应用之间的交流功能，比如短信、电话、视频聊天等。目前，Twillo 已经成为应用开发者的首选工具。

41. MixPanel：发现参与指标

企业名称：Mixpanel，总部地址：旧金山，迄今融资：总共 5 轮融资，7702 万美元。

Mixpanel 是一个可以在网络和移动端使用的分析平台，可以帮助公司了解自己的应用使用情况。最近 Mixpanel 又添加了新一层服务——预测分析，用来帮助企业和开发人员为应用做决策。在过去的三年里，公司的员工从 27 名发展到 230 多名。如今 Mixpanel 拥有超过 3500 个付费用户。

42. Payoneer：让小型企业的跨国支付更加简便

企业名称：Payoneer，总部地址：纽约，迄今融资：总共 8 轮融资，9000 万美元。

Payoneer 为拥有海外雇员和合同的中小型企业解决了一个大麻烦：让货币的跨境支付变得更为简便。据公司称，Payoneer 在 20 多个国家有数以百万计的企业和专业用户。公司总融资 9000 万美元，其中包括 2015 年 8 月份的一轮 5000 万美元融资，其名下 500 名员工遍布世界各地。

43. Stack Exchange：专为专家提供帮助

企业名称：Stack Exchange，总部地址：纽约，迄今融资：总共 4 轮融资，6800 万美元。

Stack Exchange 成立于 2008 年，如今已经从程序员的问答网站发展为专门提供专家级帮助与建议的网站。随着软件在我们的生活中越来越重要，解决程序员疑难杂症的市场也日益火热起来。

44. SimilarWeb：网络—移动应用分析世界的大明星

企业名称：SimilarWeb，总部地址：以色列，特拉维夫市，迄今融资：总共 7 轮融资，6500 万美元。

几年前默默无名的 SimilarWeb 不知怎的突然间就变成了网络 — 移动应用分析世界的大明星。该公司从长期战略投资者那里获得了超过 6500 万美元的投资，其中包括英国亿万富豪 David Alliance 和非洲大型互联网投资集团 Naspers。虽然公司估值未公开，但人们猜测它应该在以色列独角兽公司之列。

45. Mesosphere：把操作系统带入数据中心

企业名称：Mesosphere，总部地址：旧金山，迄今融资：总共 3 轮融资，4875 万美元。

Mesosphere 开发了一款名为数据中心操作系统（DCOS）的产品。DCOS 是日渐广泛使用的免费开源项目 Mesos 的商业版本，同时 Mesosphere 也是 2015 年发展最快的数据中心创业公司之一，Mesosphere 对自己未来的发展极有信心，甚至婉言谢绝了微软提供的 1.5 亿美元的收购请求。

46. HackerOne：软件里的守望者

企业名称：HackerOne，总部地址：旧金山，迄今融资：总共 2 轮融资，3400 万美元。

HackerOne 在软件安全领域独辟蹊径：它给发现其客户软件安全漏洞的黑客提供现金奖励。自 2012 年公司成立以来，HackerOne 表示已经给 2000 多名黑客支付了 500 万美元以上的奖金。技术巨头 Twitter、Adobe 和雅虎都是 HackerOne 的客户。最近，前惠普企业高管 Marten Mickos 签约成为 HackerOne 的新任首席执行官。

47. Realm：移动应用数据库

企业名称：Realm，总部地址：旧金山，迄今融资：总共 3 轮融资，2900 万美元。

Y Combinator 的毕业生 Realm 在一年半之前推出了移动应用数据库，随后立即引来大批忠实的开发人员用户。在 Realm 推出的前几个月，有大约 1 亿台设备在运行 Realm。一年之后，使用 Realm 的设备增加到 5 亿台。当今最流行的几款移动应用的开发都少不了 Realm，比如 Pinterest、Groupon 还有 BBC 等。Realm 的联合创始人 Alexander Stigsen 和 Bjarne Christiansen 是儿时好友，他们还在诺基亚工作的时候就已经萌生了创办 Realm 的想法。

48. CoreOS：Docker 的劲敌

企业名称：CoreOS，总部地址：旧金山，迄今融资：总共 4 轮融资，2000 万美元。

CoreOS 曾是 Docker 的亲密合作伙伴之一。但是当二者貌合神离之后，CoreOS 成为了 Docker 的竞争对手，于是促进了一个全新市场的产生。在 CoreOS 与 Docker 产生裂隙之前，硅谷已经注意到了这家大有前景的公司。CoreOS 提供了一个超轻量级版本的免费 Linux 操作系统。凭借该操作系统，CoreOS 召集了一批重量级的合作伙伴，其中有

Google、VMware 和 Red Hat。

49. AtScale：让大数据的使用更简单

企业名称：AtScale，总部地址：加州，圣马特奥市，迄今融资：总共 2 轮融资，900 万美元。

前雅虎员工和连续创业者 Dave Mariani 在 2015 年带着新公司 AtScale 重回人们视野。虽然 AtScale 还没有获得大量的风投资金，不过其支持者已经说明了一切：雅虎创始人 Jerry Yang 和 Cloudera 的联合创始人 Amr Awadallah。AtScale 的未来值得期待。本质上 AtScale 是一个悄然植入到 Hadoop 中的引擎，可以让企业管理者更加简便地使用分析工具，比如 Excel、Tableau Software。

50. GitLab：让程序员团结起来

企业名称：GitLab，总部地址：旧金山，迄今融资：总共 3 轮融资，732 万美元。

尽管 GitHub 的成功毋庸置疑，但是它还不够完美。于是 2011 年，来自荷兰的程序员 Dmitriy Zaporozhets 开发了另一个代码管理工具——GitLab，起初这个工具只是他自己用来解决现有工具处理不了的问题，之后考虑到别人可能也有类似的问题，Zaporozhets 便把 GitLab 的源代码免费发布到网上。2013 年，GitLab 建立起了自己的免费软件交流社区，之后 Zaporozhets 与现任首席执行官 Sytse "Sid" Sijbrandij 一起把 GitLab 发展成为正式的公司。时至今日，GitLab 已经成为不少财富 500 强企业的首选代码存储库。加强的安全性和管理控制与迎合 IT 部门的软件环境为 GitLab 赢得了大批企业粉丝。

在《财富》杂志发布的"2017 年 50 家改变世界的公司"榜单显示，摩根大通位居榜首，来自荷兰的食品巨头帝斯曼位列第二，苹果第三。有 3 家中国公司登上榜单。分别是蚂蚁金服、腾讯和摩拜单车。其中蚂蚁金服高居第六位。《财富》主要从以下三项，对这些公司进行打分和排名：可测量的社会影响——考虑公司对一个或多个社会问题的影响范围、性质和持久度，这一项拥有额外权重。商业结果——考虑社会影响给公司带来的益处。对公司盈利能力和股东利益的贡献，权重会大于对公司名誉的提升。创新程度——考虑公司做法相比业内同行的创新程度，以及其他公司是否会模仿这种做法。下面介绍几家比较熟悉的公司。

1. 摩根大通（商业银行）

美国最大的银行摩根大通设计了一个城市经济复兴的蓝图。美国最大的银行目前每年投入 2.5 亿美元，进行社区建设投资，如小企业开发、职业技能培训和社区复兴等，并配置了由顾问组成的"服务团队"，帮助这些投资取得成效。在底特律，该银行的努力自 2014 年以来共创造了 1700 份就业，创建了 100 多家新公司；今年秋天，该银行将把这种模式拓展到更多城市。最终结果在更健康的城市孕育出更健康的公司，形成良性循环，或者说为银行业创造一种理想的环境。

2. 苹果（电脑，办公设备）

苹果智能手机、电脑和其他电子产品的销量接近十亿，因此它的文化影响力远超过其他任何科技公司。在接受《财富》杂志执行主编亚当·拉辛斯基采访时，苹果CEO蒂姆·库克表示：从建设过程（苹果运营的设施主要使用可再生能源），到它们作为医疗研究工具的潜力，以及苹果通过"应用经济"在美国创造的200万就业岗位，都证明这些产品本身代表了一种致善的力量。换句话说，这家公司的价值远远超过了8150亿美元的市值。

3. 蚂蚁金服（金融数据服务）

这款"种树"应用激励了用户对地球环境的友好态度。有许多应用会跟踪你的卡路里摄入量，蚂蚁金服的蚂蚁森林应用在中国吸引了4.5亿用户关注自己的碳足迹。用来兑现其母公司阿里巴巴集团用金融科技解决气候变化问题的承诺。用户通过对地球环境友好的习惯获得能量点，用于种植虚拟树木。用户每减少17.9千克碳排放，蚂蚁金服就会在现实世界中栽种一棵树，2017年种植了800多万棵。而且这项功能还为蚂蚁金服旗下的这款备受欢迎的支付应用，保持了用户忠诚度。

4. 沃尔玛（百货商店）

美国规模最大的零售商努力使供应链变得更环保。沃尔玛正在利用其作为全美最大零售商的巨大影响力，推动数以万计的供应商逐步淘汰有争议的化学品，如90000种家居用品中使用的树脂类产品中包含的甲醛。此举也激励了塔吉特等竞争对手采取类似的措施。沃尔玛表示，到目前为止，其供应商已经基本淘汰了所有有害化学品。

5. 雀巢（食品消费品）

让公司本身和数以百万计的客户"脱糖"。研究糖的科学家越多，他们就越会发现糖的危害。雀巢多数产品已经停止增加糖含量，并计划到2020年再减少5%。另外，雀巢投入了大量研发资金，用来改变糖的结构。雀巢认为，通过创造一种中空的晶体，可以将个别产品（包括巧克力）使用的糖减少40%。

6. 腾讯（互联网服务与零售）

其无处不在的应用让上班族的生活更无忧无虑。在中国，消费者通过微信这个数字平台支付账单、叫车和购买婴儿用品；该平台上的月活跃用户达到9.38亿。目前，微信正在进军职场：超过2000万用户通过企业账户请假或申请报销。这在中国是一项非常有意义的服务，因为上班族通常住在距离公司很远的地方。

7. 联合利华（家居用品和个护产品）

这家消费品和食品巨头将可持续发展的理念融入到公司的方方面面。拥有多芬洗护品牌和Hellmann蛋黄酱的食品与消费品巨头联合利华押下重注，相信通过"让可持续生活成为常态"能够实现最快的发展。解决食物浪费和气候变化等社会挑战，并不是业余项目，这些项目将融入公司的运营方式当中，可能意味着减少用水，或减少包装塑料。

基于这个愿景，2017年联合利华董事会团结一致，帮助阻止了卡夫亨氏的敌意收购；有人担心卡夫亨氏对削减成本的重视，会破坏联合利华的精神。

8. 微软（计算机软件）

努力将宽带引入美国农村。两年前，微软CEO萨蒂亚·纳德拉在电子邮件中向员工发布了一则新使命宣言。他写道，他们的任务是"赋予这个星球上的每个人、每个组织成就更多的能力"。这项赋权使命包括游说政府开放广播频谱，为2400万没有互联网的美国人提供网络连接。最终结果微软希望更多人能从只有连接到云才能获得的软件（包括微软自己的软件）中受益。

9. 摩拜（计算机软件）

两个轮子，解决中国碳排放问题。摩拜的理念是鼓励人们抛弃汽车和摩托车，骑上橙色的摩拜单车出行，在免费应用里扫码即可解锁，每次花费不到1美元。摩拜在全世界100个城市种用户已经超过1亿。据世界野生动物基金会估计，摩拜2016年4月创立以来，用户骑行里程已超过25亿公里，减少了61万吨二氧化碳排放。与此同时，单车搭载的传感器也收集了大量用户习惯数据。摩拜表示数据会用来安排单车投放计划，并协助政府改进交通基础设施。

10. 爱彼迎（互联网服务与零售）

慷慨与房东分享收益的共享经济先锋。当今零工经济时代，"平台"公司收取的费用可能会吃掉用户收入大部分。但在民宿预订巨头爱彼迎上出租房屋的房东最多能获得97%的收入（网约车平台的司机通常只能获得七成到八成收入）。这一分配机制激励了需要收入的房东们，也没妨碍爱彼迎赚钱。

11. 宜家（专业零售）

拓展供应链，帮助优质产品打开销路。宜家整合了超过1000家供应商为全球各地的顾客提供受欢迎的家具，而且将社会企业家行动的圈子扩展到欠发达地区。目前宜家正与约旦的非营利组织合作，计划聘请约200位叙利亚难民制作纺织品和地毯。其他项目还包括扶持印度女性企业家和瑞典女性移民等。

本章小结

1. 从创业行动、创业机会的发现、如何面对和创造机会方面介绍了为什么需要创业，如何发现、面对和创造机会。

2. 从行动的积累、创客机制、微创新、行动哲学和知行合一方面阐释了行动的意义。

3. 从行动哲学与百年老店、行动哲学与坚持、行动哲学与顺应潮流、有智慧的行动、共赢行动、创业成功需要持久动力方面分析了如何通过创业打造百年老店。

4. 从挫折的价值、成功的含义、有意义的冒险、创造是成就事业的基本方法方面介绍了挫折、成功和冒险对于创业的重要意义。

复习思考题

1. 什么是创业行动？
2. 如何发现、面对和创造机会？
3. 在创业中面对危机如何行动？
4. 什么是创客机制？
5. 如何在创业中进行微创新？
6. 什么是知行合一？如何打造百年老店？
7. 在创业中，什么是有智慧的行动和共赢行动？
8. 在创业中，挫折、成功和冒险有什么价值和意义？
9. 从50家创业公司的案例能得到什么启发？

第 11 章　硅谷创业模式和创客崛起

【学习目标】

通过本章的学习，了解硅谷创业模式，理解创客的定义、传统创业者和创客的区别，通过创客案例分析全面认识创客如何改变世界。

11.1　硅谷创业模式

美国加州拥有 50 个州中最长的海岸线和第三大的面积。加州是一片充满阳光和海滩的迷人地带，以前的经济主体是农业，充足的阳光和肥沃的土地使它成为了美国第一大粮食基地。

11.1.1　科技革命发源地：硅谷

加州融农业、娱乐业、高科技产业于一体，闻名世界的好莱坞就是加州的一部分。加州拥有全美最高的人口多样性，是华人移民的第一大州。

"硅谷"是人们对位于圣克拉拉、圣荷西的高科技企业集群的别称。硅谷从 50 年代起就是信息技术革命的发源地，成为后来其他创新区域发展的样板。这片土地上聚集了上千家高科技企业，包括苹果、谷歌、雅虎、英特尔、AMD、思科、惠普、易趣、Facebook 等。硅谷也是世界上最大的风险投资中心。硅谷给予高科技园区发展的主要启示有两方面：其一，充分利用了附近实力雄厚的理工科大学，使得该地区拥有长久的科技创新能力；其二，独特的技术文化和社交方式形成了一个活力十足的社会网络，打破了公司内、外的信息屏障，为硅谷培养了适应变化的能力。

由大学打造的"硅谷传说"：在硅谷乃至整个加州的发展故事中，独特而有趣的是，大学扮演了重要的角色。其实，从 19 世纪开始加州就是学者的摇篮：1866 年，加州大学伯克利分校成立，1891 年，铁路大亨利兰·斯坦福投巨资创建了全美最财大气粗的斯坦福大学；同年，加州理工学院也成立了。这三家大学今天都是理工科世界级名校，培育了与之相匹配的高科技产业，其中斯坦福大学居功至伟。人们说："没有斯坦福，就没有硅谷！"

"麦金塔电脑之所以伟大，原因在于它是由一群音乐家、诗人、艺术家、动物学家和历史学家打造的，而这群人碰巧也是世界上最优秀的电脑科学家。苹果的基因中蕴藏着一个理念——只有技术是不够的"。"正是技术与通识学科的结合，才带来了令我们深受鼓舞的成果"。

11.1.2 硅谷创业模式

基于地区网络的产业体系：萨克森宁《地区优势》。以地方网络为基础的产业体系正是硅谷成功的关键。本书在这里对硅谷的创业模式做一个简略的分析。

1. 产业结构

硅谷有一个以地区网络为基础的工业体系。硅谷从车库创业开始，发展到若干大型跨国公司与无数新创企业并存的局面。每个新创企业专注于一个特定的研发方向，而不必制造产品的每一处部件和执行每一项组织功能。

这种分工协作有利于产生新构想和新产品，从而增加了整个群体的创新能力。《地区优势》指出："在像硅谷这样以网络为基础的产业体系中，该地区是为了不断适应市场和技术的迅速变化而加以组织的。该体系的分散格局鼓励了企业通过技能、技术和资本的自发重组谋求多种技术发展机遇。它的生产网络促进了集体学习技术的过程，减少了大、小公司以及工业或部门之间的差别。"

2. 理工名校扮演重要角色

斯坦福教授弗雷德里克·特曼鼓励他的两名学生威廉·休利特和大卫·帕卡德在车库以538美元创建惠普。1951年，特曼提议斯坦福划出一块土地出租给高技术企业，斯坦福工业园诞生。硅谷的诞生和斯坦福工业园带来的"官产学效应"息息相关。

3. 硅谷经济是市场导向的

硅谷经济是市场导向的，但是政府扮演的角色不容小觑。在发展早期，国防开支大大增强了硅谷的研究与开发实力；二战的国防订单使得硅谷的军事工业突飞猛进；此外，当地政府建立了有利于创新创业的制度环境，包括专利、税收优惠、允许人才流动的法律等。

4. 开放的组织与社会网络

硅谷由工程师和创业家联合建立了一种灵活、松散的企业组织。"他们建立了一种内部独立的工程队的联合"。由仙童公司衍生出来的准家族文化、合作观念和信息共享。

公司内各部门职能界限融合，上下级结构松散，存在大量集体讨论机会。与此同时，不同公司间开展广泛合作，甚至广泛接受跳槽。在硅谷，所有人都在不断探索新机会，构建新网络，这些促进了信息在公司间的流通。

5. 人口教育程度比较高

人口教育程度比较高，并且不断吸引着大量的技术移民。硅谷有独特的创新与创业文化，《地区优势》指出，硅谷丰富的社会、技术和生产性关系培育着创业精神、实验尝试和集体性学习。

11.2 "创客"改变世界

11.2.1 创客的定义

"创客"的英文单词是"Maker"，在创客概念传入中国的早期被认为是 DIY 爱好者，也有人将创客与"geek""creator"等词语联系起来。维基百科："创客是一群酷爱科技、热衷实践的人群，他们以分享技术、交流思想为乐。"

《创客——新工业革命》一书中，安德森将创客定义为热爱某件事，并融入爱好与情感的一类人，所以每一个人都可能是创客，在互联网时代，创客拥有无数机会去开拓、去创造。

自古以来就有创客。中国的鲁班、赵州桥、都江堰、四大发明等；西方的阿基米德、达芬奇、爱迪生等发明家。从前要成为一名创客，需要具备较为苛刻的条件——很好的物质设施、艰苦执着的精神、非常精明的头脑。在 21 世纪，互联网降低了普通人参与和传播创新的难度，许多以前不太关键的创新维度（如体验经济）变得重要；小众创新能获得足以支持生存的消费量；之前需要庞大机构才能完成的创新，现在依托各种在线资源可以由个人完成。

11.2.2 创客运动

2008 年金融危机后，美国立即启动了一场以硬件复兴、大数据、人工智能、物联网和新能源等主导的新产业革命。一种建立在互联网、智能化、新材料和新能源相结合的新产业革命已经到来，它以"智能化"为核心，将使全球技术要素和市场要素配置方式发生革命性变化。

著名技术评论家《连线》杂志主编克里斯·安德森在《创客：新工业革命》一书中指出：即将出现一场互联网和制造业融合在一起而引发的制造业革命。安德森深入到新工业革命的前沿阵地，深入考察了技术创业者是如何使用开源设计和 3D 打印，将制造业搬上自家桌面的。

在这个定制制造、"自己动手"设计产品、创新的时代，数以百万计发明家和爱好者的集体潜力即将喷薄而出，全球制造业将由此而掀开新的一页。

"创客运动"应运而生，并且被赋予理想主义色彩：过去的发明史只是为改变世界的天才而写的，创客运动让我们相信普通人也拥有创意创新的力量从而改变世界。

中国："大众创业、万众创新。"中国政府、企业界和社会大众正以"互联网+"的话语方式讨论着这场制造业革命。中国政府正在倡导"大众创业、万众创新"，"创客"和"创客运动"等新名词风靡媒体，各地"创客空间"如雨后春笋不断涌现。李克强总理2015年1月4日在深圳考察时说："创客充分展示了大'众创业、万众创新'的活力。这种活力和创造，将会成为中国经济未来增长的不熄引擎。"

11.2.3 创客举例

1. 雅虎天价收购 Summly。

雅虎2013年3月以3000万美元收购了Summly。这笔交易使17岁英国高中生尼克·达洛伊西奥迈进世界最年轻富翁之列。Summly是一种新闻精简技术，利用自然语义的算法，将较长的新闻内容提炼为不足400词的摘要。用户按照内容主题或关键词快速浏览新闻，只需花上不到一分钟就可以了解新闻中的关键信息。

用户点击书签也可以阅读详细内容，可以通过电信、电邮、Facebook、Twitter将新闻分享给好友。Summly从诞生之初就得到许多名人关注，2011年获李嘉诚30万美元投资，2012年再获120万美元投资。为什么雅虎会高价收购这个应用技术？原因就是，新闻摘要技术对雅虎非常重要，它能够适合移动手机的个性化新闻流，可用于雅虎财经和雅虎体育等。

2. 大卫·卡普，Tumblr 网站

高中没毕业，但大卫·卡普创建了美国拥有第九大访问量的网站——Tumblr（见图11-1）。卡普辍学后在家自学，创立Tumblr成了他生活的全部，网站现在的访问量排名美国第九，卡普身价约2亿美元。

图 11-1　Tumblr 网站

3. 萨希尔·拉文吉亚（创办 Gumroad）

萨希尔·拉文吉亚在 14 岁时开始设计 iPhone 应用程序，18 岁时帮助设计了 Pinterest 网站，一年后离开并创办 Gumroad。

2011 年，在南加州大学的第一学期，他辍学并创办了 Gumroad。在这里人们可以出售任何他们能分享的东西，如歌曲或博客文章。他在投资公司 Kleiner Perkins 筹集了 700 万美元。

4. 休·埃文斯，"全球扶贫项目"联合创始人

休·埃文斯是"全球扶贫项目"联合创始人。埃文斯 2008 年与朋友西蒙·莫斯共同推出"全球扶贫项目"，该项目致力于在 25 年内消除极端贫困（每天生活标准低于 1.25 美元）。埃文斯通过举办大型宣传运动，如在纽约中央公园举办的全球公民节（Global Citizen Festival）活动等来推广项目。

5. 欧内斯廷·傅，风投资本家

晚上 8 点 35 分，在借来的丰田普锐斯后座，20 岁的风投资本家欧内斯廷·傅在参加了两场位于帕洛阿尔托（Palo Alto）的社交聚会后，正脱掉她时髦的黑色西装裤和高跟鞋，换回大二学生着装。

她正在做一笔谈判，拟为 Qwhspr 提供 130 万美元的种子基金，该项目是两位斯坦福博士创立的社交媒体搜索引擎。傅是旧金山风险投资公司（Alsop Louise Partners）的投资家。

她要应付在风投公司的巨大职责、繁重的课业负担，同时还参与了多个志愿者项目以及三个不同的研究课题，包括与斯坦福法学院院长托马斯·欧利希合著的一本著作。她在 15 岁的时候就成立了一个非盈利组织，为收容所、孤儿院和养老院带去艺术作品和表演，现在独立承担斯坦福每年 5.2 万美元的学费和生活费。

作为一个潜在的投资人，傅是怎么判断有前途的学生创业者的呢？激情，"因为热爱自己事业的人能够创造出最好的产品"；灵活性，"以应对初创企业的起起落落"；及乐观性，即"有远大的抱负和期望"。她更注重个人品质而非商业特色，"看的是创业者而不是公司的创意"。

6. 李嘉诚要做"人造蛋"？

乔希·蒂特里克，大学橄榄球队后卫，曾在非洲从事 NGO，帮助街头流浪的饥饿儿童。这 7 年经历是萌发创办 Hampton Creek 食品公司的缘由，"无论做什么，我总感觉食物是最大的问题"。

乔希计划生产每年 1.5 万亿颗鸡蛋。创业资金只有 3 万美元。6 个月前，乔希还在美国全食超市里到处向顾客兜售他的人造鸡蛋，"但人们绕过了我快速走向收银台"。

桑尼是 Misfits 创始人，一家可穿戴技术的初创企业，曾获李嘉诚 1520 万美元投资。

他介绍乔希认识李嘉诚。李嘉诚用了两个月时间做出投资决定，为这颗蛋投资 1.8 亿港元，同时将"人造蛋"带入香港市场。

李嘉诚布局食品、医疗、环保领域。以色列公司 Kaiima 的 EPTM 育种技术，希望解决安全吃饭的问题，他们利用倍体强化的 EPTM 技术培育作物种子。创始人 Doron Gal 表示，这是一种非转基因技术，通过强化作物体内的染色体倍数来提高作物高产的潜能，与自然界的进化过程相似，保证了作物染色体的完整性。与转基因技术一样，EPTM 技术也可以提高作物对生物和非生物胁迫的耐受性，不同的是，转基因技术提高农作物产量上效果不大，EPTM 却可以做到。

在医疗领域，Halbersberg 公司通过一个包括血常规化验的电子病历数据，用于早期检测和筛查癌症患者高危人群。由于血液检测的费用较低，Halbersberg 风险评估模型可大大降低癌症筛选的成本。公司 CEO OriGeva 介绍，会针对中国多发的食道癌和肺癌改进模型，提供相应的技术支持。

在环境治理领域，NanoSpun 公司带来的是废水生物处理技术，他们运用专利的纳米科技程式，推出了以生物方式处理水、废水和溢油的产品。创始人 Ohad Ben Dror 介绍，NanoSpun 的产品几乎没有或者完全没有能耗，可以大大降低成本。

TIPA 公司可以生产出 100% 生物可降解食品软包装。创始人 Daphna Nissenbaum 是希望公司生产的包装可以像橘子皮一样接近自然，目前实现了 100% 生物降解，并且可以在 180 天内完全自然分解。

7. 郑博闻，14 岁的中国极客

2012 年，13 岁郑博闻发布了一款应用软件"Deeprac（深练英语）"。用户可以通过 RSS 订阅国际媒体的文章，然后在阅读中点选英语生词，调用有道词典查询，并添加至生词本，方便复习。

郑博闻被邀请到百度开发者大会上做主题演讲，阐述自己的开发经历，之后收到大众点评的参观邀请，遇到时任 Google 副总裁玛丽莎·梅耶尔，"我被梅姐感染，激励，然后萌生了去硅谷的想法。"

8. 翎客航天公司创始人：胡振宇

胡振宇 1993 年生于江西九江，毕业于华南理工大学工商管理专业，创建翎客航天公司——中国首家航天产品制造的民营公司。2014 年在"中国 40 位 40 岁以下的商界精英"榜单中排名第 37 位。

胡振宇从小爱好业余火箭活动，自发组织了国内第一个在校大学生为主体的业余探空火箭团体；2012 年获拓璞电器公司支持，独立制造国内业余界 50kg 级探空火箭；2012 年 10 月开始筹备实验发射计划，并向空管部门报备；2013 年 7 月独自完成探空火箭并于内蒙古科尔沁左翼后旗发射；2013 年 9 月在江苏高邮成功进行 3000N 级—液氧甲醇液体

火箭发动机地面热试车。

南方周末报道:"根据 2013 年 12 月 13 日科创航天理事会会议表决通过,罢免胡振宇同志理事职务,开除会籍。"文件中列出胡振宇多项问题,如"多次违反安全制度,使用科创禁用的银药、TATP(一种烈性炸药),批评多次拒不改正,并造成一次气缸爆炸事故","在 YT-4 火箭未通过安全评审的情况下执意发射火箭,航天局工作人员现场阻拦未果。宣称实验成功,发射区域是无人区,掩盖火箭掠过居民点后失踪等事故隐患"。但这些指责,胡振宇本人并不认可。

11.2.4　传统创业者和创客的区别

传统创业者的人格特质:风险倾向、成就动机、内控制源、群体情结、机会主义。

创客的人格特质:技术爱好、创新精神、成就动机、机会主义。

本章小结

1. 创客是一群酷爱科技、热衷实践的人群,他们以分享技术、交流思想为乐。
2. 传统创业者和创客的区别:①传统创业者的人格特质:风险倾向、成就动机、内控制源、群体情结、机会主义;②创客的人格特质:技术爱好、创新精神、成就动机、机会主义。

复习思考题

1. 什么是创客?
2. 请分析硅谷创业模式。
3. 传统创业者和创客的区别是什么?

参考文献

[1] Chen X, Zhou L, Wan D. Group Social Capital and Lending Outcomes in the Financial Credit Market: An Empirical Study of Online Peer-to-Peer Lending[J]. Electronic Commerce Research and Applications, 2016(15):1–13.

[2] Liu D., Brass D. J., Lu Y., et al. Friendships in Online Peer-to-Peer Lending:Pipes, Prisms,and Relational Herding[J]. Management Information Systems Quarterly, 2015,39(3):729–742.

[3] Lin M., Siva V. Home Bias in Online Investments: An Empirical Study of an Online Crowdfunding Market[J]. Management Science,2016,62(5):1393–1414.

[4] Cleeren K,Van Heerde H J, Dekimpe M G.Rising from the Ashes:How brands and categories can overcome product-harm crises. Journal of Marketing . 2013.

[5] Scott M. Shafer,H. Jeff Smith,Jane C. Linder. The power of business models[J]. Business Horizons . 2004(3).

[6] 李强, 揭筱纹. 基于商业生态系统的企业战略新模型研究 [J]. 管理学报. 2012（02）.

[7] 孙连才. 商业生态系统视角下的企业动态能力与商业模式互动研究 [D]. 华中科技大学, 2013.

[8] 魏炜, 朱武祥, 林桂平. 商业模式的经济解释 [M]. 北京：机械工业出版社, 2012.

[9] 侯赟慧, 杨琛珠. 网络平台商务生态系统商业模式选择策略研究 [J]. 软科学. 2015（11）.

[10] 白长虹, 刘春华. 基于扎根理论的海尔、华为公司国际化战略案例相似性对比研究 [J]. 科研管理. 2014（03）.

[11] 莫易娴. 互联网时代金融业的发展格局 [J]. 财经科学. 2014（04）.

[12] 罗珉, 李亮宇. 互联网时代的商业模式创新：价值创造视角 [J]. 中国工业经济. 2015（01）.

[13] 李长云. 创新商业模式的机理与实现路径 [J]. 中国软科学. 2012（04）.

[14] 翁君奕著. 商务模式创新 [M]. 北京：经济管理出版社, 2004.

[15] 孙建勇, 赵道致, 何龙飞. 供应链金融模式研究 [J]. 西安电子科技大学学报（社会科学版）. 2009（05）.

[16] 尹贻童. 互联网金融下商业银行小微企业信贷模式研究 [D]. 东北财经大学 2013.

[17] 谢平，邹传伟. 互联网金融模式研究 [J]. 金融研究，2012（12）：11-22.

[18] 许庆瑞，吴志岩，陈力田. 转型经济中企业自主创新能力演化路径及驱动因素分析 – 海尔集团 1984-2013 年的纵向案例研究 [J]. 管理世界，2013（4）：121-134.

[19] 宋华，陈思洁. 供应链金融的演进与互联网供应链金融：一个理论框架 [J]. 中国人民大学学报，2016（5）：95-104.

[20] 蒋庆君. 征信与互联网金融风控 [J]. 中国金融，2016，（12）：16-17.

[21] 于立新. 互联网金融理论与实务 [M]. 北京：中国水利水电出版社，2017：137-138.